Le Coeur critique
Butor, Simon, Kristeva, Cixous

InterActions

3

Collection dirigée par
Myriam Díaz-Diocaretz

Amsterdam - Atlanta, GA 1997

Le Coeur critique
Butor, Simon, Kristeva, Cixous

Françoise van Rossum-Guyon

∞ Le papier sur lequel le présent ouvrage est imprimé remplit les prescriptions de "ISO 9706:1994, Information et documentation - Papier pour
documents - Prescriptions pour la permanence".

∞ The paper on which this book is printed meets the requirements of "ISO
9706:1994, Information and documentation - Paper for documents -
Requirements for permanence".

ISBN: 90-420-0194-1 (bound)
)
sterdam - Atlanta, GA 1997

A Florence

Je remercie Christa Stevens qui a effectué la saisie du manuscrit et la mise en page de ce livre, Noor Kegel du département de français de l'Université pour son soutien technique et Margaret Nicot pour sa lecture des épreuves.

Avant-propos

En intitulant cet ouvrage « le coeur critique », je place les études et entretiens que j'y ai réunis sous le signe du choix et de la relation. Choix des textes et des auteurs ainsi que des questions qu'ils posent et qu'à mon tour je leur pose. Cette élection, cette sélection, sont en résonance avec le lien que, depuis des années, j'entretiens avec eux. « Relation critique », selon la formule de Jean Starobinski, constamment avivée par la lecture des oeuvres de ces auteurs et soutenue, hier comme aujourd'hui, par un intérêt d'ordre vital, essentiel, personnel.

Le mot *coeur* dans ce titre est donc à prendre au sens qu'on lui donnait au dix-huitième siècle. On appelait « chambres du coeur » les cabinets de travail des écrivains, qui y exposaient les effigies de leurs auteurs de prédilection – ainsi en bonne place, à son chevet, Benjamin Franklin pour Voltaire. Non pas que les auteurs, interrogés ici dans leurs textes ou directement, aient joué le rôle de maîtres à penser. Ce sont leurs textes, textes de recherche, qui demandent à être déchiffrés, explorés, interrogés et qui, de ce fait, donnent à penser, en même temps qu'à éprouver, sentir, aimer. Car on pense aussi avec le coeur et, comme le montrent exemplairement Claude Simon ou Hélène Cixous, la compassion est une des formes de l'appréhension du monde et des autres, une des formes de la compréhension. D'une manière ou d'une autre, les écrivains dont il est ici question nous font entrer dans « la scène du coeur ».

Les articles et entretiens qui, après divers remaniements, ont servi de point de départ aux différents chapitres de ce livre, s'échelonnent de 1970, pour les plus anciens, à 1996, pour le chapitre sur *Mobile*. Ce chapitre est inédit, ainsi que le dernier entretien avec Hélène Cixous, réalisé en 1995, qui clôt le volume. Je ne suis pas strictement l'ordre chronologique de rédaction et de publication, il m'a en effet paru préférable de regrouper les études concernant les différents auteurs. Mais j'ai tenu à préciser en note, au début de chaque chapitre, les circonstances de sa rédaction et les lieux de publication des versions précédentes. Ces circonstances me paraissent faire sens, inscrivant ces écrits et ces dialogues dans le temps, et dans un circuit d'échange, de transmission, qui fait également partie de la réception des textes et des idées.

Transmission lente lorsqu'il s'agit de littérature et plus encore de littérature nouvelle, expérimentale, forte et audacieuse, rompant avec les traditionnelles habitudes d'écriture et de lecture. Cependant les revues et les colloques jouent dans ce procès un rôle qui n'est pas négligeable. Ils ont une fonction à la fois de cristallisation, en focalisant l'attention sur une oeuvre et son signataire, en entérinant une question, un mouvement littéraire, et d'accélérateur. Les communicants sont à cet égard des acteurs de l'histoire littéraire, comme les auteurs dont ils discutent et analysent l'oeuvre. Dans cette perspective, et en me limitant à quelques exemples, je signale que les colloques de Cerisy-La-Salle, consacrés à Michel Butor en 1973 et à Claude Simon en 1974, pour lesquels j'ai publié les études sur la citation dans *Degrés* et sur la « mise en spectacle » dans l'oeuvre de Simon, s'inscrivent dans la suite logique du colloque sur *Le Nouveau Roman, hier, aujourd'hui*, que j'ai organisé en 1971, dans le même lieu, avec Jean Ricardou.

De même, c'est en 1977 que *La Revue des Sciences Humaines* m'a demandé de coordonner le numéro spécial sur les écrits de femmes, que j'ai intitulé: *Ecriture-féminité-féminisme*, et pour lequel j'ai fait appel à Hélène Cixous et à Julia Kristeva. A la suite de *La Quinzaine littéraire*, de *Tel Quel*, des *Temps modernes*, des *Nouvelles littéraires* et du journal *Le Monde*, cette revue prenait acte d'un phénomène culturel important. Je signale enfin le premier colloque consacré à l'oeuvre d'Hélène Cixous, que j'ai organisé à l'Université d'Utrecht avec Iris Zavala et Myriam Díaz-Diocaretz en 1987, pour les Actes duquel j'ai réalisé l'entretien centré sur *Manne aux Mandelstams aux Mandelas* et *L'Indiade ou l'Inde de leurs rêves*, mise en scène par Ariane Mnouchkine au Théâtre du Soleil en 1988.

Ces textes portent donc leur date, font partie de l'histoire des formes et des idées. Mais les oeuvres de leurs auteurs, devenus entre-temps des « classiques du vingtième siècle », ne sont pas réductibles à cette dimension.

Michel Butor et Claude Simon ont certes joué un rôle capital dans l'émergence et le développement du Nouveau Roman comme mouvement littéraire. Mouvement aujourd'hui classé, entériné, dont l'influence a marqué profondément le roman et la création littéraire dans les différents pays du monde jusqu'aux Etats-Unis et au Japon, et même en France, où il est encore fréquent d'en récuser l'intérêt et d'en minimiser l'importance. Mais il est évident que leurs oeuvres dépassent les limites du renouvellement d'un genre littéraire, non seulement renouvelant les formes et les procédés d'écriture, mais inventant des modes de représentation du réel, psychologique, social, historique, aussi prégnants, chacun dans leur genre, qu'inédits. De même les questions soulevées par les textes de Julia Kristeva et d'Hélène Cixous ne s'arrêtent pas à celles du rapport des femmes à l'écriture. L'insertion des entretiens que j'ai eus avec elles, dans la troisième partie intitulée « un nouveau paradigme: l'écriture des femmes », est due au fait qu'elles ont, l'une et l'autre, fortement contribué à la prise de conscience de la différence des sexes et de ses conséquences dans le champ intellectuel, littéraire et politique. Elles reconnaissent également l'importance de la sexuation dans la genèse de leurs propres écrits théoriques ou fictionnels. Mais on verra que ces questions s'élargissent à bien d'autres qui concernent, plus généralement, les ressorts de la création littéraire, le rapport de l'écrivain et du penseur à l'histoire et à la société, ainsi qu'à une réflexion sur les effets idéologiques et politiques des productions intellectuelles et artistiques. Hélène Cixous, que j'interroge sur son oeuvre fictionnelle et théâtrale, donne des indications, aussi précises que précieuses, sur l'élaboration de plusieurs de ses textes ainsi que sur la manière dont elle conçoit et perçoit son travail d'écrivain.

Le regroupement de ces études en trois parties permet de saisir chaque auteur dans sa singularité, et de reconnaître leurs points de convergence et de divergence. Il rend sensible également à un mouvement, un change des formes, un déplacement des questions, au cours du temps, qui sont liés chez tous ces auteurs à la permanence d'une même recherche et l'approfondissement des mêmes thèmes.

Ces analyses s'appuient sur une lecture attentive au détail comme à ses rapports à l'ensemble, visant chaque fois – qu'il s'agisse des aventures de la citation dans *Degrés* ou *La Bataille de Pharsale*, de la description d'un cheval mourant dans *L'Acacia*, ou de la translation métaphorique dans *Manne* ou *La Ville parjure* – à discerner et à mettre en évidence ce qui, dans ces oeuvres, produit des significations qui changent nos représentations. Pour être avant tout critiques et s'attacher à ce qui dans les textes est concret – de « la forme et la couleur des mots » aux objets et aux événements, aux

sensations et émotions que ces mots évoquent –, ces analyses mettent
également en jeu des questions plus générales et théoriques. Critique et
théorie, en effet, ne sont pas dissociables. Mais je ferai remarquer que c'est
le travail des écrivains qui, renouvelant les relations entre forme et sens,
révèle et suscite de nouvelles problématiques: réflexion sur les pouvoirs et
les limites du roman comme instrument de connaissance et mise en jeu des
frontières entre les genres; confrontation entre des univers sémiotiques
différents, mise en cause de la représentation mimétique et refus de la scène
spéculaire, travail sur l'intertextualité qui, avec les procédés du collage et du
montage citationnel, et à travers la parodie, déconstruit l'héritage culturel et
ses anciens discours. Je pourrais multiplier les exemples. Je rappelerai
seulement que les paroles et écrits de femmes, à la fin des années 70, ont
contribué à déplacer l'attention des formes et des structures aux conditions
de production et de réception du texte. Etaient enfin explicitement pris en
compte le corps, les pulsions, les affects: l'inscription du sujet dans le texte.
Or, comme le rappelle Hélène Cixous, « la scène de l'inconscient » n'est pas
sans rapports avec « la scène de l'Histoire ».

Mais ceci vaut bien sûr pour tous ces écrivains. Les expérimentations
formelles répondent toujours à une nécessité, celle de transmettre et transmu-
ter une expérience: la guerre, l'exil, le deuil, la souffrance physique ou
morale, mais aussi les joies et jouissances de l'amour, de la découverte, du
retour à la vie au-delà du sentiment de la mort, bref, l'expérience humaine.
Les chemins de l'écriture sont, en même temps, ceux de la mémoire et ceux
qui permettent d'explorer le monde. Ces écrivains, que l'on a pu considérer
comme formalistes, sont donc tout à fait « réalistes »: leurs oeuvres sont
ancrées, profondément, dans le réel biographique et historique, et c'est
pourquoi elles rendent compte, avec vigueur, de notre vie et de notre
histoire. Leur désaccord, leur désobéissance, à l'égard de la littérature
existante, de ses formes figées et inadéquates, procède justement de cette
relation vitale et polémique qu'ils entretiennent avec l'histoire et avec la
société telle qu'elle est.
    Un fil rouge traverse ainsi les chapitres de ce livre: l'idée ou plutôt la
conviction, que je partage avec mes auteurs de prédilection, que, d'une
manière ou d'une autre, mais nécessairement, la littérature, quand elle est
vraie, est aussi politique.

Première partie

Michel Butor

Chapitre 1

Le roman comme instrument de connaissance[*]

« Le roman comme recherche ». C'était là, on s'en souvient, le titre de la première communication de Michel Butor en 1955. Ces quelques pages qui inaugurent le premier volume de *Répertoire* offrent déjà l'essentiel des idées de l'auteur sur le roman et plus généralement sur la littérature. Il y affirme en effet d'une part que le roman comme récit, c'est-à-dire comme moyen d'information et de communication, est lié à la réalité, d'autre part que « l'invention formelle dans le roman bien loin de s'opposer au réalisme [...] est la condition *sine qua non* d'un réalisme plus poussé ». Cette réflexion sur l'importance du « travail sur la forme dans le roman » se fondait sur la constatation d'un décalage entre les formes de récit existantes et une réalité en perpétuelle transformation: « il est évident que la forme étant un principe de choix [...] des formes nouvelles révèleront dans la réalité des choses nouvelles, des liaisons nouvelles ». Inversement, à des réalités différentes correspondent des formes de récit différentes. Or, il est clair que le monde dans lequel nous vivons se transforme avec une grande rapidité. Les techniques traditionnelles du récit sont incapables d'intégrer tous les nouveaux rapports ainsi survenus. Il en résulte un perpétuel malaise; il nous est impossible d'ordonner dans notre conscience toutes les informations qui l'assaillent, parce que nous manquons des outils adéquats ». La recherche de

---

[*] Ce chapitre reprend le titre et, pour l'essentiel, le contenu de la communication que j'ai faite en avril 1970 au colloque sur 'le roman contemporain', organisé par le Centre de Philologie et de Littératures romanes de l'Université de Strasbourg. Se sont affrontés alors tenants et opposants du Nouveau Roman... Le texte a été publié dans *Positions et oppositions sur le roman contemporain*, actes du colloque de Strasbourg, présentés par Michel Mansuy, Paris, Editions Klinksieck, 1971, p. 163-175.

formes romanesques nouvelles apparaît, dans cette perspective, comme la recherche d'outils ou d'instruments plus adéquats et par là même plus efficaces: « la recherche de nouvelles formes romanesques dont le pouvoir d'intégration soit plus grand joue donc un triple rôle par rapport à la conscience que nous avons du réel, de dénonciation, d'exploration et d'adaptation ».[1]

D'entrée de jeu, Michel Butor proposait donc, en même temps que ses romans: *Passage de Milan* (1954) et *L'Emploi du temps* (1956), une réflexion sur les possibilités et la fonction sociale du roman. Quatre ans plus tard, lors de son intervention à Royaumont, il réaffirme sa conviction selon laquelle « il n'y a pas, pour le moment, de forme littéraire dont le pouvoir d'intégration soit aussi grand que celui du roman » (R.I 272)[2] et il insiste de nouveau sur le fait que c'est « dans la réflexion sur la forme que le romancier trouve un moyen de forcer le réel à se révéler » (R.I 272). A la même époque il déclare à Madeleine Chapsal: « Je considère le roman comme un instrument de prise de conscience absolument extraordinaire »,[3] tandis que dans son essai sur le *Roman et la poésie*, qui inaugure *Répertoire II*, il affirme: « La poésie romanesque est ce par l'intermédiaire de quoi la réalité dans son ensemble peut prendre conscience d'elle-même pour se critiquer et se transformer » (R.II 26). Parallèlement et ultérieurement Butor consacrera toute une série d'études aux différents aspects de cette « poésie romanesque » en tant qu'elle est révélatrice et transformatrice de la réalité. D'une part il propose ses « recherches sur les techniques du roman » (R.II), sur son espace, sur le rôle des pronoms personnels, sur les rapports de l'individu et du groupe dans le roman, d'autre part il étudie les grands romans du passé. Il est en effet persuadé que « pour quiconque s'intéresse à la théorie du roman (l'oeuvre des grands romanciers) constitue une énorme mine d'exemples et de problèmes presque inexploitée » (R.II 91), « une mine prodigieuse d'enseignement » (R.II 80). C'est le cas, non seulement de l'oeuvre de Balzac, à propos de laquelle Butor fait cette constatation, mais aussi de celle

---

1. Toutes ces citations sont tirées de *Répertoire*, Minuit, 1962, p. 9. Pour toutes les références bibliographiques, le lieu d'édition est, sauf indication contraire, Paris.
2. Pour les références aux oeuvres de Butor mises entre parenthèses, j'utilise les abréviations suivantes: R.I, R.II, R.III: *Répertoire* I, II et III, Minuit, 1962, 1964, 1968; D.: *Degrés*, Gallimard, 1960; E.T.: *L'Emploi du temps*, Minuit, 1957; P.M.: *Passage de Milan*, Minuit, 1954.
3. Madeleine Chapsal, *Les Ecrivains en personne*, Julliard, 1968, p. 57.

de Mme de la Fayette, de Jules Verne, de Victor Hugo, de Proust, de Joyce, de Faulkner, de Laclos, de Rousseau et de Zola, qu'il interroge successivement. Qu'il s'agisse en effet de *La Princesse de Clèves* ou des *Liaisons dangereuses*, de *La Muse du département* ou de *La Nouvelle Héloïse*, de *La Recherche du temps perdu* ou de *Finnegans Wake*, Michel Butor s'attache chaque fois à montrer comment, dans ces romans, l'invention formelle était à l'époque, mais est encore pour nous, instrument de découverte et par là même facteur de transformation.

Le rôle du romancier est donc selon Butor « d'amener une clarification, de permettre une prise de conscience des problèmes qui nous préoccupent ».[4] Mais cette conception du roman est liée à une conception générale de la littérature. Déjà, dans *Le Roman comme recherche*, Butor insistait sur ce point en concluant son essai par ces mots:

> il résulte de tout ceci que toute véritable transformation de la forme romanesque, toute féconde recherche dans ce domaine, ne peut que se situer à l'intérieur d'une transformation de la notion même de roman, qui évolue [...] vers une espèce nouvelle de poésie à la fois épique et didactique, à l'intérieur d'une transformation de la notion même de la littérature qui se met à apparaître non plus comme simple délassement ou luxe mais dans son rôle essentiel à l'intérieur du fonctionnement social et comme expérience méthodique. (R.I 11)

Or si Butor n'a pas varié quant à sa conception de la littérature, comme en témoignent aussi bien son oeuvre que ses déclarations, il ne semble plus mettre dans le roman les espoirs qu'il y mettait autrefois. Il est remarquable en effet que ce même critique, ce théoricien du roman, cet écrivain par ailleurs si fécond, qui a si fortement affirmé les pouvoirs du roman et montré mieux que personne la nature et le champ de ces pouvoirs, n'ait, pour sa part, réalisé que quatre romans et ait abandonné cette forme. Comment interpréter ce fait, que nous révèle-t-il sur les problèmes du roman à notre époque?

Il faut rappeler qu'à l'instar de Rousseau, Butor est « venu au roman par nécessité » (R.III 71). « Je n'ai pu l'éviter », expliquait-il déjà à Royaumont (R.I 271). On peut donc commencer par se poser, à son sujet, les questions qu'il se pose à propos de Rousseau: « A quoi tient le prestige d'une telle forme? Quelle est sa fonction dans la société? comment changer cette

---

4. *Ibid.*, p. 67.

fonction? » (R.III 72). « On écrit pour changer son existence, déclarait Butor à Madeleine Chapsal, et on ne peut changer son existence qu'en essayant de changer celle des autres. Reste à savoir si le roman est un bon instrument pour cela ».[5] C'est en effet par rapport à ce but: changer son existence et, pour ce faire, y voir clair, diagnostiquer le mal, prendre conscience, résoudre certaines tensions provoquées par le milieu dans lequel vit l'écrivain (toutes ces formules sont de Butor lui-même) qu'il faut tester la valeur et l'efficacité de l'instrument romanesque, tel que le conçoit et l'utilise Butor. On sait que la recherche romanesque s'inscrit chez lui dans le prolongement de ses recherches philosophiques et poétiques. Il s'agissait d'abord de résoudre un problème personnel: la difficulté de relier des recherches spéculatives et ses efforts d'expression poétique. L'étude des grands auteurs du XIXe et du XXe siècle lui apportera une première solution en lui fournissant des modèles d'exploration et de construction réfléchie dont il s'inspirera à son tour et qu'il modifiera pour explorer de nouvelles « régions de la réalité » et construire de nouveaux modèles.

Il faut donc se demander quelles sont les possibilités offertes par cet instrument romanesque, tel qu'il se trouve à la disposition de l'écrivain aux environs des années cinquante, quelles sont celles qu'il s'est efforcé d'exploiter et de modifier.

Ces possibilités ou même ces pouvoirs du roman me semblent être, essentiellement, les suivants: un pouvoir d'intégration, et par là d'unification, un pouvoir de projection et par là de libération, un pouvoir de transformation qui s'exerce sur la représentation que nous nous faisons du réel, et enfin un pouvoir de réflexion. Ces pouvoirs sont à leur tour liés à quatre caractéristiques du roman comme type particulier de discours littéraire, à savoir: son réalisme (ou sa fonction mimétique), son caractère fictif (non référentiel), sa structure nécessairement temporelle, et enfin son formalisme, qui pour n'avoir pas été toujours reconnu n'en est pas moins essentiel, puisque sans lui il n'y aurait ni réalisme ni fiction, ni développement temporel. Examinons ces quatre possibilités offertes par le roman.

---

5. *Ibid.*

Pouvoirs du roman

« Le romancier est quelqu'un pour qui rien n'est perdu », cette phrase d'Henry James, que Butor aime à citer, rend bien compte du prestige que peut exercer la forme romanesque si on la compare aux autres et, en particulier, aux formes strictement poétiques. Tout en effet peut entrer dans le roman et tout, ou presque tout, est entré dans les grands romans que nous connaissons: les objets les plus communs et les plus simples comme les oeuvres d'art les plus originales et les plus élaborées, « les incidents en apparence les plus insignifiants de la vie quotidienne et les pensées, les intuitions, les rêves en apparence les plus éloignés du langage quotidien » (R.I 272), les mots et les phrases de tous les jours et les paroles des plus grands auteurs. Dans la mesure où l'écrivain se considère comme un être en situation et où il s'agit pour lui d'éclairer cette situation, d'en explorer tous les aspects, cette capacité du roman à tout s'annexer est inappréciable. L'exigence d'intégration renvoie ainsi chez Butor à une obsession de la totalité. Il s'agit de rendre compte de tous les aspects d'une situation depuis les plus quotidiens jusqu'aux plus exceptionnels. Dans un roman comme *La Modification*, par exemple, il n'est pas un aspect le plus insignifiant soit-il de la situation décrite qui ne joue un rôle et n'ait par là son importance. Aussi bien la pluie sur la vitre du compartiment et les pépins de pomme écrasés sur le tapis de fer chauffant que les monuments de Rome et de Paris, aussi bien les sentiments du héros pour sa femme et son amie que ses réflexions sur l'Empire romain et le christianisme, aussi bien ses actes les plus prosaïques comme celui qui consiste à fermer une porte ou se laver les mains, que ses rêves, chargés de symboles, d'errance dans une forêt ou de descente aux enfers. De même, cette description d'une classe de seconde d'un lycée parisien, que propose *Degrés*, fait intervenir toutes les connaissances supposées par les manuels scolaires, Histoire, Géographie, Physique, Géométrie, Littérature, Langues anciennes et modernes, en même temps que les relations entre les professeurs et les élèves (relations de parenté ou de voisinage) et leurs activités para-scolaires: scoutisme, lectures, vacances, amours, maladies. L'histoire entière du monde englobe ainsi, par l'intermédiaire des leçons d'histoire ou de littérature, celle des individus, tandis que le volume restreint d'une salle de classe s'élargit, grâce aux leçons de géographie et de physique, aux dimensions de la planète.

Cette exigence d'intégration répond d'autre part à l'obsession de la dispersion. Il s'agit bien de tenir compte et de rendre compte de tous les aspects d'une situation mais il s'agit surtout de combler les fissures, d'unifier les disparates, de trouver un ordre, de relier entre elles des expériences et des informations. Intégrer, c'est en effet faire entrer des éléments dans un système en établissant des rapports nécessaires entre les éléments de ce système. Or le roman, là encore (que l'on songe à un Balzac ou à un Proust), offre des possibilités de systématisation ou, en tout cas, d'organisation remarquables. Comme le disait Henry James, « en réalité les relations ne cessent nulle part et c'est justement l'éternel et délicat problème de l'artiste que de tracer, par une géométrie qui lui est propre, le cercle à l'intérieur duquel elles paraîtront le faire ».[6] Ce problème, qui est d'abord d'ordre technique, est fondamental. C'est en effet de la mise en forme, du type de relations établies dans le roman, que dépend sa valeur comme instrument de découverte et de prise de conscience. C'est ainsi que dans *La Modification* et dans *Degrés*, les rapports mis en jeu entre les éléments leur confèrent des fonctions à la fois précises et polyvalentes qui permettent au lecteur, à la suite de l'auteur, de maîtriser un certain nombre d'informations jusque-là dispersées. Le travail sur la forme a de cette manière un pouvoir d'unification qui n'est pas négligeable. Mais les rapports établis, grâce à l'organisation complexe du récit, ont en outre pour effet de révéler le fonctionnement réel et, dans les deux cas, foncièrement faussé des situations décrites. Dans *Degrés*, par exemple, la juxtaposition systématique des fragments de connaissance proposés par les manuels scolaires met en évidence à la fois l'immensité de notre culture occidentale et son incohérence, en même temps qu'elle révèle l'inadéquation de l'enseignement secondaire au monde d'aujourd'hui et surtout à celui de demain.

Or on a vu que le projet butorien était un projet de connaissance. Il le précise d'ailleurs à Georges Charbonnier à propos de ses différents romans. *Passage de Milan* est ainsi né du « besoin d'avoir une représentation de Paris ».[7] *L'Emploi du temps*, du désir « d'étudier ce que pouvait être une ville industrielle anglaise » et ceci parce que: « une ville industrielle anglaise devait m'apprendre quelque chose de très important sur ce que sont les villes industrielles en général et par conséquent sur la civilisation occidentale actuelle ».[8] De même il déclare avoir fabriqué *Degrés* pour voir l'enseigne-

---

6. Henry James, *The Art of Fiction*, cité par Wayne C.Booth, *The Rhetoric of Fiction*, Chicago University Press, 1961, p. 42.
7. Georges Charbonnier, *Entretiens avec Michel Butor*, Gallimard, 1967, p. 50.
8. *Ibid.*, p. 97.

ment français de l'extérieur. A première vue l'étude sociologique ou la description phénoménologique paraîtraient des instruments plus adéquats que la fiction romanesque. Mais il semble bien que ce soit justement par son caractère fictif que le roman offre des possibilités que les sciences humaines n'offrent pas. En premier lieu ce caractère fictif du roman correspond selon Butor à la réalité telle que nous l'expérimentons existentiellement. Depuis Rousseau la situation n'a pas vraiment changé: « nous sommes dans la fiction, nous sommes dans le roman », et il en résulte que « pour sortir du roman, il n'y a pas d'autre moyen que de travailler dans le roman » (R.III 60). Il s'agit donc pour Butor comme pour tous les grands romanciers: « d'utiliser l'imagination contre elle-même et, à partir de ces demi-vérités trompeuses, de construire une fiction véridique qui nous permette de savoir où nous sommes et où nous en sommes » (R.III 64).

Il est certain, comme Butor le constate dès son premier essai, que les événements de la fiction nous paraissent souvent plus « intéressants » que les événements réels. Une des raisons de ce phénomène réside, me semble-t-il, dans le processus de projection imaginaire qui est favorisé par la fiction. Cette projection est aussi bien le fait de l'écrivain que celui du lecteur. Elle permet à l'auteur comme au lecteur de se voir comme un autre et par là de prendre une conscience plus claire de lui-même. Butor reconnaît d'ailleurs les vertus de ce phénomène psychique, en particulier lorsqu'il s'agit de la création de personnages: « Tout écrivain, explique-t-il, en constituant ses personnages chasse des masques accumulés sur son visage. L'écrivain va à la recherche de sa nudité. Certains vont être capables d'enlever perpétuellement de leurs visages de nouveaux masques, ils vont traverser les épaisseurs de leur peau. Ils expulsent d'eux-mêmes les personnages romanesques ».[9] La transposition de l'auteur en narrateur, plus ou moins dramatisée, et en personnages divers, met ainsi en jeu toute une dialectique de participation et de distanciation qui peut être extrêmement efficace. Remarquons que loin de chercher comme d'autres à « exprimer » sa singularité, ce sont bien ses « masques » que Butor projette, ce sont les formes de sa généralité, qu'il cherche précisément à dé-masquer, ce qui autrement dit constitue nos personnes en « personnages ». Ceux qu'il présente dans ses romans sont en effet proches de lui-même et de ses lecteurs présumés. Ce sont, pour la plupart, des bourgeois français, des intellectuels, et de formation catholique.

---

9. *Ibid.*, p. 59.

Ces personnages sont caractérisés d'après les techniques réalistes les plus traditionnelles: Butor décrit jusqu'au détail de leurs vêtements, fait l'inventaire de leur culture, expose leurs sentiments et leurs problèmes. Tous ces détails, bien loin d'aboutir au portrait d'un héros exceptionnel, sont communs à ses personnages et à la majorité des bourgeois occidentaux d'aujourd'hui. Ainsi Revel dans *L'Emploi du temps*, Léon Delmont dans *La Modification* ou Pierre Vernier, le « héros » de *Degrés*. Tout le travail romanesque va alors consister à mettre en évidence les implications sociales, culturelles et morales de cette banalité qui est en fait la nôtre.

C'est en faisant systématiquement varier les apparences que le romancier contraint le lecteur à s'interroger sur lui-même. Deux des procédés mis en oeuvre par Butor sont particulièrement liés au caractère fictif du roman: les variations de point de vue et l'amplification mythologique. Grâce au premier le lecteur change de perspective sur ce qui lui est donné à voir et se trouve de plus en plus impliqué dans la construction du récit. Le personnage fictif finit ainsi par apparaître comme étant son propre « personnage », c'est-à-dire son propre masque. Or l'aventure du personnage butorien est toujours celle d'une quête, qui finit toujours par un relatif échec. Soit que le personnage meure comme dans *Passage de Milan*, soit qu'il échoue dans ses projets comme dans *La Modification*, *L'Emploi du temps*, *Degrés*. Cette mort ou destruction du personnage dans le roman joue un rôle analogue à celui qu'elle joue dans la tragédie: elle a vertu de catharsis. La mort du personnage devrait permettre le salut du lecteur.

Le second procédé renforce le premier mais par d'autres voies. Au cours du récit les héros finissent par apparaître comme des figures mythiques. L'auteur réalise cette transformation en exploitant systématiquement les données du rêve et à travers le rêve celles de l'imaginaire culturel. Ainsi dans *La Modification* retrouve-t-on, par l'intermédiaire de la conscience de Léon Delmont, tous les motifs archétypaux de l'imaginaire collectif: de la femme salvatrice à la descente aux enfers, de la forêt comme lieu de l'égarement à la lune et au serpent comme symboles de la mort et du renouvellement.[10] « La lecture d'un roman est une sorte de rêve éveillé » (R.I 10). Grâce à ces éléments mythiques, ce rêve individuel s'inscrit dans un « rêve

---

10. Voir Michel Leiris, « Le réalisme mythologique de Michel Butor » dans: Michel Butor, *La Modification*, Union Générale d'Editions, coll. 10/18, 1957; Françoise van Rossum-Guyon, *Critique du roman. Essai sur* La Modification *de Butor*, Gallimard, coll. Bibliothèque des idées, 1970 et Tel, 1995.

commun » que le romancier, à l'instar de Joyce, dont Butor montre à quel point les oeuvres sont des « instruments de connaissance intime » (R.I 226), nous convie à élucider. Le roman peut jouer de cette façon le rôle, que lui reconnaît Mircea Eliade, de substitut moderne au récit mythique mais, le jouant consciemment, il fait en même temps apparaître dans quel « désordre mythologique » (R.II 17) nous nous débattons aujourd'hui.

Réalisme et formalisation

Le roman a pour effet de transformer la représentation que nous nous faisons du réel. Or la structure narrative, nécessairement successive, apparaît, à cet égard, privilégiée, puiqu'il n'y a de transformation que dans le temps. Cette temporalité du roman s'exerce en outre à deux niveaux: celui de l'aventure et celui de la lecture, qui entretiennent l'un avec l'autre, dans chaque roman, des relations particulières que l'on peut étudier. On sait que cette duplication du temps romanesque en temps de l'histoire et temps de la narration est considérée par les théoriciens comme une des caractéristiques fondamentales du genre romanesque. Michel Butor a, là encore, souligné cette propriété du récit romanesque et exploité systématiquement ses possibilités. Il s'en est expliqué lui-même dans ses « recherches sur la technique du roman », et plusieurs critiques se sont attachés à mettre en évidence la nature des rapports établis dans ses différents romans.[11] Je ne m'attarderai donc pas sur ce point. Je remarquerai seulement que « l'aventure » est toujours celle d'une prise de conscience. Il s'agit de savoir si le héros, qu'il s'appelle Jacques Revel, Léon Delmont ou Pierre Vernier, réussira à comprendre ce qui lui arrive et ce qui se passe. Il est toujours question aussi d'une initiation, c'est-à-dire du passage d'un temps à un autre. Dans *Passage de Milan*, l'événement central est ainsi celui de la fête donnée en l'honneur des vingt ans de la jeune fille, initiation à l'âge adulte. Dans *L'Emploi du temps* et *La Modification* il s'agit de voyages à la fois matériels et spirituels, et dans *Degrés* de cet « édifice d'initiation triste » (D. 242) qu'est un lycée parisien. Les titres mêmes des oeuvres: passage, modification, emploi du temps, degrés, suffisent à indiquer l'importance capitale du temps comme facteur de

---

11. Voir Jean Ricardou, « Temps de la narration, temps de la fiction », dans *Problèmes du Nouveau Roman*, Seuil, 1967; Jean Roudaut, « Répétition et modification dans deux romans de Butor », *Saggi e ricerche di letteratura francese*, Pise, Vol. VIII, 1967, p.309-364.; et Françoise Van Rossum-Guyon, *Critique du roman, op.cit.*

changement. Au niveau de la narration, c'est toute la construction du livre par les reprises et les variations, en particulier celle des descriptions, qui implique un déchiffrement progressif des significations.

Mais je voudrais insister surtout sur « l'aventure des mots ». Par leur introduction successive et soigneusement réglée dans des contextes différents, les mots les plus banals, les plus usagés, que l'on peut lire au début du livre (lueurs, porte, rainure, fumée, etc.) dans *La Modification*, se chargent en cours de route de significations précises et complexes. Le lecteur est ainsi appelé à un déchiffrement sémantique, analogue à celui que lui propose le poème mais plus conscient peut-être parce qu'il se réalise au cours d'un processus qui déploie la totalité des significations possibles.

Intégration, projection, transformation, ces possibilités du roman ne sont intéressantes que dans la mesure où elles permettent une réflexion. Et cette réflexion, à son tour, n'est possible que dans la mesure où le roman est soumis à une formalisation. Celle-ci, on l'a vu, s'exerce à tous les niveaux. Choix des éléments et mise en rapports, descriptions méthodiques, caractérisation des personnages, variation des points de vue, jeu des symboles, montage des séquences temporelles, travail sur les mots, voici ce qui permet à l'intégration romanesque d'être unificatrice et dénonciatrice, à la projection d'être libératrice, à la transformation d'être efficace.

Deux aspects de cette formalisation annoncent les oeuvres ultérieures. La première technique consiste à utiliser les structures mêmes de la réalité décrite pour la construction du livre. C'est le cas des sept étages de l'immeuble parisien pour *Passage de Milan*, du plan de la ville pour *L'Emploi du temps*, de l'horaire des chemins de fer et de la succession des lieux et des heures pour *La Modification*, des cases de « l'emploi du temps » et des classes superposées pour *Degrés*. Chaque situation réelle offre une structure dont l'écrivain se sert comme point de départ pour en analyser les éléments et en éprouver la consistance. Cette technique répond à l'exigence formulée par l'auteur dans « Le Roman et la poésie », selon laquelle il faut « que la structure interne du roman soit en communication avec celle de la réalité où il apparaît » (R.II 25). Elle répond également à un souci didactique. En partant d'une structure simple, le romancier fournit au lecteur, dès le début du livre, un système de références qui lui permettra par la suite de s'y retrouver. Qui a lu ces romans sait à quel point ces structures apparemment simples se compliquent au cours du livre au fur et à mesure qu'interviennent de nouveaux rapports entre les données. Comme expérience dans l'imaginaire, la fiction permet de troubler la structure de départ. C'est le rôle dévolu à la fête dans *Passage de Milan* ou aux rêves de Léon Delmont dans *La Modification*. Mais c'est surtout la prise en considération systématique de tous les éléments de la structure de départ qui provoque cette complication et finalement cette désorganisation que l'on est obligé de constater. Ce phénomène est particulièrement frappant avec *Degrés*, où le lecteur, en dépit de la composition extrêmement serrée du livre, finit, comme le narrateur, par se noyer complètement et, on peut bien le dire dans ce cas, par y perdre son latin.

Mais tandis que la structure du réel est ébranlée par la fiction qui en révèle la désorganisation profonde, la structure du livre, en revanche, révèle au lecteur attentif ses lois extrêmement précises d'organisation. On sait que Butor, pour construire ses livres, fabrique des schémas, des graphiques, qu'il a même dû, dans le cas de *Degrés*, superposer les uns aux autres. Pour l'auteur ces schémas correspondent au besoin de voir plus clair en repérant les éléments de la situation et en les visualisant. Ils lui permettent aussi de faire de la littérature cette « expérience méthodique » qu'il préconisait au début de sa carrière d'écrivain. L'établissement de schémas précis permet en effet non seulement de repérer tous les éléments d'un système ainsi que leurs rapports respectifs mais de faire varier le système en déplaçant, en supprimant ou en ajoutant certains éléments. C'est ainsi que la superposition des étages dans *Passage de Milan* se trouve transposée en une superposition temporelle dans *L'Emploi du temps* ou que *La Modification* ajoute une donnée de plus qui est celle du mouvement dans l'espace. Chacun des romans de Butor obéit de cette façon à des lois de composition dont la complexité n'est pas moins stupéfiante que la précision. Comme il le dit lui-même: « la réconciliation de la philosophie et de la poésie qui s'accomplit à l'intérieur du roman, à son niveau d'incandescence fait entrer en jeu les mathématiques » (R. 273). Si l'on comprend facilement quelle est la fonction de cette « réflexion » pour le romancier, on peut se demander quelle est sa fonction pour le lecteur. Celui-ci en effet n'est pas directement conscient de cette structure profonde du livre. Saisi par les prestiges de la fiction, c'est bien plutôt la désorganisation qui capte son attention au risque de l'empêcher de se fixer... Mais s'il accepte de jouer le jeu, il fait en même temps, sans le savoir tout de suite et de plus en plus consciemment lorsqu'il relit le livre, l'expérience de la rigueur ainsi que celle d'une certaine beauté.

Il est en outre appelé à participer à la construction du livre, à en découvrir les secrets de fabrication, à en déchiffrer peu à peu les arcanes, il ne s'enchante donc pas passivement d'une histoire qu'on lui raconte, mais apprend, lui aussi, dans une certaine mesure, à maîtriser toutes ces informations qui nous assaillent, furieusement, de toutes parts.

Vers l'oeuvre ouverte

Pourquoi, dans ces conditions, l'abandon de la forme romanesque par Michel Butor? La raison peut en être trouvée dans le sentiment ressenti par l'auteur d'un décalage entre les formes de récit existantes – y compris ses propres récits romanesques – et une réalité en perpétuelle transformation. Le roman, tel que nous venons de le décrire, intègre à la fois trop bien et pas assez. « Je me suis aperçu, explique Butor, qu'on ne pouvait parler de roman que lorsque les éléments fictifs d'une oeuvre s'unifiaient en une seule histoire, un seul monde parallèle au monde réel [...] dans lequel on entre au début de sa lecture pour n'en ressortir qu'à la fin ».[12] Or, cette fiction, parce qu'elle est unitaire, ne permet pas, selon lui, de rendre suffisamment compte de la complexité du réel, de la multiplicité des informations et surtout de leur caractère dispersé, non hiérarchisé. Un objet comme l'Amérique, par exemple, suppose pour être représenté adéquatement, appréhendé et éclairci, d'autres formes qui respectent la multiplicité et la diversité de ses aspects matériels, géographiques, historiques, culturels. En outre, la structure temporelle strictement orientée du récit romanesque ne permet pas de représenter concrètement la spatialité foncière du phénomène, alors que dans un livre comme *Mobile*,[13] l'Amérique s'offre d'abord comme un immense continent à parcourir et découvrir. Le roman, d'autre part, est centré sur des personnages, c'est-à-dire des individus. Certes Butor s'est attaché à montrer comment l'histoire de chacun de ces individus était liée à l'histoire universelle et à la totalité du monde. Il montre, par exemple dans *Degrés*, à quel point l'individu n'est que le représentant quasiment interchangeable d'un groupe qui lui confère ses particularités. Mais dans des oeuvres comme *Mobile* ou *6.810.000 litres d'eau par seconde*,[14] c'est au groupe lui-même (ou plus exactement à la foule) qu'est donnée la parole.

---

12. « La Littérature aujourd'hui », *Tel Quel* n° 11, août 1962, p. 58.
13. *Mobile. Etude pour une représentation des Etats-Unis*, Gallimard, 1962.
14. Gallimard, 1965.

Non seulement le roman intègre à la fois trop bien et insuffisamment, mais l'on peut se demander également si les projections qu'il permet sont vraiment libératrices. Il est fort possible que l'auteur, s'étant libéré de ses masques, n'ait plus pour sa part besoin de créer des personnages et d'inventer des histoires. Pour le lecteur en tout cas il ne fait pas de doute qu'à la lecture d'un roman l'identification prime la distanciation. Il y a bien projection mais non pas toujours réflexion et le lecteur s'étant, pour un temps, évadé dans un « autre monde », retombe ensuite dans ses propres aliénations. Des formes nouvelles qui interdisent cette identification, par la suppression de personnages caractérisés et par la suppression du suspense comme de toute intrigue, mais qui offrent en revanche une « représentation » du monde d'aujourd'hui tel qu'il se déploie dans les journaux, les catalogues, les encyclopédies ou les lieux publics, permettent, peut-être mieux, de prendre conscience de notre situation. Le roman, d'autre part, nous propose de communiquer avec un imaginaire collectif, mais sa consommation n'en est pas moins individuelle. Une étude stéréophonique comme *6.810.000 litres d'eau par seconde* met en jeu au contraire les possibilités de la communication audiovisuelle et implique une participation collective.

L'individu privilégié par le roman doit faire place à l'Histoire elle-même et à la diversité des cultures (culture savante et culture de masse, culture occidentale et non-occidentale) et comment mieux rendre compte de celles-ci que par un jeu de citations, puisqu'elle s'exprime essentiellement dans des textes? C'était déjà un des acquis de *La Modification*, ce sera plus radicalement encore un des partis pris de *Degrés*. Les aventures de la citation vont jouer à partir de là le rôle essentiel dans la nécessaire transformation de nos représentations. Si enfin, par sa composition concertée, sa formalisation quasi mathématique, le roman butorien demande au lecteur une participation active, il n'en reste pas moins que ses structures sont encore relativement fermées. La structure non moins complexe et non moins précise d'une oeuvre comme *Mobile* est ouverte. Elle permet plusieurs trajets de lecture, propose une perception simultanée des niveaux de réalité, offre, comme son titre l'indique, une mobilité infiniment plus grande. C'est donc aux lecteurs, plus que jamais, qu'il revient d'ordonner les informations, en participant à la construction du livre.

Chapitre 2

Aventures de la citation. *Degrés*[*]

« La mise à l'épreuve des textes est un des caractères constants de la recherche de Butor, chacun de ses livres réalisant le lieu utopique d'une confrontation de ces textes et par là de leur éclaircissement et de leur critique ».[1] La citation ne représente, de ce point de vue, qu'un des aspects du travail intertextuel. Il s'agit bien cependant d'un aspect essentiel. Sachant que tout changement de forme a pour conséquence un changement de sens, il semble nécessaire d'examiner de plus près en quoi cette manière particulière d'évoquer les textes et de les utiliser diffère des autres et ce qu'elle apporte de spécifique.

A la limite tout est citation parce que tout est texte: les rites et les coutumes: manières de table dans *Passage de Milan* ou les achats de souvenirs dans *6.810.000 litres d'eau par seconde*; les monuments: les cathédrales de Bleston dans *L'Emploi du temps* ou les temples de Washington dans *Mobile* aussi bien que les livres constituant cette énorme bibliothèque à laquelle Butor ne cesse de se référer pour y percer des ouvertures. Le langage lui-même est citationnel puisque chacun des mots a déjà servi et a donc une histoire qu'il s'agit, précisément, de retrouver. Même les phénomènes dits naturels sont faits de culture: répertoriés, classés, catalogués, et c'est bien ce que souligne l'auteur lorsque, énumérant tous les oiseaux américains

---

* Ce chapitre reprend, avec des modifications de détail, le texte de ma communication au colloque consacré à Michel Butor, et en présence de Michel Butor, au Centre Culturel International de Cerisy-la-Salle, du 24 juin au 1er juillet 1973. La première version de ce texte a été publiée sous le titre « Les aventures de la citation chez Michel Butor » dans: Georges Raillard éd., *Butor*, Union Générale d'Editions, 1974, p. 17-39.
1. Georges Raillard, dans *Positions et oppositions sur le roman contemporain*, *op.cit.*, p. 176.

dans *Mobile*, ou toutes les fleurs dans *6.810.000 litres d'eau par seconde*, il se réfère à Audubon ou utilise les catalogues de jardinage.

Comme reproduction littérale d'un texte écrit la citation présente cependant certaines caractéristiques que signalent, généralement, les conventions typographiques: guillemets, italiques, etc. Extraite d'un autre texte, elle renvoie explicitement à un ailleurs, en principe vérifiable, et se présente du même coup comme un corps étranger au texte dans lequel elle est insérée. Fragmentaire, elle implique une activité de découpage effectuée sur le texte cité. Elle est enfin insérée dans un nouveau contexte auquel elle est, plus ou moins, intégrée.

Ces caractères de la citation lui permettent d'être utilisée à titre de preuve, d'exemple ou d'illustration, confirmant ou embellissant le texte dans lequel elle s'insère. Mais elle offre encore bien d'autres possibilités que Butor ne manque pas d'exploiter. Ce sont ces possibilités et la manière dont l'écrivain les exploite dans ses textes que je passerai en revue, avant de retracer certaines de leurs aventures dans son roman *Degrés*.

Aspects et possibilités de la citation selon Butor

> De même que dans la peinture contemporaine, la reproduction d'un fragment de tableau ancien est représentation dans le tableau nouveau de la peinture qui est son ordre, de sorte que ce tableau se donne à voir comme peinture en même temps qu'il donne à voir quelque chose grâce à la peinture, la reproduction littérale d'un fragment de texte est representation dans le livre de la littérature qui est son milieu.[2]

Référentielle, la citation est d'abord référence à cette partie de l'héritage culturel que constitue la bibliothèque. Le livre s'ouvre par elle, explicitement, sur d'autres livres que le lecteur est appelé à lire ou à relire. Non seulement le texte n'est pas clos sur lui-même, mais sa lecture est, par principe, au moins double. La référence nous convoque à confronter l'ancien et le nouveau et à critiquer l'un par l'autre. Le texte cité est à la fois réactualisé et démythifié, ou désacralisé. Chaque lecture des textes cités enrichit le texte porteur de nouveaux aspects, ouvre de nouvelles perspectives dans certains cas et en modifie le sens.

---

2. Michel Butor, « La Critique et l'invention », dans *Répertoire III*, *op.cit.*, p. 18.

Référentielle, la citation renvoie également à des textes écrits par d'autres. Une oeuvre faite de citations affiche son caractère collectif, elle est une oeuvre faite en collaboration.[3] Mais bien sûr cette collaboration peut prendre plusieurs aspects et les auteurs peuvent être mis à contribution malgré eux. Il est peu probable, par exemple, que si Thomas Jefferson vivait aujourd'hui il apprécierait beaucoup les citations que fait Butor de ses *Notes* sur l'État de Virginie dans *Mobile*. En citant ces *Notes* Butor met à profit un des caractères du texte qui est sa permanence: *verba volant, scripta manent*. L'auteur cité est tenu pour responsable de ce qu'il a écrit, et un des sens du mot citer est d'ailleurs: « convoquer à comparaître en justice en qualité de témoin ou de défendeur ». Le texte cité dans ce cas fait office de témoignage ou document. Inversement, la multiplicité des collaborateurs, d'époques et de styles différents, peut avoir pour effet de supprimer la relation traditionnelle de l'homme à l'oeuvre au profit d'un texte généralisé. C'est le cas dans *Degrés*, dans *L'Arc*, et dans *Mobile*.

Cet appel à d'autres sujets écrivants, qu'ils soient anciens ou contemporains, très connus ou méconnus, permet en outre de faire traiter un sujet par quelqu'un d'autre. Si la citation renvoie à la littérature, la littérature, à son tour, renvoie à la réalité. C'est ainsi que les Chutes du Niagara seront traitées par l'intermédiaire de Chateaubriand dans *6.810 000 litres d'eau par seconde*, l'aventure périlleuse d'un Pierre Vernier par l'intermédiaire d'Homère dans *Degrés* ou que la description de la pointe du Raz sera faite par Georges Perros dans *L'Arc*. L'auteur procède à l'instar du professeur Pierre Vernier qui espère bien, grâce au pouvoir des citations de Marco Polo, évoquer pour ses élèves les merveilles d'un monde toujours aussi étranger qu'au moment de sa découverte.

Il arrive souvent que l'on cite quelqu'un parce qu'il a déjà formulé ce qu'on voudrait dire et l'a même formulé mieux qu'on ne saurait le faire. En confiant le traitement d'un sujet à un autre: l'aventure à Homère, l'amour à Virgile, la beauté des Chutes à Chateaubriand, l'auteur à la fois s'approprie les vertus d'un maître, et restitue les prestiges, souvent oubliés, de leurs textes.

Ce traitement d'un sujet par quelqu'un d'autre nous convoque, enfin, à une double lecture qui nous force cette fois à tenir compte de la manière dont les choses sont dites. Chacun des auteurs cités traite en effet le sujet à

---

3. Voir à ce sujet l'entretien de Michel Butor avec Roger Borderie dans *L'Arc* n° 39, 1969.

sa façon, les points de vue changent, un décalage s'institue qui contraint le lecteur à prendre conscience du fait qu'il s'agit d'une certaine représentation de la réalité et non de celle-ci et, en conséquence, de la relativité de sa propre représentation des choses.

Traitement d'un sujet par quelqu'un d'autre, la citation permet encore le traitement d'un sujet par un autre sujet. Une citation de Boullée dans *L'Arc* renvoie ainsi, comme le précise Butor, à la fois à Newton et à l'architecture. De même, le sonnet de Keats sur la découverte de la traduction d'Homère par Chapman dans *Degrés* renvoie, à la fois, à la redécouverte de l'Antiquité à la Renaissance et, par le biais des comparaisons, à la découverte de l'Amérique et à l'observation du ciel. De même, dans *6.810.000 litres d'eau par seconde*, telle page de Chateaubriand, grâce à l'ambiguïté du pronom elle désignant à la fois la cascade et une femme, illustre le thème érotique en même temps qu'elle sert à décrire les Chutes du Niagara.

Extraite d'un autre texte, la citation préexiste à son insertion dans un nouveau contexte. Elle n'est pas l'expression directe des idées ou des sentiments de l'auteur qui l'utilise. Plus il y aura de citations dans le livre plus la composition devra, en conséquence, se substituer à l'écriture proprement dite. Cette progression est très nette de *Degrés* à *Mobile* et de *Mobile* à *Illustrations* (où il s'agit surtout, en outre, d'autocitations). L'organisation du texte prend de plus en plus le pas sur l'expression directe, que celle-ci soit lyrique ou didactique, ce qui ne supprime ni le lyrisme ni l'enseignement. Ces organisations, ces combinaisons en devenant de plus en plus complexes permettent une mobilité de plus en plus grande. La littérature, comme expression et propriété d'un individu, fait ainsi place, selon le voeu du poète, à une littérature faite « par tous et pour tous ». A la notion de chef-d'oeuvre, unique et intouchable, se substitue la notion d'oeuvre ouverte indéfiniment transformable. « Non plus objet dont on contemple la beauté bien fondée mais mystère à découvrir, devoir à accomplir, stimulant pour l'imagination ».[4]

Si les fonctions référentielles de la citation sont importantes, en ce qu'elles ouvrent l'oeuvre sur autre chose, c'est le découpage des textes, ainsi que leur insertion, qui confèrent leur sens aux références et permettent d'exploiter ses possibilités. Le découpage du texte implique nécessairement

---

4. Selon la formule de Umberto Eco, *L'Oeuvre ouverte*, Seuil, 1965, p. 12.

une destruction. Destruction d'une forme et par là d'une signification. Cette destruction est plus ou moins radicale suivant que le texte extrait est essentiel ou secondaire par rapport à son contexte primitif, suivant que le fragment est plus ou moins long, qu'en sont respectées ou non les articulations, qu'il est restitué comme un tout ou au contraire allégé, sinon mutilé. Si l'on peut dire avec Butor que « la citation la plus littérale est déjà dans une certaine mesure une parodie »,[5] chaque type de découpage entraîne cependant des effets différents.

On pourrait trouver dans l'oeuvre de Butor des exemples de chacun d'entre eux. Je me limiterai à un seul aspect, celui de la longueur. L'auteur a joué avec diverses possibilités: de l'ordre de la ligne dans *Degrés*, les fragments sont de l'ordre du paragraphe dans *Mobile* et de la page dans *6.810.000 litres d'eau par seconde*, pour se réduire en revanche à de simples mots dans les *Illustrations*. Il en résulte que dans *Degrés*, les citations sont d'abord lues comme parties intégrantes du continuum romanesque. Elles perdent leur autonomie et leur fonction référentielle n'apparaît qu'au cours d'un travail de reconstitution, facilité, il est vrai, par le fait qu'il s'agit de textes très connus. Le livre présente des centaines de facettes de couleurs stylistiques différentes et perpétuellement changeantes. Dans *Mobile*, en revanche, où la fonction référentielle de la citation est nettement affichée, les fragments sont suffisamment longs pour que le lecteur soit sensible à leur origine, qui est d'ailleurs signalée dans le texte. Les textes ont ici, entre autres, fonction de documents, leur contenu idéologique passe au premier plan. Avec *6.810.000 litres d'eau par seconde* la longueur du fragment est telle qu'il conserve sa cohérence rhétorique primitive. Il s'agit cette fois d'une « belle page », véritable morceau d'anthologie, dont sont précisément mises à profit les propriétés stylistiques: vocabulaire, syntaxe, rythme. Dans les *Illustrations*,[6] enfin, tout devient citationnel, invitant à une lecture-relecture indéfinie, sinon infinie, de l'oeuvre de l'auteur.

Si donc le découpage détruit le texte primitif, il a aussi pour effet de mettre en valeur certains de ses aspects. Butor souligne fortement le choix qui préside aux citations, en même temps qu'il insiste sur son aspect référentiel, dans le passage de *Mobile* où il présente Thomas Jefferson et ses *Notes*

---

5. « La Critique et l'invention », *art.cit.*, p. 18.
6. *Illustrations I, II, III, IV*, Gallimard, 1964, 1969, 1973, 1976.

sur l'état de Virginie.[7] Preuve à l'appui, dans ce cas, des origines d'une idéologie raciste, la citation peut, dans d'autres cas, servir simplement d'exemple. Ainsi celles de Victor Hugo dans la première partie de l'essai intitulé *Babel en creux*.[8] Cette exemplarité peut être soulignée par les artifices typographiques: italiques, mise en colonne. La citation peut encore servir d'« illustration ». Il s'agit là d'un des aspects les plus nouveaux et les plus exploités par Butor. En voici quelques exemples.

Une des rares vraies citations de *La Modification*: « elle faisait trembler l'air de clarté », illustre, au sens très précis d'éclairer, d'illuminer, le personnage de Cécile: la référence à Cavalcanti et au *dol stil novo* auréole la femme aimée de tout le prestige de la poésie italienne. Dans *L'Arc* les textes de Boullée, de Jules Verne ou de Regnard qui décrivent, respectivement, la sépulture de Newton, une grotte merveilleuse et une mine en Laponie fonctionnent, elles, comme des images répondant aux photographies interca- lées dans la revue. Ce sont les propriétés physiques, c'est-à-dire esthétiques, des textes: formes et sons, qui sont exploitées surtout dans *Illustrations*, qu'il s'agisse de Pétrarque, Goethe, Marlowe et Gongora, cités dans leur langue originelle dans *Illustrations I*, ou des citations en écho qui contribuent, dans *Illustrations II*, à la mise en espace du texte.

Le découpage peut donc trahir ou même détruire le texte cité, et contri- buer par là à sa critique, mais il peut aussi révéler certains aspects jusque-là inaperçus, tant au niveau du signifié qu'à celui du signifiant et, du même coup, lui redonner du lustre. Bribes et vestiges d'un texte préalable, les détails, mis en valeur par le découpage, sont utilisés comme matériaux de l'oeuvre nouvelle comme germes d'une nouvelle organisation.

Les extraits cités sont enfin insérés dans un nouveau contexte qui va les transformer. Les modalités de cette insertion sont multiples. On va en voir un exemple précis dans *Degrés*. Mais voici les principales différences qu'offrent, à cet égard, les oeuvres précédentes.

Passage de Milan, *L'Emploi du temps* et *La Modification* réfèrent ample- ment à des textes antérieurs, mais ces romans ne contiennent pas, sinon épisodiquement, de véritables citations. Les textes évoqués: *Le Livre des morts* égyptien, *L'Enéide*, *Les Lettres* de Julien l'Apostat dans *La Modifica-*

---

7. *Mobile*, *op.cit.*, p. 41-43. Voir le chapitre 3.
8. *Repertoire II*, *op.cit.*

tion, *La Recherche du temps perdu* dans *L'Emploi du temps*, sont systématiquement transposés, parodiés et subvertis, au niveau des thèmes et au niveau des scènes. Les textes sont réactualisés et mis à l'épreuve, mais ils ne sont lus qu'en filigrane, enrichissant et amplifiant, par contraste ou par analogie, une affabulation romanesque qui reste centrée sur les personnages et leur histoire.

Avec *Degrés* en revanche les citations sont littérales et deviennent matériaux mêmes de l'oeuvre. Les textes cités sont mis en rapport avec les personnages et leur histoire, ils ont donc une fonction romanesque.[9] Mais les textes cités deviennent eux-mêmes de véritables acteurs et même co-auteurs du roman. La référence précise qui, par leur intermédiaire, est faite à des personnages célèbres: Ulysse et Didon, Cassius et Brutus, Pantagruel et Gargantua, nous invite à considérer ces derniers comme des personnages du roman, au même titre et au même plan qu'un Pierre Eller ou un Pierre Vernier, M. Bailly ou M. Bonini. A une histoire centrée sur un héros unique et privilégié se substitue une multiplicité de héros et d'histoires qui s'entrecroisent et s'équivalent.

Avec *Mobile* l'affabulation romanesque disparaît et le narrateur s'efface complètement derrière les textes cités qui passent au premier plan et sont désormais quasiment seuls à constituer le livre. Le sens n'apparaît que du jeu de contrastes et d'analogies entre les contenus divers des fragments cités. Avec *6.810.000 litres d'eau par seconde* c'est le fragment lui-même qui est « mis en marche »,[10] transformé par un travail qui porte cette fois sur la structure même des phrases qui le composent. Dans les *Illustrations*, ainsi que dans *Où*, les textes s'entrecroisent et s'entremêlent. Des mots, des phrases entières, des tournures s'échangent d'un texte à l'autre, de sorte qu'il se produit, suivant l'expression de l'auteur, des « contaminations de plus en plus profondes ».[11]

Chacune de ces modalités produit des effets différents. Toutes ont pour résultat de substituer une nouvelle cohérence à celle du texte primitif, de superposer une signification nouvelle à l'ancienne. Cette évolution marque,

---

9. Voir Jennifer Waelti-Walters, *Butor's Use of Literary Texts in* Degrés, P.M.L.A., mars 1973, vol. 88, n° 2, p. 311-320.
10. Voir Georges Charbonnier, *Entretiens avec Michel Butor, op.cit.*, chap. XIII.
11. Voir Michel Butor, « Comment se sont écrits certains de mes livres » dans: *Nouveau roman. Hier, Aujourd'hui*, Actes du Colloque de Cerisy-la-Salle, sous la direction de Jean Ricardou et Françoise van Rossum-Guyon, Union Générale d'Editions, 10/18, 1972.

par ailleurs, un progrès vers une liberté de plus en plus grande. Liberté de l'auteur vis-à-vis des textes et de ce lourd passé, qu'il s'agit d'intégrer, mais dont il s'agit surtout de se libérer pour construire l'avenir. Liberté pour le lecteur qui est invité de plus en plus à explorer l'oeuvre en toutes directions, à choisir ses trajets de lecture, à jouer avec les textes, à suivre leurs aventures et même, avec *Une chanson pour Don Juan*[12] à leur en inventer de nouvelles.

Cette liberté cependant c'est l'oeuvre qui la donne, ces aventures c'est l'oeuvre qui les permet. Comment, au profit de quoi, c'est ce que je vais tenter de préciser, à partir d'un exemple, choisi dans *Degrés*.

Une citation de Rabelais: découpage, insertion et liaisons

« Tous les métaux cachés au ventre des abîmes »: fragment arraché à un texte préexistant, fragment inséré dans un contexte nouveau et, par l'intermédiaire de ce contexte, inséré dans l'ensemble de l'oeuvre de Butor, cette citation de Rabelais peut être étudiée sous les différents aspects que je viens d'évoquer: dans sa référence à un texte préexistant, selon les modalités de son découpage et en fonction de son insertion dans le roman.

La référence, dans ce cas, est tout à fait précise et joue un rôle important. Cette phrase est en effet donnée comme faisant partie d'un « fragment », plus important et en partie restitué, de la célèbre lettre de Gargantua à Pantagruel dans le *Pantagruel*. Charte de l'éducation humaniste, témoignage sur la Renaissance, ce passage renvoie à ce « changement du visage du monde qui a nécessité une réforme de l'enseignement, qui a mis fort longtemps à s'accomplir, qui n'est peut-être qu'ébauchée même aujourd'hui » (D. 34).[13]

Ce texte s'insère, d'autre part, dans un ensemble (on pourrait, dans ce cas, parler d'un véritable *corpus*) formé par les textes, ou plus précisément, les « morceaux choisis » mis au programme de l'enseignement secondaire en France en 1960. Rabelais est évoqué comme un auteur classique au même titre que Virgile, Homère, Tite-Live, Montaigne, Saint-Simon, Montesquieu,

---

12. Texte publié dans *Degrés, Revue de synthèse à orientation sémiologique* n° 4, Bruxelles, janvier 1973.
13. Toutes les références mises entre parenthèses dans ce chapitre renvoient à *Degrés*, indiqué par D.

Voltaire, Dante, Shakespeare, Coleridge et Keats également cités dans *Degrés*. La Bibliothèque qui est ici reconstituée est celle qui fait Loi. Le discours emprunté est celui de l'Ecole. Dans ce roman, qui a pour sujet la description d'une classe de seconde dans un lycée parisien, Butor a utilisé comme matériaux les textes du programme scolaire comme, plus tard, dans *Mobile*, où la représentation de l'Amérique s'effectue par la mise en oeuvre de textes américains.[14]

Fragment emprunté à un texte sur l'éducation, cette citation fournit en outre un exemple particulièrement net de traitement d'un sujet par un autre. La variation des points de vue, la distance entre les deux discours: celui de Rabelais et le nôtre aujourd'hui, sont rendues sensibles par la littéralité de la citation: la langue de Rabelais diffère sensiblement de celle des professeurs et des élèves. Cette différence est soulignée par les difficultés de lecture et d'interprétation que ce passage offre aux élèves, difficultés analogues à celles que leur présentent, par ailleurs, les traductions du latin ou du grec.

Ces caractères référentiels de la citation ont pour fonction d'inciter le lecteur à relire le texte de Rabelais et de l'inviter à saisir les analogies et les différences entre un certain passé et notre présent: « Que pensez-vous des idées de Rabelais sur l'éducation; comparez l'enseignement actuel avec celui qu'il combat et avec celui qu'il nous propose » (D. 302).

Cette dialectique entre distance et reprise est fortement accentuée par le découpage du texte et son insertion.

Le découpage de ce fragment s'opère suivant les mêmes principes que pour les autres textes cités dans *Degrés* qui, comme on l'a indiqué, sont de l'ordre de la phrase et d'une longueur maximum de deux ou trois lignes, à l'exception d'un fragment de Montaigne mis en exergue à la troisième partie. La lettre de Gargantua à Pantagruel est découpée en huit fragments qui, mis bout à bout, correspondent environ à un quart du texte primitif. La belle rhétorique cicéronienne dont ce texte offre un exemple justement célèbre, est ici complètement détruite. La fragmentation du passage et les ellipses, indiquées par des points de suspension, demandent au lecteur une activité de reconstitution. Appel est fait à sa mémoire et à son savoir. Si le lecteur (du moins le lecteur français ayant fait des études secondaires), supplée assez facilement aux manques grâce à sa connaissance préalable du texte originai-

---

14. Voir le chapitre 3.

re, certaines omissions ne sont pas cependant sans jouer un rôle. Nous en verrons un exemple plus loin.

Les huit fragments du *Pantagruel* ne sont pas donnés ensemble mais distribués au cours des premiers chapitres, au milieu d'autres textes. Ils font chacun l'objet d'une seule citation, à l'exception de la phrase que j'ai choisie qui est répétée six fois. Il est nécessaire de repérer soigneusement les lieux d'apparition de cette phrase.

La première occurrence a lieu lors du cours de français, où la lettre de Gargantua à Pantagruel est lue et commentée. Elle est donnée comme faisant suite aux fragments cités dans les pages précédentes à l'occasion du même cours. Parmi « toutes les herbes de la terre [...] tous les oiseaux du ciel, tous les poissons de la mer [...] les pierreries de tout Orient et Midi », « tous les métaux cachés au ventre des abîmes » apparaissent comme un de ces « faits de nature » qu'il s'agit pour Pantagruel d'étudier « curieusement » (D. 33).

La seconde fois (D. 37) ce fragment, cité seul, sert d'illustration à une rêverie à laquelle se livre l'élève Michel Daval, lors d'un cours de physique où il est question de l'unité de force et du « cylindre de platine iridié », déposé au Bureau international des poids et mesures à Sèvres. C'est, cette fois, un mot (« iridié ») qui déclenche l'apparition de la phrase dans le contexte.

Elle réapparaît une troisième fois quelques pages plus loin (D. 49-50), lors d'une reprise du cours de français, portant toujours sur Rabelais. La phrase est utilisée, cette fois, par le professeur à titre de comparaison, destinée à préciser le sens du mot abîme dans la phrase: « somme que je voie un abîme de science ».

La quatrième fois, elle intervient lors d'un cours d'Histoire, donné par Pierre Vernier, sur l'Amérique. « Comme un refrain dont on ne parvient pas à se débarrasser », elle ponctue une longue rêverie d'un élève provoqué par la contemplation d'une illustration représentant les Mines du Potosi.

Ces quatre occurrences ont toutes lieu dans la première partie du roman et à l'occasion des différents cours. Elle réapparaît une fois dans la deuxième partie et, tout à la fin du livre, dans des rêves. Le premier rêve est fait par Michel Daval à la suite de la lecture d'une nouvelle de *Fiction* intitulée *Hors de la tannière* ou *Les loups ne pleurent pas*. Le second, fait par Alain Mouron, est entièrement composé des bribes de textes précédemment évoqués.

Lue dans le texte même de Rabelais, utilisée par un professeur à titre de comparaison, flottant dans la mémoire ou hantant l'imagination et les rêves des élèves, la phrase de Rabelais, on le voit, subit bien des avatars. Les contextes où elle apparaît sont très différents les uns des autres. Ils sont en outre séparés par d'autres éléments textuels.

Jouant le rôle d'un refrain, cette citation a cependant pour fonction de rapprocher, de relier des réalités différentes normalement éloignées les unes des autres. Elle relie, en premier lieu, le contenu de la leçon de Littérature française aux leçons de Physique et d'Histoire, c'est-à-dire des domaines du savoir que la pratique de l'enseignement tient, généralement, soigneusement séparés. Séparation, barrière que souligne ironiquement dans le livre cette remontrance du professeur de français à Alain Mouron qui, au lieu d'écouter Rabelais, feuillette son *Manuel de Physique*: « certes je ne puis qu'encourager cet enthousiasme pour les sciences mais cela ne doit pas vous détourner de l'étude de la littérature française. Vous commencez bien mal votre année mon garçon » (D. 18).

Cette liaison, au-delà de la discontinuité apparente, est rendue sensible par plusieurs procédés.

Si on rapproche les uns des autres les différents contextes dans lesquels s'insère la citation de Rabelais et si on les considère de plus près, on s'aperçoit que chacun d'entre eux, à la fois, annonce et rappelle les précédents. A la première apparition du fragment, où il est question des « métaux cachés » comme d'un fait de nature, succède une leçon de physique, où il est question d'un projecteur enfermé dans une boîte de métal, d'où sortent deux rayons parallèles qui se réfléchissent à leur tour sur une lame de métal (D. 33). Ce métal annonce la rêverie de Michel Daval à propos du précieux cylindre de platine iridié. Ayant, de son côté, l'impression d'avoir « percé un des secrets de la science » (D. 37), Michel Daval amplifie par ailleurs, tout en le transformant, le thème annoncé lors de la première occurrence du fragment: « rien ne te soit inconnu » (D. 33). Ce thème est, à son tour, développé par le professeur de français lorsqu'il commente la conclusion de Rabelais:

« Somme que je voie un abîme de science. »
[...] Que signifie exactement ce mot abîme? Oui, allez-y Cormier.
– C'est quelque chose de très profond, une grande crevasse en montagne ou une fosse au fond de la mer.

> – C'est cela, c'est un trou, une caverne, un puits dont on n'arrive pas
> à toucher le fond, dont on ne peut par conséquent mesurer la capacité,
> c'est donc une réserve inépuisable comme sont inépuisables pour
> Rabelais ces antres, ces ventres souterrains où dorment les précieux
> métaux [...]. (D. 50)

Tandis que, par le biais de la comparaison, le professeur illustre un abîme
par un autre, il ranime à son tour grâce à l'adjectif « précieux » l'association
entre le métal caché au ventre des abîmes et ce « précieux » platine que
Michel Daval imagine

> dans une vitrine, au milieu d'une immense crypte [...] gardé aussi
> jalousement qu'une couronne ou un talisman brillant dans l'obscurité
> et la solitude troublée seulement par les visites de quelques savants
> promus à contempler le rayonnement irisé dû aux 10 % de ce mysté-
> rieux iridium. (D. 37)

Comparant, d'autre part, le « puits de science » à un puits de mine, le même
commentaire annonce la rêverie ultérieure de Denis Régnier sur les Mines du
Potosi. Cette rêverie se développe en une série de comparaisons et d'images
frappantes « plaie béante », « antre », « cratère », « agitation semblable à
celle intérieure d'une montagne volcanique » (D. 112), qui confèrent une
dimension tragique aux sujets traités dans la leçon du professeur d'Histoire
sur la découverte de l'Amérique: la destruction des Indiens, l'esclavage des
Noirs et le développement du Capitalisme et de la Banque.

Quant au thème du secret et du mystère, inauguré par la rêverie de Michel
Daval sur le platine iridié, il se trouve repris plus loin lors de la cinquième
occurrence du fragment.

La discontinuité, résultant du découpage et de la distribution dispersée des
fragments qui avait pour fonction de détruire la cohérence primitive du texte
cité, se trouve donc corrigée par une cohérence thématique, qui est ici fondée
sur l'organisation syntagmatique du texte citant. Le thème initial de la
connaissance: « rien ne te soit inconnu » se trouve, de cette manière, développé dans quatre directions qui vont se poursuivre tout au long du roman,
s'entrecroisant et s'entremêlant:
– la connaissance comme savoir encyclopédique,
– la connaissance comme moyen de maîtrise du monde par la représentation et la mesure: mètres, étalon, cartes, etc.,

– la connaissance comme moyen d'exploitation du monde et des autres: mine, industrie, exploration, conquête,

– la connaissance enfin comme quête de la vérité et déchiffrement du mystère.

Directions qui conduisent toutes à de nouveaux abîmes: quête inépuisable du savoir, mise à feu et à sang de la planète, mystère indéchiffré du monde.

Germination sémantique

C'est grâce aux personnages du roman: rêveries des élèves ou commentaires du professeur, que les diverses régions de la réalité et du savoir sont reliées les unes aux autres à travers le livre. Mais ces rêveries et ces commentaires ont encore d'autres fonctions romanesques.

La rêverie de Denis Régnier par exemple est parfaitement motivée psychologiquement par ses problèmes personnels dus, en particulier, à ses relations avec son père qui, selon lui, ne le croit capable de rien. Sa vision des esclaves dans les mines et ses pensées quant à leur « fureur garrotée » peuvent être considérées comme la projection de ses propres fantasmes de revanche et de destruction. Ce personnage incarne ici le thème de la révolte du fils contre le père dont Jean Roudaut a développé les implications.[15] Comme dans les autres romans, l'envolée lyrique que permet la mise en scène d'une rêverie, sert à relier les problèmes individuels à ceux de la collectivité.

De son côté, le commentaire du professeur a une fonction didactique, analogue à celle qui est normalement dévolue, dans les romans précédents, aux narrateurs. Pierre Vernier se livre à une véritable explication de textes qui met en évidence la signification précise du texte de Rabelais et son commentaire s'insère dans toutes les séries de « leçons » qui sont données dans le roman.

Ces commentaires et ces rêveries ont aussi pour fonction de libérer les potentialités sémantiques de chacun des mots contenus dans la phrase. L'affabulation romanesque, qui les rend tributaires de la psychologie des personnages, n'apparaît plus, de ce point de vue, que comme un prétexte

---

15. Jean Roudaut, *Michel Butor ou le livre futur*, Gallimard, 1964.

destiné à vraisemblabiliser l'engendrement du texte et sa polysémie. *Métal, caché, ventre, abîme*, chacun de ces mots génère d'autres mots:

> *métal*: le platine iridié et la mine, l'or et l'argent...
> *caché*: précieux, mystérieux, jalousement gardé, unique, irremplaçable talisman, secret, mystère...
> *ventre*: antre, centre...
> *abîme*: crypte, profond, puits, crevasse, fosse, trou, caverne, réserve inépuisable, plaie béante, cratère volcanique, infernal...

Ces mots, dans la succession narrative, ont des significations différentes, mais ils se rejoignent au niveau paradigmatique. L'analyse sémantique, telle qu'elle est effectuée par le texte lui-même, libère les correspondances, les analogies profondes. Chacun des mots nouveaux génère à son tour d'autres constellations de mots et, à partir de celles-ci, d'autres thèmes. Ceux-ci, pour être plus secrets, moins évidents que les grands thèmes de la connaissance et de l'exploitation, n'en sont pas moins importants ou plutôt confèrent à ces derniers une portée nouvelle. Ainsi pourrait-on suivre la série du feu ou celle du centre, inaugurées par le volcan, qui se ramifient dans toutes les directions et imprègnent tout le texte de leurs connotations typiquement butoriennes.

A une lecture de *Degrés* inspirée par les modes de composition des romans précédents, doit se superposer une lecture inspirée par ceux des ouvrages ultérieurs.

Entre les procédés d'insertion qui relèvent de la motivation romanesque et ceux qui relèvent de la contamination sémantique des mots les uns par les autres, l'on trouve encore dans *Degrés* les procédés du collage et du montage de textes, analogues à ceux que mettent en oeuvre *Mobile* et *Description de San Marco*.

Les citations sont en effet insérées dans un contexte discontinu qui est constitué d'éléments variés:

– de notations sur la réalité quotidienne: lieux, objets, activités des élèves et des professeurs;
– de propos échangés entre les différents personnages;
– des rêves ou rêveries de ces mêmes personnages;
– de la mention d'images: photos, dessins ou diverses illustrations;

– de citations d'autres textes.

Entre ces éléments s'institue tout un réseau de rapports et de contrastes, grâce auxquels les thèmes et les motifs se multiplient, s'amplifient et échangent leurs significations. Comme il ne peut être question de suivre toutes les aventures auxquelles conduisent ces rencontres de la phrase de Rabelais avec ces différents éléments, je m'arrêterai sur deux d'entre eux (qui annoncent les aventures des citations dans les oeuvres postérieures): les rencontres avec des images ou illustrations et les rencontres avec les autres citations.

« *Illustrations* »: *textes et images*

Degrés fait mention d'au moins 86 images ou illustrations: photographies de sites ou de monuments, reproductions d'oeuvres d'art, schémas ou tableaux divers, cartes postales, timbres-poste, etc. Par leur intermédiaire sont convoqués, dans l'espace restreint de la classe d'un lycée parisien, toutes les merveilles du monde, toutes les richesses du passé, mais également les crimes de l'humanité qui n'a su maîtriser la terre (et bientôt) le ciel que pour les exploiter et les détruire.

A la limite, toutes ces images, depuis celle du pont de Brooklyn jusqu'à celle du portrait de César, depuis le tableau de la classification de Mendeléev jusqu'à la gravure de trois sorcières par Füssli, sont en rapport avec la citation de Rabelais. Directement, en tous cas, celle qui représente les mines du Potosi rappelée trois fois (D. 88, 111, 298) et celle de la Maison de planteur aux Antilles avec « ses esclaves noirs [...] et au loin le port avec les grands voiliers chargés de lingots d'argent » (D. 153). Directement aussi celle du Grand Canyon et le tableau résumé des grandes découvertes (D. 26, 213) ou encore le portrait, par Quentin Metsys, du changeur et de sa femme (D. 298) et, bien sûr, les timbres de Denis Régnier avec les rêves qu'ils engendrent: « timbres de puissance, timbres d'or iridié d'un kilo, conservés dans les profondeurs de la terre à Mexico et les esclaves nus porteurs de couteaux et de pinces d'or [...] » (D. 261).

Illustration: citation-écho, le texte et l'image échangent ici leurs pouvoirs, se fécondent mutuellement.

Degrés contient environ 135 citations empruntées à 35 auteurs différents. Voici celles qui enrichissent directement les thèmes que j'ai évoqués.[16]

En premier lieu les citations du *Gargantua*, tirées du chapitre sur l'éducation du héros, succèdent à celles du *Pantagruel* et se poursuivent jusqu'à la fin du livre. Mais aussi celles de Marco Polo tirées de *La Description du Monde et ses merveilles*.

Mais encore celles de Keats: « J'ai beaucoup voyagé au royaume de l'or... » (D. 267), de Jean Bodin: « Il est incroyable et toutefois véritable qu'il est venu du Pérou depuis l'an 1533 ... plus de cent millions d'or et deux fois autant d'argent... » (D. 181) et surtout de Montaigne: « Nostre monde vient d'en trouver un autre et qui nous respond si c'est le dernier de ses frères » (D. 261), répétée trois fois, ou, du même auteur, succédant précisément à une des allusions aux Mines du Potosi: « ... que n'est tombée soubs Alexandre ou soubs les anciens Grecs et Romains une si noble conquête et une si grande mutation et altération de tant d'empires et de peuples... » (D. 278), à laquelle je relie la suite: « ... A rebours, nous nous sommes servis de leur ignorance et inexpérience à les plier plus facilement vers la trahison, luxure, avarice et vers toute sorte d'inhumanité et cruauté, à l'exemple et au patron de nos moeurs. » (D. 287) A ces fragments répondent les phrases de Saint-Simon sur la Révocation de l'Edit de Nantes: « ... on les traînait à adorer ce qu'ils ne croyaient point [...] » (D. 277), tandis que les constatations de Cicéron sur le pillage de la Sicile par Verrès (D. 215, 356, 372) et les sentences de Shakespeare, empruntées à *Jules César* et à *Macbeth*, permettent d'étendre à l'Histoire tout entière la terrible constatation de Montaigne: « ... Une boucherie, comme sur des bestes sauvages, universelle, autant que par le fer et le feu y ont peu attaindre » (D. 347).

La connaissance mise au service de la conquête du monde, la conquête au service de fins mercantiles, l'exploitation de l'homme par l'homme, le meurtre et la destruction, ces motifs se conjuguent à celui de la sauvagerie, illustrée, à son tour, par d'autres textes empruntés à Homère: « J'ai peur que des bêtes sauvages, la pâture et la proie je devienne » (D. 220). « Des fauves je deviens la pâture et la proie » (D. 346), ainsi qu'au magazine *Fiction*: « [...] et, pour la première fois, il se demanda s'il était réellement ce qu'il croyait être, un loup [...] » (D. 229).

---

16. Pour un relevé quasi exhaustif des textes cités dans *Degrés*, voir Else Jongeneel: *Michel Butor et le pacte romanesque*, Corti, 1988.

D'autre part, le motif du feu que l'on retrouve chez Montaigne comme écho inversé de la phrase de Rabelais, rejoint cet autre « feu aveugle » (D. 48) qui pousse Didon à s'écrier « que la terre s'entrouve et m'engloutisse dans ses abîmes » (D. 370), feu qui, selon Dante, conduit ses victimes dans le deuxième cercle de l'Enfer.

Les thèmes du voyage et de l'aventure, de la quête et de la mission périlleuse sont illustrés par des passages d'Homère et de Tite-Live (le passage des Alpes par Hannibal) ainsi que par des extraits de *Galaxie*, magazine de science-fiction.

Lorsque, au terme de cette exploration à travers *Degrés*, tout à la fin du livre, le lecteur relit cette phrase: « tous les métaux cachés au ventre des abîmes », ce n'est plus la même phrase qu'il lit et ce n'est plus seulement la phrase de Rabelais. Fécondée par ses innombrables rencontres avec les autres textes, les autres phrases, les autres mots, elle a délivré ses richesses, celles qu'avait su lui donner son auteur à l'époque, mais elle s'est en outre chargée de significations nouvelles et multiples.

Bribes chaotiques arrachées à un savoir à demi-englouti, vestiges d'une culture ancienne de plus en plus étrangère, les citations sont aussi dans *Degrés* les matériaux d'une oeuvre nouvelle ou, mieux encore, les germes d'une nouvelle organisation. Non seulement germes mais semences, non seulement fécondées mais déposées dans le terrain propre à les développer. Apparaissant dans des lieux à première vue inattendus, mais en réalité soigneusement calculés, à la manière de ces pierres de réemploi que les architectes égyptiens plaçaient dans leurs nouveaux temples pour s'approprier les vertus et propriétés des anciens temples et faire fructifier ainsi le nouveau. Reliée de toutes manières à l'ensemble du contexte, la phrase de Rabelais a développé tous ses pouvoirs. Aussi est-il clair maintenant que si les maximes célèbres: « Sapience n'entre point en âme malévole » et « Science sans conscience n'est que ruine de l'âme » ne sont pas citées dans *Degrés*, c'est parce que tout le roman développe ce thème, l'organisation qu'il propose devant avoir pour effet de produire en nous cette nouvelle conscience sans laquelle nous ne pourrons éviter d'être engloutis dans les abîmes.

Une transmutation généralisée: du roman à l'Oeuvre

Contexte de la page, contexte du volume, c'est maintenant dans le contexte de l'oeuvre qu'il faudrait replacer « tous les métaux cachés au ventre des abîmes ».

Germe d'un sens nouveau dans *Degrés*, cette phrase peut en effet être considérée comme le fruit des oeuvres précédentes et, une fois fécondée dans *Degrés*, comme germe à son tour des livres ultérieurs.

Elle résume tous ces abîmes, fissures, cavernes, enfers qui s'ouvrent devant les héros de *L'Emploi du temps* ou de *La Modification*, les secrets qu'ils tentent de déchiffrer, les quêtes épuisantes auxquelles ils se livrent, leurs efforts enfin pour, piètres alchimistes, transformer la rouille en or. Mais elle rappelle aussi cette « caverne de trésors intellectuels », cette « Thélème de pauvreté, au milieu de somptueux arbres, avec le chuchotement de la guerre, le règne de Saturne changé en or » dont il est question dans *Le Portrait de l'artiste en jeune singe*,[17] ainsi que ces promenades alchimiques qui préparent et figurent la recherche de l'écrivain.[18]

Elle évoque encore tous ces minerais, tous ces oiseaux, toutes ces fleurs, tous ces fleuves, lacs, rivières, chutes, grottes, toutes ces pierres précieuses, toutes ces plantes, tous ces animaux, tous ces astres, toutes ces eaux, énumérés par Butor depuis *Le Portrait de l'artiste* jusqu'à *Mobile, 6.810.000 litres d'eau par seconde*, *Litanie d'eau* ou *Dialogue des règnes*.

Elle annonce enfin cette « terre aux casiers remplis de trésors »[19] que Butor tente, avec ses amis peintres, inlassablement de décrire. Ainsi les *Montagnes Rocheuses*[20] à propos desquelles il est dit:

EN QUELQUES INSTANTS, LUI SEMBLE-T-IL,
LE MONDE DÉPLOIE A SES YEUX PLUS DE SECRETS
QUE PENDANT DES ANNÉES D'ÉTUDES AUTREFOIS.[21]

Si cependant l'écrivain est alchimiste en ce qu'il tente de percer les secrets du monde, son alchimie est celle du verbe. Ainsi cette phrase sur les

---

17. Gallimard, 1967, p. 39-41.
18. Voir Jennifer Waelti-Walters, *Alchimie et littérature. Etude de* Portrait de l'artiste en jeune singe, Denoël, 1975.
19. *Illustrations*, Gallimard, 1964, p. 81.
20. *Ibid.*, section V, « sur quatre photographies d'Ansel Adams et Edward Weston », p. 90.
21. *Ibid.*, p. 105.

métaux cachés n'a-t-elle pas seulement pour effet de guider notre lecture vers d'autres images, d'autres thèmes, d'autres réalités, d'autres idées, mais elle contribue, en tant que telle, à susciter des images nouvelles, à forger de nouveaux thèmes par les pouvoirs développés des mots mêmes qui la constituent. Métal, caché, ventre, abîme, ce sont les aventures de ces mots qu'il faudrait donc pouvoir suivre à travers toute l'oeuvre. Entreprise dont je ne poserai que les prémices, choisissant d'évoquer parmi une infinité d'autres, certains rapports entre ces mots, par le simple rapprochement de quelques textes.

Cycle,[22] où le métal donne lieu à toutes sortes de germinations:

> Sous la lune noire, *sous la bouche noire du ciel, coulant ses énormes lourdes gouttes brûlantes, les lambeaux d'un astre éclaté,*
> Sur la terre jaune, *les graines flagellées, les sangsues et anguilles, les spirales d'algues,*
> Les graines serpents avalant les astres, le métal du feu poussant ses bourgeons, la fonte végétale coulant ses énormes gouttes brûlantes, les énormes pales de leurs hélices tournoyant dans la fournaise du vent, dans la lente épaisse tornade du miel et du pollen,[23]

Litanie d'eau,[24] où le métal, par sa couleur, vient qualifier le ciel et les eaux (j'extrais, sans les situer, quelques fragments):

> l'horizon gris, le soleil d'argent,
> horizon de fer bleu
> mer de limaille d'or
> horizon d'étain
> ciel de fer
> ciel d'or
> mer de fer
> mer d'étain
> mer de bronze
> ciel de bronze
> mer de fonte
> tendre horizon de doux platine

---

22. *Illustrations*, *op.cit.*, section IV, « sur neuf gouaches d'Alexandre Calder ».
23. *Ibid.*, p. 87.
24. *Ibid.*, section VI, « sur dix ou plus exactement quinze eaux-fortes de Gregory Masurovsky », p. 107-187.

Dans les flammes,[25] où le feu prend corps, s'érotise violemment, nécessitant pour sa description l'intervention d'un ventre, à la suite des autres parties du corps:

> les dents du feu
> la peau, le duvet du feu
> le front, les tempes, les veines du feu
> les tendons, les nerfs, la chevelure, les boucles, les tresses du feu
> l'échine, les épaules, les aisselles, les poils, les hanches, le bassin du feu
> les chaînes, l'anus, les cuisses du feu
> les chevilles, les talons, les jambes, les genoux du feu,
> la lubricité
> la hantise
> le ventre
> la faim du feu
> la soif
> la voracité
> le nombril du feu [...]

Ou encore *perles*,[26] véritable blason du corps féminin où se succèdent, encadrés et rythmés par ces deux verbes inscrits en capitales: BOIRE, COULER, et entrelacés d'autres mots comme flammes, douces, marbres, larmes, tendres, caresses, blanches, tourbillons, croissances, les mots gorges, ventres, hanches, tandis qu'au centre exact du poème se rencontrent ces « fentes sibilantes »,[27] nouveaux abîmes mais délicieux cette fois.

Phrases, mots qui échangent leurs propriétés, s'insèrent dans une indéfinie circulation des thèmes et des éléments et contribuent à cette transmutation généralisée que propose désormais le texte butorien.

---

25. « Chanson du moine à Madame Nhu », dans *Illustrations* II, Gallimard, 1969.
26. Publié dans *Métamorphoses*, Revue trimestrielle, N.M.P.P., mai, 1971.
27. Dans *Où. Le Génie du lieu II*, Gallimard, 1971, p. 11 et *passim*.

Chapitre 3

Une oeuvre ouverte: *Mobile**

Le travail sur les genres

La réflexion de Butor sur l'invention formelle dans le roman se fondait sur la constatation d'un décalage entre les formes de récit existantes et une réalité en perpétuelle transformation. Le renouvellement du roman se situe également à l'intérieur d'une « transformation de la notion même de la littérature, qui se met à apparaître dans son rôle essentiel à l'intérieur du fonctionnement social et comme expérience méthodique ».[1] Cette expérience méthodique va conduire Butor à travailler sur les genres et à construire des textes d'un type nouveau. Les genres littéraires correspondent en effet « à des fonctions précises à l'intérieur d'une société donnée [...] tout bouleversement de leur équilibre va transformer le pouvoir, l'attaque de la littérature ». « Non seulement il faut cesser de travailler avec des genres littéraires en

---

* Ce chapitre est inédit. J'ai publié dans *Critique du roman* (*op.cit.*, p.66-72 et 77-78) les remarques que m'avaient inspirées lors de leur parution en 1962 et 1964 *Mobile* et *6.810.000 litres d'eau par seconde*. J'avais insisté alors, dans l'optique d'une comparaison avec les procédés romanesques, sur la structure spatio-temporelle de ces textes et sur la dimension référentielle du collage. Je ne reviens donc pas en détail sur ces deux aspects. J'ai eu l'occasion de relire *Mobile. Etude pour une représentation des Etats-Unis* dans la perspective d'un colloque, organisé à l'Institut Français d'Amsterdam, en janvier 1994, par Sophie Bertho et Ieme van der Poel. La lecture que je propose ici tient compte des développements de l'oeuvre de Butor depuis les années soixante et de l'écart temporel qui nous sépare de l'ouvrage. Je reprends et prolonge cette lecture de *Mobile* pour un Colloque International sur « Michel Butor et l'Amérique », qui a eu lieu à Queen's University, Kingston, Canada, sous la direction de Mireille Calle, les 26, 27, 28 octobre 1996.
1. « Le roman comme recherche », dans *Répertoire II*, *op.cit.*, p. 11.

retard, mais il faut essayer de prendre des genres littéraires d'avance ».[2] Effectivement, il n'est pas un seul genre auquel Butor ne se soit exercé pour en subvertir tant la forme que la fonction. Le roman, bien sûr, mais aussi la poésie, avec les *Illustrations* (1964, 1969, 1973, 1976), ou justement, *Travaux d'approche*; le théâtre avec *Votre Faust, fantaisie variable genre opéra* (1962)[3] et *6.810.000 litres d'eau par seconde*, étude stéréophonique (1965);[4] l'essai avec la série des *Répertoires* (1960, 1964, 1968, 1974, 1982), les *Essais sur les Essais* (1968), *Histoire extraordinaire, essai sur un rêve de Baudelaire*, ou *La Rose des Vents, 32 Rhumbs pour Charles Fourier* (1970);[5] l'autobiographie dans *Portrait de l'auteur en jeune singe* (1967); le récit de rêves, avec les nombreux rêves insérés dans les romans et les *Matière de rêves* (1975, 1976, 1977, 1981, 1985); le récit de voyage avec *Le Génie du lieu* (1958),[6] *Mobile* (1962), *Où* (1971), *Boomerang* (1978) et *Transit A, Transit B* (1993); le texte radiophonique avec *Réseau aérien* (1962); la description (au sens de l'ancienne hypotypose) avec *Description de San Marco* (1964); le conte pour enfants avec *Les Petits Miroirs*, illustré par Gregory Masurovski (1972)[7]; l'épître dans *Blue des projets*,[8] l'anecdote avec *Intervalle*, « anecdote en expansion » (1973). Enfin, pour clore cette liste évidemment incomplète, l'entretien, dont on recensait déjà plus d'une centaine[9] en 1987 et dont un des plus récents, *Le Retour du Boomerang*

---

2. Entretien avec Roger Borderie, dans *Travaux d'approche. Eocène, Miocène, Pliocène*, Paris, Gallimard, coll. Poésie, 1972, p.7 et 8. « La classification des genres littéraires que nous utilisons dans les théories des universités est une classification totalement périmée, qui ne correspond pas du tout aux genres littéraires véritablement en action aujourd'hui dans la librairie », répète Butor en mars 1976. Voir son entretien avec Michel Sicard dans *Le Magazine littéraire* n°110, p. 19.
3. Paru dans *La Nouvelle Revue française* en 1962, n° 109, 110, 111.
4. Une version du texte a été mise en scène en février 1968 à la Maison de la Culture de Grenoble dans le théâtre mobile, réalisé par l'architecte André Wogensky.
5. Paris, Gallimard, coll. Le Chemin.
6. Bernard Grasset, 1958, republié en 1994 dans la collection Les Cahiers rouges. Je ne mentionne l'éditeur que lorsqu'il ne s'agit pas de Gallimard.
7. Paris, Editions La Farandole.
8. Dans *Travaux d'approche, op.cit.*, p. 133-185. A propos de la correspondance voir Frédéric-Yves Jeannet, « Long-courrier: la correspondance de Michel Butor », dans *La Création selon Michel Butor. Réseaux, Frontières, Ecarts* (colloque de Queen's University). Textes réunis et présentés par Mireille Calle-Gruber, Nizet, 1991, p. 233-246.
9. Voir Jean Godin, *Michel Butor; pédagogie, littérature*, Ville de LaSalle, Québec, Editions Hurtubise, 1987.

(1988),[10] se présente comme un dialogue avec une personne réelle, mais où l'auteur fait lui-même les questions et les réponses.

On peut retrouver dans chacun de ces textes certains des éléments qui caractérisent les genres tels qu'ils sont codifiés par la tradition littéraire. Ainsi les références à des événements vécus par l'auteur dans *Portrait de l'artiste,* des informations sur un pays et ses habitants dans *Mobile. Etude pour une représentation des Etats-Unis,* du lyrisme personnel dans *Travaux d'approche,* etc. Mais les genres sont chaque fois subvertis parce que les principes de construction mis en oeuvre sont opposés aux « lois » du genre. *Travaux d'approche* reprend des textes déjà publiés, qui s'entremêlent de façon à ne plus constituer qu'un seul texte que le lecteur peut combiner à sa guise, de telle sorte qu'il ne peut plus être question, simplement, d'expression personnelle. Dans *Mobile,* le montage des éléments empruntés à la réalité américaine, telle qu'elle se donne dans ses propres textes, substitue à la linéarité du récit de voyage une composition spatiale et poétique. Les nombreux couples, protagonistes de *6.810.000 litres d'eau par seconde,* se réduisent à des « voix », que le lecteur ou l'auditeur peut, à son gré, écouter ou supprimer.

Inversement, des éléments qui sont propres à tel ou tel genre, émigrent d'un texte à l'autre. Le lyrisme s'introduit dans *Où* et dans *Boomerang* et déjà dans les romans, la fiction pénètre les essais sur Fourier et sur Beethoven, tandis que le *Portrait de l'artiste* se déroule comme un conte fantastique et que *Le Retour du Boomerang,* dialogue fictif, ouvert à première vue sur l'espace autobiographique, se développe comme un commentaire de texte.

Butor supprime donc les barrières qui séparent les genres et il en invente d'autres. Ce travail s'étend à toutes les formes de communication écrite et orale qui, elles aussi, sont codifiées et répondent à des fonctions sociales précises: les manuels scolaires dans *Degrés,* les catalogues publicitaires dans *Mobile,* les inscriptions bibliques de la Basilique Saint Marc, la lettre d'affaires ou d'amitié dans *Blue des projets,* ou la conversation dans *La Gare Saint Lazare* (*Illustrations I*) et *Intervalle.* Travaillant également sur les supports de la communication et en particulier « le livre comme objet »,[11] l'oeuvre de Butor abolit les frontières qui séparent le mot, l'image et le son,

---

10. Paris, P.U.F., coll. Ecrivains. L'interlocuteur fictif est désigné sous le nom de Béatrice Didier, la directrice de la collection aux P.U.F..
11. Titre d'une étude publiée dans *Répertoire II, op.cit.,* p. 104-123.

ainsi que la distinction entre les arts. *Votre Faust* a été écrit en collaboration avec le musicien Henri Pousseur, les textes des *Illustrations* sont inspirés par des gravures, photographies, peintures et sculptures d'artistes contemporains. L'auteur multiplie les collaborations de tous genres.

Détruire des formes figées, abolir des frontières, inventer de nouvelles manières de lire, c'est-à-dire de voir, entendre, percevoir, imaginer, comprendre, tout cela joue ensemble.

Le « génie du lieu » ou l'entrecroisement des voies et des voix

Dans cette transformation des genres et cet appel de plus en plus insistant à l'activité du lecteur, *Mobile* et *6.810.000 litres d'eau par seconde* marquent une étape essentielle. Bien qu'ils n'en portent pas le titre, ces deux ouvrages s'inscrivent dans la série des « génies du lieu » précédant et annonçant *Où*, *Boomerang* et *Transit*. Plus que jamais le lecteur est incité à se transformer en voyageur, c'est-à-dire d'abord en « voyageur textuel ».

La réflexion sur le voyage et sur les lieux, chez l'auteur de *La Modification*, est intimement liée à sa réflexion sur les textes et sur le texte. *Le Génie du lieu*, publié en 1958, se compose de huit textes (préalablement publiés en revue), concernant des villes méditerranéennes dans lesquelles il a séjourné: Cordoue, Istamboul, Salonique, ou qu'il a visitées: Delphes, Mallia, Mantoue, Ferrare, et d'un pays, l'Egypte, qui a joué un rôle essentiel dans son initiation. Tous lieux éminemment chargés d'Histoire. Dans ce livre, Michel Butor ne manque pas de relater ses souvenirs, de raconter ses expériences (celles par exemple de jeune professeur en Egypte) et de communiquer ses impressions. Mais la description anecdotique et pittoresque s'y prolonge en description critique. *Le Génie du lieu* est « le pouvoir particulier que prend tel lieu sur l'esprit »; nous sommes formés, informés, par les lieux que nous habitons, par ceux que nous visitons et ceux dont nous rêvons, les lieux sont des « foyers d'émerveillements et d'obscurités ». La compréhension des lieux, comme la compréhension des oeuvres d'art, mieux encore peut-être puisqu'il s'agit d'oeuvres collectives et historiques, doit « élargir les perspectives héritées de notre éducation ».[12] Il faut donc les lire, les déchiffrer si nous voulons réveiller en nous des « régions de conscience obscurcie ».[13]

---

12. Toutes ces affirmations se trouvent dans l'entretien de Michel Butor avec Madeleine Chapsal, *Les Ecrivains en personne, op.cit.*, p.64 et 65.
13. « L'Alchimie et son langage », *Répertoire, op.cit.*, p. 19.

Le regard critique que Michel Butor porte sur ces villes et sur l'Egypte est à la fois celui de l'ethnologue et celui de l'artiste. A l'instar d'un Lévi-Strauss ou d'un Michel Leiris, il s'attache à révéler ce qui, dans ces lieux, est radicalement autre, ainsi qu'à repérer la superposition des couches historiques. Cette exploration a pour effet de lui faire mettre en question sa propre culture. Comme artiste il s'emploie, par la magie du verbe, à suggérer des rapports jusque-là inaperçus, à relier entre elles des informations à l'intérieur d'une totalité harmonieuse et signifiante.

Cette critique des lieux et de leurs pouvoirs se manifeste aussi dans son oeuvre romanesque. *La Modification* était déjà le récit d'un voyage et met en relation deux villes, Rome et Paris, *L'Emploi du temps* est, dans une grande mesure, articulé sur l'expérience du dépaysement, tandis que l'exploration d'une ville, Bleston alias Manchester, constitue l'essentiel de l'histoire.[14] Dans tous les romans, la ville est à déchiffrer comme un texte et elle est donnée à lire avec ses textes. Inversement, « le genre littéraire qu'est la ville peut être aisément comparé au roman ».[15] Les divers moyens de communication: le train dans *La Modification*, les autobus dans *L'Emploi du temps*, l'avion dans *Réseau aérien*, les automobiles dans *Mobile* illustrent, au niveau du contenu, la perpétuelle translation des formes, le travail sur les modes de communication, orale et écrite. Dans *Degrés*, ce sont les livres lus par les élèves et les images de leurs manuels scolaires, qui les font et nous font voyager: passer du lycée parisien aux mines de Potosi, de l'Europe à l'Amérique.

L'exploration systématique des lieux comme l'exploration méthodique des formes sont, dans tous les cas, une ouverture sur un autre et sur un ailleurs. Le titre ambigu de *Où*, donné au « *génie du lieu, 2* » (1971) est, à cet égard, significatif. *Où*, adverbe de lieu, renvoie en quelque sorte à tous les lieux explorés par l'auteur et dont il s'est efforcé de libérer le « génie », mais dont il découvre surtout l'altérité, l'étrangeté: Rome, par exemple, où le héros de *La Modification* va chercher son salut mais dont il découvre qu'elle n'est, pas plus que Paris désormais, le centre du monde. L'Egypte, dont l'auteur du *Génie du lieu* retrouve l'importance fondamentale mais qui, pour un occidental d'aujourd'hui reste à jamais une origine perdue; les Etats-Unis, figure

---

14. Voir Mireille Calle-Gruber, *La Ville dans « L'Emploi du temps » de Michel Butor*, Nizet, 1995.
15. Voir Michel Butor, « La ville comme texte », *Répertoire V*, Minuit, 1982, p. 37.

certes de notre avenir mais déjà en 1960, combien inquiétante... Le Mont
Sandia dans *Où*, qui est dédié « à tous les Indiens du Nouveau Mexique »,
incarne la possibilité d'une civilisation autre, quasiment disparue, mais sa
contemplation ne permet pas au voyageur d'oublier qu'il est de Paris et
d'Europe, ni d'oublier le reste du monde. Car justement sans accent, Ou
signifie l'alternative. Ou, c'est ou bien et ou encore, indicateurs d'un:
continuons à chercher, où?, comment? Quant à l'orthographe, inventée par
l'auteur, qui d'un trait a barré l'accent du où, de sorte que le u se trouve
surmonté d'une sorte de croix: x, j'y verrai volontiers une manière de
supprimer, tout en les conservant, les différentes acceptions du où-ou, tout en
signalant visuellement, dès la page de titre, l'entrecroisement des voix et des
voies. Entrecroisement qui informait déjà ces livres précurseurs et, en ce qui
concerne leur thématique, à maints égards prémonitoires, que sont *Mobile* et
6.810.000 litres d'eau par seconde. Je me limiterai ici à *Mobile*.

Mobile, mode d'emploi

Le sous-titre de *Mobile* présente l'ouvrage comme une « étude pour une
représentation des Etats-Unis ». Le livre propose de participer à une sorte de
voyage à travers les différents Etats de l'Amérique du Nord. Cette « étude »
est effectivement le résultat d'un voyage et d'un séjour de sept mois faits par
Michel Butor aux Etats-Unis au début de l'année 1960. L'auteur s'est
abondamment documenté, comme il le raconte à Georges Charbonnier. Il
s'est aussi posé le problème de la forme adéquate à donner à son expérience.
« Le 'récit de mon voyage aux Etats-Unis' est un des genres littéraires les
plus riches de la littérature contemporaine. Tout écrivain français maintenant,
quand il arrive à un certain âge et à une certaine notoriété, va aux Etats-Unis
et revient en racontant ses souvenirs des Etats-Unis... »[16]

---

16. Georges Charbonnier, *Entretiens*, *op.cit.*, p. 156-157. Ces propos datent de 1967. Butor
pensait surtout à *L'Amérique au jour le jour* de Simone de Beauvoir, paru en 1948 et livre
culte des années cinquante. Le « genre », dont le grand initiateur est Chateaubriand, à qui
Butor rend hommage dans *6.810.000 litre d'eau par seconde*, n'est pas encore en désuétude
comme en témoignent, entre autres, le *Journal de Californie* d'Edgar Morin (Seuil, 1970) et
Amérique de Jean Baudrillard (Le Livre de poche, 1986). Ce genre vient d'être étudié
comme tel par Dominique Jullien, *Récits du Nouveau Monde. Les voyageurs français en
Amérique de Chateaubriand à nos jours* (Nathan, 1992). D. Jullien parle à plusieurs reprises
de *Mobile*, mais son approche purement thématique est fondée sur le repérage des « stéréo-
types ». Mes interprétations, qui s'appuient sur la mise en forme du texte, diffèrent
sensiblement des siennes sur bien des points.

Or ce n'était pas là l'intention de Butor. Il s'agissait pour lui de trouver, d'inventer une forme nouvelle qui rendrait compte de « l'espace américain », géographique et historique, physique et mental. Il fallait pour ce faire rompre avec le récit de voyage traditionnel et, pour commencer, effacer le narrateur. Mais ouvrons le livre et regardons se déployer les mots sur les quatre premières pages – je retranscris ici leurs *incipit*:

> nuit noire à
> CORDOUE, ALABAMA, le profond Sud,

> nuit noire à
> CORDOUE, ALASKA, l'extrême Nord, [...]
> l'inimaginable pays où il est déjà lundi tandis qu'ici il est encore dimanche, fascinant pays sinistre avec ses envols de satellites [...]

> nuit noire à
> DOUGLAS, temps des montagnes, ARIZONA, far-west, – la réserve des Indiens Navajos [...]

> nuit déjà moins noire à
> FLORENCE, temps central.

D'entrée de jeu, nous voici confrontés à un ensemble considérable d'informations: noms de lieux d'Etats et de villes rappelant l'immensité du continent américain, son espace élargi aux quatre points cardinaux; indications de temps et des fuseaux horaires; notations de faits marquants liés aux régions évoquées et emblématiques tant du futur à venir: « satellites inattendus » que du passé le plus ancien: « les Indiens Navajos ».

Les noms des lieux sont des noms propres, qui au cours du livre se modulent en noms de personnes: « Hello Mrs. Douglas! », « Hello Mrs. Florence! »... comme, inversement, les noms de personne ont été donnés aux lieux: FRANKLIN, LINCOLN, CLINTON, DIXON, COLOMBUS, ou encore SEATTLE, le « chef indien qui donna son nom à la plus importante cité du Washington, autrefois nommée New-York » (M. 230)... Les noms des différents Etats: ALABAMA, ALASKA, jusqu'à UTAH « où le soleil se couche à WELLINGTON, temps des montagnes » (M. 291),[17] s'égrènent au

---

17. Beaucoup de pages de *Mobile* sont sans indication de pagination. Je me permets ici de rétablir celle-ci. Je respecte en revanche la typographie dans les citations.

cours du livre, inaugurant ses différents chapitres et entraînant à leur tour,
comme dans leur sillage, une multiplicité d'autres noms qui se diversifient,
mais aussi se répètent. Beaucoup de ces noms: WELLINGTON, OXFORD,
PARIS, BERLIN, ROME, NEW JERSEY, etc., évoquent évidemment
l'Europe et le rôle qu'a joué celle-ci dans la formation des Etats-Unis
d'Amérique à qui elle a fourni la plus grande partie de son peuplement. La
vieille Europe avec ces villes: CORDOUE, FLORENCE, et ce qu'elles
signifient. Cordoue: l'Espagne d'où est partie la conquête en 1492 – et nous
voici renvoyés à *Degrés* et au *Génie du lieu*; Florence, c'est-à-dire l'Italie de
la Renaissance, elle-même héritière de l'Antiquité gréco-romaine, modèle et
contre-modèle en même temps, comme en témoignent les textes de Jefferson,
père fondateur de la Nation, de la nouvelle civilisation à instaurer, Florence
en souvenir aussi du navigateur Florentin Verazzano qui, en avril 1524,
« conduisit la caravelle française la 'Dauphine' à la découverte du port de
New York et nomma ce rivage Angoulême en l'honneur de François Ier, roi
de France » (M. 306).
    Mais nous n'en sommes encore qu'au tout début du livre...

    Dès les premières pages, et cela devient encore plus clair en feuilletant le
volume, le lecteur est invité à lire non pas à la façon dont il lirait un roman
ou un essai, ligne par ligne et page par page, mais comme il consulte les
guides de voyages, catalogues, dictionnaires et autres encyclopédies. Dans
ces sortes d'ouvrages, l'ordre alphabétique a pour fonction de permettre à
l'utilisateur du livre de chercher lui-même le passage auquel il désire se
référer. Si cependant, suivant cette indication, le lecteur se précipite par
curiosité ou par intérêt à la section consacrée au New York, il sera déçu. Il
n'y trouvera pas en effet beaucoup de renseignements sur cet Etat, ou en
tous cas pas ceux qu'il s'attend d'abord à trouver. A cet égard, la lecture est
souvent déceptive. En revanche il aura la surprise de rencontrer l'Indien
Seneca Handsome Lake, dont on lui raconte l'aventure mystique, et il pourra
lire ce prospectus sur *Freedomland* et prendre pour lui cette invitation au
voyage:

> *Vivez aujourd'hui avec votre famille la rigolade, l'aventure, le
> drame du passé, du présent et du futur de l'Amérique! Au-
> jourd'hui pour la première fois au monde, voyagez à travers un
> continent, à travers deux siècles, pour jouir des frissons d'un
> spectacle grand comme l'Amérique elle-même!* (M. 195)

Mobile, comme son titre l'indique, avec sa référence à Calder, est une oeuvre en mouvement. Le livre peut être lu par n'importe quel bout. On peut se plonger dans le livre à n'importe quelle page, emprunter certaines directions, se laisser prendre à certains aspects. Il faut accepter de se laisser bousculer, exactement comme lorsque nous débarquons dans un pays neuf.

Cet apparent chaos est cependant soutenu et dominé par une structure très serrée et très précise. Chacune des sections consacrées à un des Etats couvre une heure de temps et toutes ensemble nous mènent de la nuit au jour puis de nouveau une nuit, un jour, une nuit. Aux indications précises de temps, correspondent des motifs relatifs au jour ou à la nuit. Le temps se déploie comme un temps vivant: temps cosmique, celui de la pluie et du soleil, de la nuit et de la lune, et temps humain, en particulier la nuit illustrée par des fragments de rêves. Ce voyage, entrepris alors qu'il faisait « nuit noire à CORDOUE, ALABAMA, le profond Sud », s'achève la nuit aussi mais dans « *La nuit claire pleine d'étoiles* »; « *Nuit de germination* » (M. 331). Nous laissant au seuil encore de bien de découvertes sur cette *Terra Incognita* (M. 331) que nous venons d'explorer.

Mobile se présente, d'autre part, comme un texte discontinu. Cette discontinuité saute littéralement aux yeux, les phrases étant disposées sur la page suivant plusieurs types de typographie et selon plusieurs marges. Comme l'a remarqué Jean Roudaut, cette « disposition picturale des mots sur la page nous rend à première vue impossible la lecture du livre, il est fait constamment échec à notre désir de nous plonger dans une phrase, de nous perdre en ses contours, de laisser l'auteur penser pour nous ».[18] Cette discontinuité a donc ses inconvénients, elle contraint le lecteur à lire autrement, contre ses habitudes.[19] Elle le laisse libre en revanche de choisir ses itinéraires. C'est au lecteur aussi qu'il revient de déchiffrer la polysémie des noms propres, de mettre en rapport les passages condensés sur la page et dispersés dans l'épaisseur du volume.

Cette disposition picturale correspond en effet à une distribution calculée des matières. Il faut donc suivre au cours des pages les développements chronologiques et thématiques de ce qui est livré par fragments juxtaposés.

---

18. Jean Roudaut, *Michel Butor ou le Livre futur*, Gallimard, 1964, p. 37.
19. Roland Barthes a bien marqué à l'époque les effets transgressifs du procédé. « Littérature et discontinuité », repris dans *Essais critiques*, Seuil, 1964.

Mais il est possible également, et c'est ce qui transforme la lecture en expérience vertigineuse (aucune mémoire électronique n'étant là pour nous aider!) de « cliquer » sur tel mot ou tel texte pour repérer la série dans laquelle ils s'insèrent et rêver à ce qu'ils nous délivrent. Quoi qu'il en soit, lire c'est d'abord voir, ce que rappelle fortement le rôle imparti à la typographie.

Une des premières oppositions est celle des textes en caractères romains et des textes en italiques. Les textes en romain sont unifiés par un style commun emprunté à celui des guides touristiques, les catalogues ou prospectus publicitaires qui sont littéralement cités, et par leur relation à l'actualité. Aux textes cités s'ajoutent des notations, quelquefois des commentaires, que l'on peut attribuer au voyageur-narrateur, c'est-à-dire à l'auteur même du livre. « *Ce sont souvent de petites choses vues, entendues, senties qui créent les impressions les plus durables.* » (M. 10) Cette remarque est empruntée au guide du « *Sud-Ouest américain, par Dodge et Zim* » (M. 11), manière de souligner que toute expérience est déjà médiatisée – et qu'il n'est pas de récit qui soit vraiment de première main...

Voyageur dans un nouveau monde, le lecteur est assailli par une multitude d'informations hétérogènes: noms de lieux, indications de temps, mais également énumération de monuments de toutes sortes: des réserves d'Indiens aux Eglises chrétiennes, des « monuments nationaux » comme la Baie des Glaciers ou la forêt de Marc Twain, mais aussi des objets d'usage quotidien: automobiles de toutes marques, stations d'essence, crèmes glacées aux fruits, objets variés que décrivent en détail les catalogues de *Sears Roebuck and Co.* et de *Montgomery Ward*.

Ainsi à *Mobile* 65, peut-on lire:

Le gris du ciel.

AURORA, Lawrence, MISSOURI (for whites only).

A Kansas City, le prêche en espagnol à Notre-Dame de Guadalupe,
        en grec à l'église grecque.
Les porteurs noirs sur le quai de la gare.

Shell – les rivières Fabius, du Nord, du Sel, affluents du père des fleuves, – ou un réveille-matin radiophonique « Airline »

« rend le réveil presque amusant », « la pendulette-radio qui ôte
du réveil sa désagréable secousse, vous traite avec des gants de
peau, pendant ces difficiles premières minutes. [...] Et quelle
beauté! Quelle allure! Quel fonctionnement! [...]

Le vent augmente. (M. 65)

ou à *Mobile* 270:

L'étoile du berger.

LEXINGTON, où vous pourrez demander, dans le restaurant
Howard Johnson, s'ils ont de la glace à la prune,
cf. de La Fayette, KEN. (...only).

Les gens du Nord qui nous déclarent: il faut être gentil avec les
Noirs; et ils leur envoient des missions, des secours; et ils pro-
clament ensuite: voyez comme ils sont bien disposés, ils ne
demanderaient qu'un peu de bonne volonté. Ils ne soupçonnent
point cette insondable ruse...

Shell, – une De Soto tomate, conduite par un vieux Noir maigre
très noir à chemise cerise à pois cassis, frôle une énorme vieille
Dodge prune arrêtée sur le bord de la route, – les rivières Verte,
Kentucky, Licking, qui se jettent dans l'Ohio, – ou bien une
édition de la Bible type « foi », « ayez de la foi comme un
grain de moutarde » (« Matthieu », XVII, 20), « la foi est
représentée par une bille en plastique transparent qui grossit un
grain de moutarde enfermé à l'intérieur [...] ».
Les enseignes lumineuses.

Unifiés par le style et par la fonction, les textes en romain forment une
sorte de cadre aux textes en italiques. Mais à l'intérieur de ce cadre se
dessinent de fortes oppositions. Nous y trouvons les Monts: du Roi de la
Tempête, Tête de Démon et Tromperie, de la Tortue, du Coeur, Jefferson, du
Rendez-vous, du Serpent, de l'Aigle chauve; ou les Lacs: du Baume et de
l'Ours, Alpin, Méphyscoro et Moïse, du Grand Arbre de Vie, de l'Esprit et
de la Vierge, de l'Ile perdue, de la Vallée aux sources, des Démons, et de
même les noms des innombrables rivières, ruisseaux, forêts, chutes, cavernes,
grottes, que contient ce pays qui a les dimensions d'un continent. Les
énumérations systématiques de ces sites naturels, la variété infinie des noms
propres communiquent au lecteur le sentiment que ce pays est immense et

d'une richesse inépuisable. A cette variété s'oppose l'unité stéréotypée de la culture industrielle, illustrée par ces innombrables objets ou images, identiques ou presque les uns aux autres, que l'on retrouve tout au long du livre: les automobiles, les restaurants Howard Johnson et les réclames de Coca Cola, etc. Tandis que la magie évocatoire des noms propres suggère les rapports profonds et obscurs qui, dans les temps anciens, ont lié l'homme à la nature, la multiplicité des objets fabriqués, longuement décrits et vantés par les prospectus publicitaires, renvoient à une vie factice. Réveil radiophonique, carreaux de salles de bains ou revêtements pour le sol aux coloris innombrables, décorations murales trompe-oeil, faux bijoux ou faux tapis, pillules amaigrissantes ou anticonceptionelles, manuels pratiques sur la vie conjugale ou religieuse ou couvertures à chauffage individuel, ces objets sont révélateurs d'une mentalité comme d'un état de la société. La relecture de l'ouvrage dans les années 90 permet de mesurer, sur ce point comme sur bien d'autres, l'écart historique qui nous sépare des années soixante. Mais il est amusant de constater que certains de ces objets: le réveille-matin et les carreaux de salle de bains justement, dénotaient déjà l'Américain moyen dans *Babbit* de Sinclair Lewis,[20] et faut-il rappeler qu'au 19ème siècle, Tocqueville voyait dans la fabrication en série des objets de consommation, aux Etats-Unis, une des caractéristiques d'un Etat démocratique.[21] Si d'autre part, avec ces citations, *Mobile* porte sa date, témoigne du contemporain, entre-temps Howard Johnson ou MacDonald, Freedomland ou Disneyland, gadgets de tous ordres: c'est devenu, dira-t-on l'Europe d'aujourd'hui. Notons encore, et ce n'est pas le moins important, qu'en accordant une telle importance aux artefacts de la société industrielle contemporaine, Michel Butor introduit le Pop Art dans la littérature française: Jaspers Johns: *Painted Bronze* (1960); Andy Warhol: *Red Coca Cola Bottles* (1962), *Marilyn Monroe* (1962); Roy Lichtenstein: *Ice Cream Soda* (1962), *The Ring* (1962), *Jewels* (1963).

Dans les textes imprimés en romain se déploient donc divers aspects d'un pays et de sa civilisation: ceux que découvre, lors d'un voyage aux Etats-Unis, l'explorateur de ce nouveau monde, ceux que lui donne à lire le

---

20. 1922. Stock, 1957.
21. Voir *De la Démocratie en Amérique*, Gallimard, Folio-Histoire, 1961 (1840), t. 2, chapitre XI.

narrateur-metteur en page de *Mobile*, prélevant et découpant sur le corps textuel américain des fragments et les organisant en constellations significatives et en séries à la fois répétitives et variées. Le procédé de l'énumération offre au metteur en page la possibilité de juxtaposer des éléments diversifiés. Ainsi, à propos de la ville de New York, sont regroupés les journaux de langues différentes, les nourritures de tous les pays, les différents moyens de locomotion et de communication: trains, avions, bateaux, radios de toute obédience, témoins de l'origine étrangère et multiculturelle des habitants des Etats-Unis d'Amérique.[22]

150 000 Anglais,
    17 000 Finlandais.
Les Arabes qui lisent « Al Hoda »,
    les Chinois qui lisent l' « United Journal »,
NEW YORK HERALD TRIBUNE NEW YORK HERALD TRIBUNE NEW YORK

    les Finlandais le « New Yorkin Uutisset »
Black Angus, steaks,
    Chateaubriand, cuisine française,
        Leeš, plats chinois,
Patricia Murphy, spécialités américaines,
    Lum Fong, cuisine chinoise,
        Barraca, plats cubains.
    Les avions qui vont à Lima.
        Pistes.
    Les avions qui viennent de Manille.
WBNX, émissions grecques,
    WEVD, émissions allemandes,
        WLIB, émissions hongroises.
    Les bateaux qui viennent d'Halifax.
        Quais.
    Les bateaux qui vont à Anvers.
L'Empire State building: 2 000 000 de kilowattheures par mois.
(M. 201)

---

22. Georges Perec a repris le procédé pour évoquer l'arrivée des émigrants européens à Ellis Island, « L'Ile des larmes ». *Ellis Island*, P.O.L., 1995. L'auteur des *Choses* (Julliard, 1964), de *La Vie mode d'emploi* (Hachette, 1976) et de *Tentative d'épuisement d'un lieu parisien* (Christian Bourgois, 1975) rend à plusieurs reprises hommage à Michel Butor. A propos de l'énumération, voir *Penser, classer* (Hachette, 1995), p. 21.

L'écrivain, d'autre part, diversifie, à l'intérieur même des séries, ce qui à première vue paraît essentiellement répétitif et il établit, entre les éléments de la série, des relations nouvelles et inattendues. Suite et variations, « sérialisations » : à la composition picturale se superpose dans Mobile une composition musicale. Ainsi la « DeSoto tomate, conduite par un vieux Noir maigre très noir » se conjugue avec cette « énorme Lincoln jaune, rutilante, conduite par une vieille Blanche à robe mangue avec un chapeau à fleurs pistache [...] » (M. 57) ou cette « Buick tomate, conduite par un gros jeune Jaune à chemise verte » (M. 70) etc., tandis que les couleurs des autos et celles des vêtements de leurs conducteurs riment avec les coloris des glaces aux fruits. Les variétés de fruits: prune, mangue, pistache, cerise, fraise, groseille, pomme, entrent à leur tour dans la composition des « confitures fabriquées par les moines trappistes », et leurs coloris correspondent à ceux des « Oiseaux d'Amérique », tels que les a répertoriés et admirablement peints John James Audubon (1780-1851) (M. 12) que l'écrivain, relayant le peintre, énumère et décrit avec précision. « Illustrations d'images absentes », ces évocations prennent souvent la forme de calligrammes. Je reproduis celui-ci où s'inscrit, comme en filigrane, le nom de l'auteur:

> *Martinets des cheminées,*
>   *roitelets à couronne d'or,*
>   *plongeons rouges-gorges,*
>   *râles de Virginie,*
> *petits butors.*

L'Amérique par elle-même

Les textes en italiques sont de deux sortes. D'une part des notations du narrateur qui nous fait part de ses impressions – mais n'oublions pas que les impressions sont encore des « citations » –, auxquelles s'ajoutent quelquefois des amorces de récits, des remarques critiques et des bribes de conversation, dont l'origine est anonyme, mais où se manifestent les activités, plaisirs, désirs, craintes, rêves de personnes ou personnages qui ont pu être rencontrés, entendus au cours de ce voyage. Ces paroles, qui prennent souvent la forme de petits poèmes en prose, humanisent en quelque sorte cette description très indirecte du pays.

Les passages en italiques sont en effet pour la plus grande part constitués de véritables citations, tirées d'auteurs qui sont tous américains. Ces textes modulent et approfondissent les thèmes suggérés par le cadre en romain et confèrent à cette « représentation » des Etats-Unis ses dimensions historique et mythique.

Aux énumérations de ces « monuments », que sont les réserves d'Indiens ou les églises des diverses confessions, correspondent des documents sur les Indiens ou sur l'activité des missionnaires et des moines. Aux catalogues décrivant les objets fabriqués de la société contemporaine, s'entremêlent des textes historiques. Ceux-ci sont empruntés aux pères fondateurs de la société américaine: Thomas Jefferson et Benjamin Franklin et à d'autres sources qui éclairent les fondements de la Nation, comme le fonctionnement actuel du pays. Se succèdent ainsi et se juxtaposent, selon un ordre calculé, d'importants passages de textes indiens ou relatifs à leur histoire; de nombreux extraits de la correspondance de Thomas Jefferson, de son autobiographie, et surtout de ses *Notes sur l'Etat de Virginie*, « rédigées en l'année 1781, [...] pour l'usage d'un étranger de distinction, en réponse à certaines questions posées par celui-ci au sujet de ses frontières, rivières, [...] population, indigènes, constitution, lois, religion, moeurs, etc. » (M. 42); des fragments empruntés aux *Informations pour ceux qui voudraient se rendre en Amérique* de Benjamin Franklin (1706-1790) (M. 74); des extraits du *Traité de William Penn avec les Indiens Delaware* (fait en 1682) (M. 73); des pages entières des *Minutes* du procès des Sorcières de Salem (1692) (M. 138) et de *L'Evangile de la richesse* d'Andrew Carnegie (1835-1919) (M. 242) ou encore, pour évoquer le mouvement de l'Est vers l'Ouest, des commentaires sur l'exposition internationale de Chicago, extraits du journal *The New York World* du 9 avril 1893, eux-mêmes cités par « John Szarkowski: the Idea of Louis Sullivan » (M. 54-55). A ces différents textes, témoins du passé américain, s'ajoutent et se superposent d'autres citations empruntées à des textes contemporains, en particulier des prospectus vantant des lieux commémoratifs intéressants à visiter: le *Chapel Lake Indian Ceremonials* (M. 83), où les Indiens se donnent en spectacle, la *Clifton's Cafeteria* (M. 234) où, tandis que vous dégustez votre gâteau d'anniversaire, on vous rappelle, par tous les moyens, « L'influence d'une Vie »: celle de Jésus-Christ (M. 234 à 242), ou encore le parc d'attractions *Freedomland* déjà évoqué. La lecture de ces prospectus nous ramène à ce voyage livresque et imaginaire que *Mobile*, comme le précise la quatrième de couverture, nous invite à faire et à refaire:

Freedomland (prospectus):

« *Excitation! Aventure! Education!*
Traversez les siècles depuis la Nouvelle Angleterre coloniale jusqu'à
l'Ouest des pionniers, des villes de la frontière mexicaine aux ports
des Grands Lacs, du Cap Canaveral au Passage du Nord-Ouest!
Bourlinguez à travers l'ancien pittoresque far west [...] Explorez le
Nord-Ouest [...]
Promenez-vous par les voies fluviales et les déserts de l'Amérique [...]
Plus de 40 thèmes authentiques pour faire que l'histoire REVIVE *à*
Freedomland!... » (M. 200)

Et en effet, grâce à ces textes, prélevés en quelque sorte sur le corps même
de l'Amérique pour fabriquer ce « mobile », l'histoire est appelée à revivre.
Ce pays nouveau, les Etats-Unis d'Amérique, symbole et incarnation du
modernisme, est donné à saisir dans la profondeur et la multidimensionnalité
de son histoire.

Cet ensemble citationnel, intertextuel, constitue le noyau du livre. Noyau
dur qu'il faut extraire de sa gangue en repérant les moments où s'insèrent les
différents documents relatifs à l'histoire du pays[23] et pour tenter de reconnaître l'origine de ces écrits si divers, les responsables de ces discours, de
ces témoignages, de ces opinions, de ces exhortations. Livrés sous forme
d'extraits, de morceaux choisis, juxtaposés les uns aux autres et aux passages
en romain et aux commentaires, tous sont significatifs, représentatifs, et sont
mis en rapport de toute sorte de façons. Le choix des citations et leur
succession à l'intérieur du volume incite le lecteur à relier le présent au
passé, en passant par les différentes couches de ce passé: préhistoire, Indiens,
conquête européenne, esclavage des Noirs, exploitation des richesses,
industrialisation. La disposition des fragments en contrepoint et séries
contrastées permet donc d'appréhender le mouvement de cette histoire. Leur
combinaison permet d'autre part de percevoir ses tensions internes: l'instau-
ration d'un type de civilisation à partir de la destruction des cultures préexis-
tantes; l'émiettement d'un christianisme vidé de sa substance et la collusion
de la religion avec les « affaires »; le racisme, dont les citations « extraites »
délibérément par Butor des *Notes sur l'Etat de Virginie* (M. 40-41) de
Jefferson, dénoncent le caractère originaire.

---

23. J'ai indiqué entre parenthèses la première occurrence des textes, lors de laquelle,
généralement, Butor, cite ses sources. Une fois introduits dans le cours du livre, les
documents se succèdent par fragments, certains jusqu'à la fin du volume.

Dans cette « étude » pour une représentation des Etats-Unis, Butor rappelle donc fortement que l'Amérique a une histoire et que celle-ci ne commence pas au XVIIIème siècle avec la Déclaration d'Indépendance, ni même au XVIIème, avec l'arrivée des premiers colons en « Nouvelle-Angleterre » en 1602.[24] Dès les premières pages sont évoquées les civilisations indiennes, leur ancienneté, leur importance, leur richesse culturelle et leur diversité. Histoire inscrite dans les noms de lieux, histoire que l'auteur s'est donné la peine de retracer, étape par étape, égrenant les dates, rappelant les faits et les événements, grâce aux récits qu'il a pour nous redécouverts:

> *La plus ancienne civilisation connue dans le Sud-Ouest des Etats-Unis, celle de Sandia, date de quelque vingt-cinq mille ans. La civilisation de Folsom se situe quelque part entre 23000 et 8000 avant Jésus-Christ. Civilisation de San Jon; civilisation de Yuma. Puis la civilisation Cochise, entre 10000 et 5000 avant Jésus-Christ. On y rencontre pour la première fois la culture du maïs...* (M. 24)
>
> *Vers 400 après Jésus-Christ, les Vanniers commencèrent à utiliser l'arc et la flèche; la poterie remplaça peu à peu la vannerie. Ils cultivaient des courges, du maïs et des haricots; ils élevaient des dindons. C'est alors qu'ils ont commencé d'édifier les superbes villages que les Espagnols ont nommés « pueblos ». De 750 à 1100, l'architecture se développe: maisons rectangulaires de plusieurs étages à murs de pierre verticaux, avec cours intérieures et chapelles rondes ou « kivas » [...]*
>
> *Vers 1100 commence la période classique de la civilisation Pueblo. Superbes bâtiments sous les falaises, magnifiques poteries, tissus de coton, peintures pariétales, bijouteries de turquoises, irrigations....* (M. 26)

Butor donne également les noms des Indiens, pas seulement ceux de leurs tribus: Navajos, Sequoyah, Peyotes, mais ceux d'individus remarquables, dont sont alors rappelées les histoires particulières, souvent dans leurs propres termes: Smohalla, qui revendique les droits de son peuple sur cette terre (M. 53), Winnebogo John Rave qui raconte sa conversion à la religion du Peyotl et ses conséquences, Seneca Handsome Lake, Jonathan Koishiwa et bien d'autres encore, parmi lesquels Tecumseh, chef des Indiens Pawnees, qui a réussi à former une coalition contre les Etats-Unis en 1810 (M. 81) et Sequoyah qui inventa un nouvel alphabet (M. 41).

---

24. Ce qui semble-t-il n'est acquis que depuis très peu de temps. Voir la préface d'André Kaspi à *Les Grandes Dates des Etats-Unis*, Larousse, 1989.

En rappelant avec insistance la longue histoire des Indiens, en leur donnant la parole au même titre qu'aux pères fondateurs de la Nation américaine, Butor réinscrit l'histoire des Etats-Unis dans la longue durée: 25.000 ans d'histoire, c'est ainsi qu'il faut penser l'Amérique, de même que pour penser justement l'Europe, il est nécessaire, au-delà des Grecs et des Romains, de remonter à l'Egypte et pas seulement à cause de Moïse. Histoire ancienne donc que celle du « nouveau » monde... Histoire ancienne que celle des Indiens, mais également histoire actuelle, qui s'est poursuivie tout au long de la conquête du territoire et de son exploitation par les immigrants. Conquête, exploitation dont le livre retrace les étapes, évoquant les vagues successives d'immigrants venus d'Europe – « *chassés de l'Europe par les guerres de religion* » (M. 90); « *par la misère, par la tyrannie de l'argent* » (M. 91) – énumérant les régions traversées, les frontières franchies, rendant sensible par des artifices typographiques leur progression de l'Est vers l'Ouest.

Les faits, les événements qui constituent l'Amérique du Nord, s'inscrivent ainsi dans une même Histoire, sont donnés à saisir dans les rapports qu'ils entretiennent les uns avec les autres. Faits politiques: par exemple le Traité de William Penn avec les Indiens Delaware (en 1682), qui représente tous les autres traités et les autres pactes sans cesse transgressés, sans cesse reconduits. Tandis que *la Déclaration d'Indépendance* (1776), rédigée par Thomas Jefferson, et la *Déclaration des Droits* (1791), textes fondateurs des Etats-Unis, font écho aux déclarations de l'Indien Smohalla proclamant les droits de son peuple sur la terre de ses ancêtres (M. 53). Et il en est de même pour les autres aspects sociaux, culturels et religieux. Les témoignages relatifs à la religion du Peyotl, dont nous pouvons lire de nombreux passages, tirés des récits de Winnegabo John Rave (M. 58, 92), d'Albert Hensley (M. 94, 95) puis d'autres (jusqu'à *Mobile* 220), révèlent à la fois la capacité d'assimilation d'une civilisation par une autre – cet avatar indien du christianisme s'avérant un véritable retour aux sources de l'Evangile – et la permanence de valeurs culturelles spécifiques, en dépit des tentatives réitérées de destruction et du développement d'une civilisation radicalement différente.

En donnant d'autre part la parole aux acteurs mêmes de cette histoire, l'auteur de *Mobile* représente celle-ci, telle que les Américains se la représentent eux-mêmes et tels qu'ils la présentent aux autres. C'est le cas de l'Indien Smohalla dont la conviction et le désir de convaincre ne peuvent laisser insensible:

> « *Vous me demandez de labourer la terre; je devrais donc trancher le sein de ma mère. A ma mort, elle ne m'accueillerait plus... De couper de l'herbe pour faire du foin. Comment oserais-je couper les cheveux de ma mère?* » *Et aux Blancs qui s'emparaient de ses terres:* « *Je veux que mon peuple reste ici avec moi. Les morts reviendront, leurs esprits se réincarneront. Nous devons rester parce qu'ici fut la demeure de nos pères; parce que nous devons nous préparer à les retrouver dans le sein de notre mère la terre.* » (M. 53)

De son côté, Benjamin Franklin dans ses *Informations pour ceux qui voudraient se rendre en Amérique,* cherche à donner « *quelques notions plus claires et plus justes sur cette partie du monde que celles qui ont jusqu'ici prévalu [à] nombre de personnes en Europe* » (M. 74), tandis que Thomas Jefferson s'adresse à un « étranger de distinction » et, à travers celui-ci, aux Français (qu'il a bien connus à l'occasion de son ambassade à Paris).

A travers leurs destinataires premiers, ces voix nous atteignent. Dans certains cas, les propos tenus feront sourire, d'autres nous émeuvent, il en est aussi qui nous étonnent et, même, nous indignent. Que penser de ces pages du grand Jefferson, incarnation de l'humanisme libéral, père fondateur de la Nation américaine, concernant les Noirs:

> Notes sur l'Etat de Virginie:
> « ... *A ces objections politiques, on peut ajouter de physiques et morales. La première différence qui nous frappe est celle de la couleur. Que le noir du Nègre réside dans la membrane réticulaire entre la peau et la cuticule ou dans la cuticule elle-même; qu'elle procède de la couleur du sang, de la couleur de la bile, ou de celle de quelque autre sécrétion, la différence est fixée dans la nature et est aussi réelle que si son siège et sa cause nous étaient mieux connus. Une telle différence est-elle de peu d'importance? N'est-elle pas la fondation d'un plus ou moins grand lot de beauté dans les deux races? ...* » (M. 120)
> « ... *Les fines mixtures de rouge et blanc, toutes les passions s'y exprimant par la plus ou moins grande suffusion de couleur, ne sontelles pas préférables à cette éternelle monotonie, qui règne dans les contenances, à cet immuable voile de noir, qui couvre les émotions de l'autre race? Ajoutez à cela les cheveux flottants, une plus élégante symétrie de forme, leur propre jugement en faveur des Blancs, déclaré par le fait qu'ils les préfèrent aussi uniformément que l'orang-outan préfère la femme noire à la femelle de sa propre espèce. On juge digne d'attention la circonstance de beauté supérieure dans la propa-*

gation de nos chevaux, chiens et autres animaux domestiques; pour-
quoi pas dans celle de l'homme?... » (M. 121)

« On leur demande leur témoignage », commente Butor au sujet de ces
citations, « ce témoignage quelquefois les accuse ».[25] Mais aucune voix
n'est univoque et ces propos de Jefferson, dont la rudesse ne peuvent que
surprendre et la teneur indigner (nous sommes ici bien loin du *politically
correct!*) ne suffisent pas à définir le personnage. D'autres citations tirées de
sa correspondance ou de son autobiographie mettent en évidence sa finesse
d'esprit, sa culture, son goût pour les classiques et pour la musique, bref, ses
qualités « d'honnêtc homme » et d'homme des Lumières. Sensibilité artistique et ouverture d'esprit dont les visiteurs de Monticello en Virginie peuvent, aujourd'hui encore, apprécier les résultats. Il faut tenir compte également du fait que ces propos s'inscrivent dns la perspective d'un dialogue, ou
plus précisément, d'une réponse à une enquête, sollicitée par les Français,
aux yeux de qui il s'agit, sinon de légitimer l'esclavage, au moins d'en
expliquer les raisons ainsi que celles de son maintien, à cette période, dans
ce pays, alors que la question est à cette époque vivement débattue en France
(à la suite des ouvrages de Montesquieu et de Voltaire). Jefferson, en homme
des Lumières, adopte la posture du savant naturaliste et de l'historien des
civilisations, opposant faits de nature et faits de culture, mais ceci bien sûr
n'est pas fait pour nous rassurer, lecteurs d'aujourd'hui.

Quoi qu'il en soit, toute voix est au moins double quand elle n'est pas
multiple, et toute voix, dans cette sorte d'« hypertexte » que propose *Mobile*,
est démultipliée par les autres, celles qui lui font écho, celles qui la prolon-
gent ou au contraire la contredisent. Toutes ces voix s'entremêlent dans cette
composition polyphonique[26] pour engendrer sa polysémie: effets de contraste entre les personnes, les époques, les situations d'énonciation et d'interlocu-
tion, puisque les destinataires, d'hier et d'aujourd'hui, sont également
présents explicitement ou en filigrane dans la rhétorique même qui les anime
et que le lecteur perçoit en dépit de leur fragmentation.

A ces effets de contraste, qui renforcent en les soulignant la signification
sous-jacente de certains textes, s'ajoutent des effets qu'on pourrait dire de
contamination. Ainsi les innocentes réclames des Trappistes, vantant les

---

25. G. Charbonnier, *Entretiens, op.cit.*, p. 188.
26. Voir Madeleine Santschi, *Voyage avec Michel Butor* (entretiens), Lausanne, l'Age
d'homme, 1982, p. 50-52.

vertus de leurs confitures, sont comme perverties par leur contact sur les mêmes pages avec les élucubrations perverses des « Sorcières », en proie au démon, témoignant dans les deux cas, à des degrés divers certes, des perversions qu'un certain christianisme est susceptible d'engendrer. Effets de contamination aussi lorsque des phrases se font écho ou que les mots transitent d'un fragment à l'autre: le mot « Evangile » sur la même page renvoie à la doctrine de Jésus-Christ, telle que l'ont réinterprétée et revécue les Indiens de la religion du Peyotl, et à « l'Evangile » de la richesse exposée par Andrew Carnegie (M. 243), ou encore le mot « noir », dans les notations et des chemises des Noirs: « *Les couleurs ont commencé à fleurir sur leurs chemises, mais le mot couleur s'était mis à vouloir dire noir.* » (M. 112)

Faire l'oeuvre avec l'auteur

Immense collage, c'est-à-dire, également, montage de textes, *Mobile* n'est pas et ne pouvait pas être une « représentation » des Etats-Unis. L'ouvrage se présente comme une « étude » et il faut donner à ce terme, également, le sens qu'il prend en musique: « études et préludes ». Ce que le texte effectue, avec son intertextualité foisonnante, sa mise en page et en volume ouverts, c'est une mise en pièces de toute représentation unique et totalisante des Etats-Unis. Le découpage des citations est le résultat d'un choix, d'une intention et la découpe est clairement affichée par la disposition typographique: blancs, ponctuation, points de suspension, justification, etc. La coupure, l'extraction font violence au texte cité et du même coup en manifestent la force ou la violence. Ce montage, complexe, calculé, infléchit sans cesse les significations qu'une lecture partielle aurait tendance à figer. Bien loin d'être objective, cette tentative de description des Etats-Unis s'avère subjective, partielle et lacunaire, partiale et « engagée ». Si l'auteur, par le biais des citations, fait parler l'Amérique, ses interventions, sa composition, orientent et influencent notre lecture. Notons encore que le narrateur, s'il est généralement effacé, n'est pas toujours absent, il existe et se manifeste, de temps en temps, comme l'auteur même du livre.[27] Ainsi, et non sans humour, à la fin de l'ouvrage dans cette incise:

---

27. Voir: *Une schizophrénie active. Deuxième voyage avec Michel Butor. Entretiens avec Madeleine Santschi*, Lausanne, L'Age d'homme, 1993, p. 51.

Quelqu'un, appartenant au département de français de l'Université de
Californie à Los Angeles, me demanda si je préférais voir quelque
chose de beau ou quelque chose de laid. « *Laid, bien sûr!* – *Je vais*
vous emmener à Clifton's Cafeteria... » (M. 233-234)

ou encore, tout au début, par parenthèse sarcastique à propos du sort réservé
aux Indiens:

> (Les Indiens des Etats-Unis, au nombre d'environ cinq cent mille,
> vivent pour la plupart dans des réserves dispersées sur tout le territoi-
> re, où ils ont été parqués peu à peu lors de l'occupation progressive
> du pays par l'envahisseur blanc. Il ne serait pas gentil de les comparer
> à des camps de concentration. Ce serait même un peu injuste: certai-
> nes de ces réserves sont touristiques). (M. 5)

Mais ces interventions sont exceptionnelles et il apparaît, au terme de
lectures multiples, que les choix de l'auteur sont subordonnés aux nécessités
de l'oeuvre. Tous les éléments qui constituent celle-ci sont surdéterminés tant
sur le plan thématique que sur le plan formel. C'est le cas, on l'a vu, pour
les couleurs, dont la variété se décline par opposition au blanc et au noir – et
on rappellera ici ces « fines mixtures de rouge et de blanc » qui, selon
Jefferson, manquent à qualifier esthétiquement la peau des Noirs. Mais c'est
le cas également pour toutes les choses évoquées ou longuement décrites
dans l'ouvrage, y compris celles dont la mention à première vue est évidente
référant à la banalité de « choses vues » aux Etats-Unis, et celles, au contraire, dont la présence peut paraître contingente sinon surprenante. Soit par
exemple cette reproduction de la « Chocolatière de Liotard », elle-même
copiée sur l'étiquette d'une marque de chocolat, que l'on peut voir représentée au centre du Quilt N° 10 du Shelburne Museum (M. 184-185). Inattendue
à cet endroit, cette figure fera penser au cacao, denrée précieuse cultivée il y
a 3000 ans par les Indiens Maya puis par les Aztèques, ramenée en Espagne
par Christophe Colomb, et diffusée, à partir de là, dans le reste de l'Europe.
Peintre genevois du XVIIIème siècle, Liotard renvoie aux rapports de
l'Europe et de l'Amérique à l'époque de la lutte pour l'Indépendance. Le
tableau de Liotard évoque également le cérémonial des « rafraîchissements »
offerts dans les salons aux aristocratiques invités, par une accorte jeune
femme, elle-même souvent accompagnée d'un Nègre luxueusement paré.
Allusion euphémique à la colonisation, et à ce qu'elle implique mais qui
n'est jamais dit ni montré: la traite des Noirs et le commerce triangulaire.

« *Hypocrite Europe, n'était-ce pas elle qui profitait avant tout du trafic des esclaves?* » (M. 111). Exécutée par un vétéran de la Guerre de Sécession, la courtepointe où figure cette image est directement liée à cet événement majeur de l'histoire des Etats-Unis, tandis que l'opposition du Sud et du Nord maintes fois évoquée dans l'ouvrage, à commencer par son titre: *Mobile*, capitale de l'Alabama, le profond Sud, point chaud du racisme et de la révolte des Noirs au début des années soixante.

Liqueur roborative, le chocolat s'inscrit d'autre part dans la série des boissons et nourritures qui désaltèrent, nourrissent, réconfortent, enivrent.[28] Depuis le Coca-Cola, qu'il nous est impérativement enjoint de consommer: « *Vous avez soif? Buvez Coca-Cola* », jusqu'au Peyotl, nourriture sacrée, productrice d'ivresse bénéfique à l'inverse du whisky et de ses vapeurs maléfiques (M. 83), en passant par le vin (M. 58-59), les soupes concentrées et les confitures, jusqu'à cette Multipurpose Food (M.P.F.) inventée par le fondateur de la Clifton's Cafeteria, ancien missionnaire, à l'intention de ses clients mais également des petits orphelins du bout de monde (M. 238). Nourritures qui, à l'instar de la substantifique moelle de Rabelais, sont autant de symboles du livre.

C'est ainsi d'un autre oeil que nous lirons les réclames de Coca-Cola, promu dive bouteille du XXème siècle et, de même, les publicités relatives aux carreaux de toutes couleurs, à cette machine à coudre qui permet de broder en deux couleurs (M. 303), aux déguisements en clochard ou « maître de la lune » (M. 97), à tous ces gadgets qui permettent de réduire les tensions et d'expulser les parasites; ou encore, vu la place prise dans le livre par le fait religieux et son importance en Amérique, cette « représentation » de la foi « par une bille en plastique transparent qui grossit un grain de moutarde enfermé à l'intérieur » (M. 270). Quant à ce diamant qui, enchâssé d'autres plus petits, paraît « deux fois plus gros », et brillant de plus de feux (M. 76), il fera irrésistiblement penser au procédé même de composition du texte par enchâssement de citations et, plus généralement, comme artefact, générateur d'une illusion plus « vraie » et plus belle que la réalité qu'elle est censée reproduire.

---

28. Il est amusant de remarquer que le procédé de la mise en abyme est désigné aux Pays-Bas sous le nom d'effet Droste: la « chocolatière » figurant sur les étiquettes de cette marque de chocolat, tient en effet sur un plateau une boîte où figure la même image. Mais la séduisante jeune fille a pris l'aspect d'une « soeur de charité »...

« *Ce 'Mobile' est un peu composé comme un Quilt* » (M. 29), déclare
l'auteur qui, pour une fois, donne une indication précise. « Mosaïque
d'étoffes », elles-mêmes réutilisées, prototype du Folk Art américain, le quilt
affecte une composition géométrique où dominent les carrés, triangles, demi-
cercles et losanges formant étoiles à huit branches. Cette abstraction n'interdit pas la figuration: figures de femmes, dans le quilt N° 110 ou, pour le
quilt N° 182: « *Echelle de Jacob* », (M. 181) qui, de nouveau, renvoie à
Degrés et, bien sûr, à la Bible.[29] Par sa forme, le quilt rappelle, en modèle
réduit, le quadrillage du territoire américain par les Européens (M. 60), le
« damier gigantesque des cultures or, vert et brun » (M. 61) et la carte des
Etats-Unis, matrice de *Mobile*. Sur cette carte, que l'on trouve reproduite, de
manière simplifiée, en hors texte, au début du livre, la mosaïque des Etats,
distingués par leurs initiales canoniques, offre la forme d'un damier aux
carreaux irréguliers et légèrement décalés. Ces déplacements affectent
également l'organisation de *Mobile* et pour commencer la distribution des
noms de lieux. C'est ainsi que Sandia apparaît dans le blason du COLORA-
DO, au lieu du NOUVEAU MEXIQUE, et que la Clifton's Cafeteria, dont il
nous est cependant précisé qu'elle se trouve à Los Angeles, « *au coin de
Broadway et de la 7e rue* » (M. 239), est décrite dans la section relative à
L'OREGON. Un coup d'oeil sur la carte nous montre que dans ce jeu, qui
ne manque pas de compliquer singulièrement la lecture, le déplacement opéré
par l'auteur est, généralement, d'une case sur le damier.

Mais si texte pointe, à maintes reprises, sa ressemblance avec un jeu:
« souriez, souriez » ou encore avec un Kit (do it yourself),[30] il s'agit d'un
jeu tout à fait sérieux. Ces décalages, déplacements, asymétries ont leur
fonction qui n'est pas seulement d'égarer le lecteur ou de l'amuser. De
même que la fabrication des courtepointes avait, et a encore dans certains
cas, une fonction commémorative, thérapeutique[31] et symbolique (M. 181),

---

29. Notons que dans les quilts fabriqués par les femmes des communautés Amisch d'où
provient sans doute le N° 182, l'évocation de l'échelle de Jacob, motif traditionnel,
s'effectue uniquement par le biais de la figuration géométrique.
30. A l'occasion du deux-centième anniversaire de la Déclaration d'Indépendance (1776),
Michel Butor a fabriqué un *Bicentenaire Kit*: sérigraphies de Jacques Monory et objets
authentiques, modifiés, reproduits, parfois imaginés, répertoriés et glanés par Michel Butor
dans les cinquante Etats de l'Union. Edité par Philippe Lebaud, Club du Livre, 1975.
31. Cette double fonction commémorative et thérapeutique a été récemment réactivée dans
le projet « Aids Memorial Quilt »: chaque année, depuis octobre 1987, à l'occasion de la
marche sur Washington pour les « droits des lesbiennes et homosexuels » est déployé un

le travail d'écriture et d'élaboration de l'oeuvre d'art a toujours été pour Michel Butor une entreprise de salvation et une recherche de vérité. Entreprise à laquelle le lecteur est appelé à participer activement.

Les asymétries et dérèglements qu'offre l'ouvrage: dissymétrie par exemple entre le traitement des Indiens et celui de Noirs, dont l'importance n'est indiquée qu'indirectement, en voix off, en sourdine, et, littéralement, dans les blancs du texte : « Whites only », « ... only », ce qui ne les empêche pas d'être partout présents, ou encore, dans un autre registre, entre les hommes et les femmes qui « *jouent un rôle effacé dans ce système* » (M. 136), sont autant de moyens de souligner l'asymétrie réelle de certains éléments de la réalité sociale et historique, mais aussi l'impossibilité d'une représentation totale et adéquate.

> [...] *seuls les dieux suprêmes peuvent créer la perfection, et l'homme serait présomptueux d'essayer de produire des oeuvres sans défaut. Afin d'éviter la punition de son audace en prétendant imiter la divinité, celle qui composait autrefois un quilt détruisait parfois délibérément la symétrie de son dessin, détournant ainsi le malheur..* (M. 181)

De même pourrais-je dire que si « *la vérité* [...] *résulte du rapprochement d'éléments séparés* » (Lovecraft, M. 263), je ne saurais « *garantir la véracité de ce que je crois avoir découvert...* » (M. 261).

Oeuvre ouverte, *Mobile* est, en tout cas, un fantastique opérateur de découvertes.

---

quilt dont les éléments (25.000 à ce jour) ont été fabriqués par les amis, amants, parents des victimes du Sida, rappelant la vie et la personnalité des disparus.

Chapitre 4

Entretien avec Mireille Calle[*]

Mireille Calle-Gruber: Votre nom, Françoise van Rossum-Guyon, reste attaché à l'oeuvre de Michel Butor. Et cela, bien sûr, depuis votre livre désormais classique *Critique du roman* dans lequel, à partir de l'analyse systématique d'un roman, *La Modification*, vous avez considéré son écriture comme exemplaire d'une époque, d'une réflexion sur la narration, d'une mise en cause peut-être, d'une prospection en tout cas, des possibilités romanesques telles qu'elles se présentaient dans les années 60. Voudriez-vous expliciter cette entreprise qui a été la vôtre et qui, je crois, a été l'une des premières à révéler toute l'ampleur de perspective qu'ouvrait l'oeuvre de Butor?

Françoise van Rossum-Guyon: J'ai intitulé *Critique du roman* un livre dont le projet à l'origine était d'étudier, dans plusieurs romans empruntés à plusieurs époques, – je pensais principalement aux productions du XIXème siècle et aux contemporains – le fonctionnement du roman comme genre littéraire et comme oeuvre d'art littéraire. Le roman est un genre qui me paraissait important à maints égards par rapport aux transformations qu'il fait subir à nos représentations. Je m'étais limitée à quelques oeuvres qui pouvaient avoir des analogies ou des correspondances, parmi lesquelles *La Modification* de Butor. En cours de route, il s'est passé la chose suivante: je

* Cet entretien a eu lieu à Paris le 1er mai 1989. Il a été publié dans *Les Métamorphoses Butor. Entretiens de Mireille Calle avec Michel Butor, Jean-François Lyotard, Béatrice Didier, Jean Starobinski, Françoise van Rossum-Guyon, Lucien Dällenbach, Henri Pousseur, Helmut Scheffel, Michel Sicard*, Sainte-Foy (Québec), Editions le Griffon d'argile et Presses universitaires de Grenoble, coll. « Trait-d'union », 1991.

me suis plongée dans *La Modification*, laquelle a complètement transformé mon projet. Ce livre, à mesure que je le lisais et que je l'analysais, m'ouvrait des portes absolument inédites et insoupçonnées, de nouvelles galeries, de nouvelles vues que je n'ai pas trouvées dans les autres oeuvres. Il y a donc eu toute une phase de mon travail où ce qui était devenu important, ce n'était plus la théorie du roman ni le fonctionnement romanesque en général, mais l'apport de ce roman particulier. Je pourrai peut-être indiquer tout à l'heure quelles étaient ces galeries et ces ouvertures nouvelles. Mais en même temps, j'avais choisi *La Modification* parce que ce livre m'était apparu comme un cas limite, exemplaire non pas tellement, peut-être, de ce qui se faisait dans ces années-là – encore qu'il y ait des points communs entre les expériences romanesques de Michel Butor et de certains de ses contemporains, les fameux écrivains qu'on a classés sous la rubrique Nouveau Roman – mais parce que c'était, surtout, un roman qu'on pouvait lire d'une double manière, au niveau de la fiction et au niveau de la narration avec, sans arrêt, un jeu de moire entre les deux. L'ouvrage me permettait donc d'analyser ce double aspect qui fonctionne dans tous les romans du passé et du présent, à savoir cette duplicité de la structure romanesque. Finalement, j'ai pu reposer tous les problèmes théoriques du roman qui se trouvaient effectivement mis en oeuvre de façon exemplaire dans *La Modification*: j'avais, entre temps, fait de la narratologie (bien que le terme ne fût pas encore employé) en m'appuyant, notamment, sur les théoriciens allemands, que l'on redécouvre aujourd'hui grâce à Ricoeur et à l'école de Chicago, et qui soulevaient les questions de temporalité, de spatialité dans le roman et, bien sûr, de perspective narrative.

M.C.-G.: En somme, l'exemplarité de ce roman, et le fait que vous ayez pu repasser d'une lecture bien particulière à des perspectives critiques et théoriques générales, venaient de l'articulation entre l'aspect fictionnel et l'aspect narratif?

F.v.R.-G.: C'est cela. Du moins dans la perspective critique du moment. Mais j'ai cru pouvoir intituler le livre *Critique du roman* parce que je passais en revue, de façon critique, les différentes théories du roman. Et, en sous-titre, « Essai sur *La Modification* », et c'est surtout ainsi qu'il a été lu, étant donné l'essor ultérieur de la narratologie qui s'est formalisée de plus en plus.

Le livre de Michel Butor reste au centre de l'analyse critique, lui-même pose les problèmes et les déploie, en quelque sorte, dans sa richesse textuelle.

M.C.-G.: Revenons donc, si vous voulez, à ces galeries et perspectives nouvelles ouvertes par la lecture de *La Modification*, que vous signaliez à l'instant.

F.v.R.-G.: Ce livre m'a modifiée profondément par toute la réflexion qu'il m'a permis d'opérer sur ma propre culture. Le voyage à Rome, la culture chrétienne, la culture païenne, la redécouverte des ancêtres, en quelque sorte, des origines culturelles qui sont aussi les miennes et leur remise en cause, ce sont là toutes choses que j'ai retrouvées plus tard avec *Degrés* et beaucoup d'autres ouvrages de Butor. En fait, on comprend Michel Butor avec les livres de Michel Butor: une galerie s'ouvre sur une autre galerie.... Et c'était, dès lors, la réappropriation de cette culture. Je me suis passionnée pour Rome, véritable galerie de tableaux (figurée dans le roman avec la mise en abyme bien connue des « galeries » de Pannini au Louvre) qui me donnait, à moi, accès à la Rome réelle, celle de ses monuments, de son passé historique – ville que j'avais visitée mais où je n'avais rien vu. Ce livre m'a apporté à voir, à saisir, à comprendre. Ce phénomène s'est approfondi plus tard, de manière extrêmement forte par rapport à mon expérience personnelle, avec *Le Génie du lieu* et en particulier le chapitre sur l'Egypte. Il se trouve que j'ai moi-même passé mon adolescence en Egypte: ce pays m'a marquée d'une manière considérable, m'a donné pour la seconde fois (ce n'était pas la première car je suis née à l'étranger) le sentiment violent de mon étrangeté et, à la fois, de mon appartenance à une culture, occidentale, chrétienne en l'occurrence. *La Modification* m'a donné cela: la mise en cause de la culture et en même temps la réappropriation d'autres aspects de la culture.

M.C.-G.: C'est-à-dire une culture et une altérité tout ensemble: dans leur réciproque confrontation? Il est vrai, aussi, que le lecteur de *La Modification* est particulièrement interpellé et, au fond, on comprend qu'on ne puisse sortir indemne d'une telle traversée.

F.v.R.-G.: La lecture de ce livre est une véritable expérience; non pas une expérimentation (ce n'est pas, ou pas seulement un roman expérimental) mais une véritable initiation; c'est en tout cas ce qu'il a été pour moi. Cette expérience romanesque m'a fait mieux comprendre, aussi, à quel point les grandes oeuvres étaient des oeuvres initiatiques. Et je termine, n'est-ce pas, mon étude avec une allusion à *Illusions perdues*, le grand roman de Balzac. Cela est un premier aspect. Le second, c'est la dimension onirique et mythique. Il y a la fameuse descente aux enfers, le réalisme mythologique qu'avait déjà souligné Michel Leiris – ce qui m'a fait étudier, alors, non seulement les théoriciens du roman, mais aussi des oeuvres comme celle de Mircea Eliade: *L'Histoire des religions*, ainsi que les ouvrages de Dumézil et de Gilbert Durand: *Les Structures anthropologiques de l'imaginaire*. J'ai également dû relire Virgile et d'autres auteurs anciens, en particulier les lettres de Julien l'Apostat.

M.C.-G.: Il ressort très bien de *Critique du roman* que le livre, pour vous, et surtout le livre butorien, porte à la fois à la réalité et à la bibliothèque; qu'il est en quelque sorte le sas entre ces deux mondes. Vous avez terminé sur *Illusions perdues* et c'est bien là un élément caractéristique de votre parcours, par rapport à Butor et par rapport à ce que vous avez fait par la suite. D'une certaine manière, je dirai, en raccourci: Butor vous a conduite à Balzac. Ce n'est certainement pas un hasard et ce n'est certainement pas aussi provocateur que cela en a l'air.

F.v.R.-G.: Oui, Butor m'a conduite à Balzac. La littérature expérimentale contemporaine renvoie d'ailleurs tout entière à ce paradigme exemplaire, qu'est Balzac, même si c'est pour le contester. Je viens de lire un ouvrage sur Claude Simon de Lucien Dällenbach:[1] Balzac est tout le temps en arrière-fond. Mais dans le cas de Butor, c'est lui-même qui nous renvoie explicitement à Balzac (« Balzac et la réalité », 1959 dans *Répertoire*). Il y a donc à la fois ce retour à Balzac – manière de retourner à notre culture – et un regard nouveau qui voit dans Balzac des choses d'une prodigieuse richesse. C'est d'ailleurs le génie de Butor critique que de nous avoir rappelé ou montré la richesse exceptionnelle d'un Hugo, d'un Balzac ou de bien d'autres écrivains.

M.C.-G.: En ce moment, c'est Zola.

---

1. *Claude Simon*, Ed. du Seuil, coll. « Les contemporains », 1988.

F.v.R.-G.: C'est Zola, paraît-il. Et Butor a montré que *La Comédie humaine* était un immense mobile, qu'on pouvait entrer par n'importe quelle porte, que cela jouait dans tous les sens, qu'il y avait des strates, des niveaux, des richesses insoupçonnées à explorer comme des caves ou des greniers.

M.C.-G.: Grâce à vous, on entre, par Michel Butor, dans toute la littérature, dans tout notre héritage culturel que l'on peut relire autrement et avec un recul critique. Il y a là, tout de même, une différence certaine avec les nouveaux romanciers dont vous parliez: je pense au Balzac repoussoir tel que Robbe-Grillet le présente dans *Pour un nouveau roman*. La démarche de Butor est, je crois, sous cet aspect, tout à fait singulière.

F.v.R.-G.: Je voudrais d'abord ajouter cela avant d'enchaîner: l'imprégnation de cette expérience de la lecture de Butor à un certain moment a été telle que je ne peux plus lire Balzac, ni la plupart des autres écrivains, sans les faire passer par la grille butorienne. J'en ai fait de nouveau l'expérience, il y a quelques années, à la faveur d'un cours que je tenais sur *Le Père Goriot*: l'interprétation du roman que j'ai proposée, et qui a donné lieu à la Préface d'une édition dans le « Livre de poche » chez Hachette (1983), utilisait des grilles de lecture entièrement reprises de Michel Butor.

M.C.-G.: Il intervient, n'est-ce pas, à la suite de la Préface, dialoguant avec vous?

F.v.R.-G.: Michel Butor a en effet répondu à ma démarche. En ce qui concerne, maintenant, la réaction de Robbe-Grillet ou de Ricardou à l'égard de Balzac, je crois qu'il vaut mieux passer car ce sont des réactions extrêmement naïves. Elles n'ont pas grand sens: simplement, ils ont le souvenir du Balzac de leur école, un Balzac réduit à quelques traits simplistes; ils ne sont pas entrés dans son oeuvre; c'est un Balzac épouvantail, un Balzac repoussoir. Je viens d'indiquer le nom de Claude Simon mais cela est très différent: je crois qu'il y a des oeuvres, et c'est le cas de la sienne, qu'on pourrait considérer rivales de celle de Balzac; on y trouve le même essai de totalisation, le rôle de la description, l'obsession du détail, la critique sociale, la violence des affects. Mais il est évident qu'un écrivain au XXème siècle ne peut pas et ne doit pas écrire comme Balzac, Stendhal ou même Flaubert!

M.C.-G.: Passons et ne passons pas tout à fait.... Ou plutôt, retournons un moment au groupe en question qui a eu l'étiquette de Nouveau Roman. Vous avez été, en partie, l'artisan, lors du Colloque de Cerisy de 1971, de cette rencontre, organisée avec Jean Ricardou, entre ceux qui se reconnaissaient nouveaux romanciers et qui, peut-être, essayaient pour la première fois de théoriser ensemble. Quel était à ce moment-là le rapport de Butor au groupe? Il était présent sans l'être, ayant envoyé un texte qui fut lu. En outre, il manifeste, aujourd'hui, une certaine réticence à l'égard de ce groupe alors qu'il souligne ses affinités avec le surréalisme.

F.v.R.-G.: Oui, peut-être que l'attitude de Simon, Robbe-Grillet et Butor envers Balzac est symptomatique de leurs différences. Michel Butor ne rejette rien et nous venons de parler, à l'égard de sa démarche, d'une constante volonté de réappropriation du passé. Il est affecté, de même, d'une manière de boulimie, d'un esprit encyclopédique; il se promène d'un bout à l'autre du monde; il établit des relations de tout avec tout, selon des méthodes macroscopiques: l'avion, le réseau aérien, les espaces radiophoniques, les opéras.... Il ne rejette pas, non plus, les abîmes, les profondeurs – d'où sa reconnaissance, aussi, à l'égard du surréalisme. Il ne boude pas la notion d'inconscient: il y a un inconscient privé et un inconscient culturel. A l'époque de la rencontre de Cerisy, il y avait un dénominateur commun entre ceux qu'on a appelés les nouveaux romanciers, constitué en grande partie par la théorisation et la formalisation de Robbe-Grillet et de Ricardou – mais l'on voit déjà, au cours du colloque, Robbe-Grillet prendre ses distances par rapport à Ricardou. Toutefois, Robbe-Grillet construit une oeuvre qui est à l'opposé de celle de Butor puisqu'elle est centrée sur le jeu, la surface, l'érotisme, un certain cynisme, tout cela à l'inverse de la dimension butorienne de sacré et de retour aux origines, sans oublier sa volonté maintes fois affirmée de « changer la réalité ». Sans doute, c'était ce qui rendait Butor mal à l'aise à ce moment-là. Et puis, comme tout le monde sait – mais il est peut-être utile de le répéter ou de le rappeler après coup – l'analyse sociologique de l'étiquette Nouveau Roman a montré qu'il s'agissait surtout d'un effet de lecture, d'un regroupement éditorial d'écrivains qui avaient pour point commun essentiel d'être en rupture par rapport à une littérature régnante. Claude Simon et Robbe-Grillet, cela n'a, par ailleurs, aucun rapport. Claude Simon et Butor non plus, même s'ils se reconnaissent mutuellement, comme des novateurs et de véritables écrivains. Le seul rapport est qu'ils font tous les trois une oeuvre nouvelle et moderniste.

M.C.-G.: Vous pensez donc que cette étiquette de Nouveau Roman les contraignait à ne garder que la surface la plus restreinte, et qu'à reprendre sa « liberté » par rapport au groupe, chacun a enrichi son oeuvre en accentuant sa différence?

F.v.R.-G.: Absolument. Cela dit, je ne voudrais pas minimiser ici le travail qu'a fait Ricardou, même si je trouve quant à moi qu'il est trop réducteur; il a opéré notamment des tentatives de classification et d'analyse des points communs dans le Nouveau Roman qui sont intéressantes, quoi-qu'elles débouchent sur une certaine fermeture. A la fin du colloque de Cerisy-la-Salle, j'avais moi-même tiré certaines conclusions, me demandant, parmi toutes ces expérimentations littéraires, quels étaient les éléments sur lesquels les écrivains étaient d'accord. Et je trouvais, justement, qu'un de ces points communs était le rapport à la culture et la déconstruction des modèles culturels qui s'effectue par le biais très précis d'une intertextualité littéraire.

M.C.-G.: Il était sans doute capital de faire un tel bilan à cette époque-là et d'esquisser une théorisation de ce qui se faisait de nouveau par rapport à un genre établi en littérature. Après *La Modification*, vous vous êtes intéres-sée à d'autres textes de Butor: il y a eu vos articles sur *Degrés*, sur *Mobile*.

F.v.R.-G.: *Degrés* est la préfiguration systématique de ce que Butor fera par la suite avec le collage et le montage des textes. J'en ai fait l'analyse en suivant les aventures d'une citation de Rabelais: « Tous les métaux cachés au ventre des abîmes ». Il s'agit là, encore une fois, d'une page initiatique consacrée à l'éducation. Butor est, dans ce livre, à la limite d'abandonner l'intrigue romanesque et la construction d'un roman unitaire, fondé sur la projection-identification avec les personnages. Ici, l'intrigue ne compte guère: ce qui importe, ce sont les aventures de la citation, toutes les contex-tualisations de cette phrase où l'on retrouve l'univers de Butor, les abîmes, le secret, l'alchimie. Il n'y a pas même l'attente de quelque identification émotionnelle - contrairement aux ouvrages de Claude Simon où l'on est projeté violemment dans le monde imaginaire des émotions. Ici, on a davantage une aventure intellectuelle, une aventure de l'esprit; on est catapulté dans la bibliothèque, effectivement, et par suite, dans une réflexion qui s'apparenterait, pour moi, à celle que me donnent des anthropologues ou des philosophes. Ou celle de voyageurs réfléchissant sur le sens de leur voyage. Des géographes, des cartographes. D'où *Mobile*, sans doute, qui donne une nouvelle représentation des Etats-Unis.

M.C.-G.: C'est une perspective sur toute l'oeuvre de Michel Butor que vous ouvrez là et qui est, en fait, singulière par rapport à ses contemporains. Mais n'y a-t-il pas quelque paradoxe dans cette évolution? Vous êtes partie de *La Modification* qui était, à une époque donnée, exemplaire d'une réflexion critique, d'une remise en question. Or, j'ai l'impression que nous nous trouvons, aujourd'hui, presque aux antipodes car l'activité de Butor est désormais très éclatée, éparpillée dans diverses collaborations artistiques, ce qui fait qu'on le retrouve aux marges du flux de livres publiés de nos jours. Est-ce qu'il n'échappe donc pas, à présent, à cette approche que vous avez inaugurée avec lui?

F.v.R.-G.: Il est très difficile, je crois, de dire si un écrivain est aux marges ou au centre d'une production. Je dirais, plutôt, que Michel Butor a toujours été aux marges. Il se trouve que *La Modification* a eu du succès par son aspect lisible - au sens barthien du terme: on peut suivre l'histoire, s'identifier au héros, etc. Toutefois, la production romanesque de Butor est tout entière aux marges; ses romans sont exemplaires du passage à la limite du romanesque, d'ailleurs pastiché ou parodié à l'intérieur du livre. Avec *Mobile* et *6.810.000 litres d'eau par seconde*, cela devient la marginalisation complète par rapport à ce qui se fait en littérature cependant que, curieusement, son oeuvre va se rapprocher de quantité d'expérimentations dans d'autres domaines - peinture, sculpture, musique. Il y a là quelque chose de paradoxal qui est lié à la différence des genres et des arts: l'intérêt extraordinaire de Butor, c'est justement, sans arrêt, d'essayer de faire passer des ponts, de ménager des vases communicants entre des modes de perception, des représentations, des univers sémiotiques différents.

M.C.-G.: C'est même, de ce point de vue, une transgression, en permanence, des lois du genre.

F.v.R.-G.: Oui, on peut dire qu'il travaille toujours aux frontières.

M.C.-G.: Quel portrait brosseriez-vous, en fin de compte de l'intellectuel, de l'artiste? Quelles oeuvres restent pour vous les plus marquantes?

F.v.R.-G.: Je viens de parler du travail que la lecture de Butor m'avait poussée à faire sur moi-même avec *La Modification* et *Le Génie du lieu*. Je voudrais maintenant insister sur *Mobile*, livre qui m'a donné non seulement une nouvelle représentation des Etats-Unis, mais une nouvelle perception d'un pays comme les Etats-Unis. C'est une représentation de la perception de notre monde planétaire, de notre propre culture occidentale en tant qu'elle est confrontée à son passé, à ses Indiens à la fois actuels et mythiques, comme les Egyptiens qui sont à la fois incarnés par le fellah bien réel et cet immense et mystérieux réseau de symboles que signifie l'Egypte. Il me semble que l'oeuvre de Michel Butor m'a apporté, m'apporte encore, ce travail aux frontières, cette possibilité de voyager. Nous parlions tout à l'heure d'altérité, de Même et d'Autre: il est sans cesse en train de nous confronter à ce qui est un peu plus autre que nous. « Etrangers à nous-mêmes »[2]... c'est un sujet dont on parle beaucoup aujourd'hui; c'est cette expérience de l'autre que moi que Butor expérimente concrètement dans ses textes.

M.C.-G.: Il ne ferait donc plus tellement, sous l'angle de cette problématique, une oeuvre marginale?

F.v.R.-G.: En parlant, tout à l'heure de marginal et de frange, je voulais dire que ce sont évidemment les marges, les périphéries qui sont au centre. Nous le savons maintenant. C'est tout ce système de différences et de connexions qui fait le centre. Rome n'est plus dans Rome: c'était déjà le sujet de *La Modification*! Le centre n'est plus où on le croit; le centre, aujourd'hui, à notre échelle planétaire, est partout. Au fond, il y a, chez Michel Butor, à la fois la prise en compte de notre monde médiatique, au sens le plus vaste que lui donne McLuhan, et la défense contre cela c'est-à-dire la réappropriation par l'écrivain des moyens de maîtrise: afin de faire quelque chose qui soit une parole de nouveau vraie, une parole qui circule, qui, dans un monde disloqué, désordonné, mette en rapport les hommes les uns avec les autres.

---

2. Titre de l'ouvrage de Julia Kristeva paru chez Fayard en 1988.

Deuxième partie

Claude Simon

Chapitre 5

Ut pictura poesis: peinture et écriture dans
La Bataille de Pharsale[*]

« J'écris mes livres comme on ferait un tableau. Et tout tableau est d'abord une composition »,[1] ce que déclarait Claude Simon à propos de ses romans antérieurs trouve sa confirmation éclatante dans La Bataille de Pharsale.[2]

Ce roman s'inscrit, par ses thèmes comme par sa facture, dans l'ensemble de son oeuvre, offrant de nouvelles variations sur les mêmes motifs, mais il propose en outre, pour la première fois, sa composition même comme thème central. Le massacre et l'amour sont présents, et même plus que jamais, mais il est clair cette fois que « le massacre aussi bien que l'amour est un prétexte à glorifier la forme dont la splendeur calme apparaît seulement à ceux qui ont pénétré l'indifférence de la nature devant le massacre et l'amour » (B.P. 119).

La référence à Poussin, pour être implicite, n'en est pas moins significative. Car c'est bien de Poussin, le plus représentatif et sans doute le plus grand des peintres classiques, qu'il s'agit dans cette phrase, empruntée par Simon à

---

* La première version de cette analyse a été publiée en 1970, dans Het Franse Boek, 40e année, n° 2, avril 1970, p. 91-100. L'article a été repris dans Degrés, 1e année, n° 3, 1973, p. k1-k15, et traduit dans Winfried Wehle (éd.), Nouveau Roman, Darmstadt, Wissenschaftliche Buchgesellschaft, 1980, p. 361-375.
1. Interview au journal Le Monde, 26 avril 1967.
2. Editions de Minuit, 1969, ci-après abrégé en B.P.. Les italiques dans les citations sont toutes de Claude Simon. Je respecte également sa ponctuation et son orthographe, y compris pour les noms propres, par exemple Calderon au lieu de Calderón.

Elie Faure, pour dévoiler le sens profond de son livre.[3] De Poussin, dont Elie Faure, dans son *Histoire de l'art*, souligne la « force [...] à enfermer dans un rythme uniforme et vigoureux tout ce qu'il y a d'imprécis et de fugitif dans la vie ». De Poussin, chez qui « l'unité héroïque et lyrique est le seul point de départ ». De Poussin, chez qui « l'unité plastique n'est que le résultat d'un travail intellectuel d'élimination consciente et de construction idéaliste où la forme et le geste, le ton local, la tonalité générale et la répartition du volume et de l'arabesque répondent à un appel central de la raison ».[4]

Un tel rapprochement peut certes, à première vue, paraître paradoxal.[5] Ce n'est pas dans le spectacle de l'harmonie du monde, ni dans le consentement à l'ordre de la Nature, que l'oeuvre de Claude Simon trouve son origine. La guerre, la violence, la mort, la destruction, le chaos: tels sont plutôt les thèmes qui, du *Tricheur* à *Histoire* et jusque dans cette *Bataille de Pharsale*, constituent l'étoffe de l'oeuvre, sa matière indéfiniment retravaillée. Mais on sait bien que les thèmes d'une oeuvre ne suffisent pas à la définir. Dans son effort pour imposer un ordre au chaos, l'artiste glorifie par la forme ce qui, au niveau du vécu, est souffrance et destruction, ce qui, au niveau de l'Histoire, est atroce ou absurde.

Ce travail de l'écriture, qu'à la suite de Claude Simon je désignerai sous le terme de composition, mais qui correspond aussi bien à ce que Proust appelait la littérature (lorsqu'il disait que la vraie vie, la vie enfin découverte et éclaircie, c'est la littérature), ce travail, que l'on pouvait percevoir dans les oeuvres précédentes de Claude Simon, était ce qui leur conférait leur densité, leur solidité, rempart, fragile certes, mais d'autant plus précieux, contre le désespoir suscité par le dévoilement implacable du « comment c'est ». C'est ce travail qui, dans ce roman, est mis à nu et l'on pourrait dire que *La Bataille de Pharsale* joue ainsi par rapport aux précédents romans de l'auteur le rôle que joue *Le Temps retrouvé* dans l'oeuvre de Proust.

---

3. Claude Simon emprunte cette phrase à Elie Faure, sans donner la référence. Voir Elie Faure, *Histoire de l'Art, L'Art Moderne*, t. 1, Le Livre de poche, 1964, p. 261. Les italiques sont de Claude Simon.
4. Toutes ces citations sont tirées d'Elie Faure, *op.cit.*, p. 206. Elles ne sont pas dans le roman de Claude Simon.
5. Précisons que Claude Simon n'a pas encore publié *Orion aveugle* (Skira, coll. « Les sentiers de la création », 1970), dont le titre évoque le célèbre tableau de Poussin.

> *tout l'inquiétait passionnément la forme des herbes des bestioles la*
> *mousse les rochers éclatés sous la poussée patiente des racines les*
> *monstruosités humaines ou animales les choses vivantes les choses*
> *inertes les cuirasses de fer forgé les armes les casques à antennes les*
> *bannières armoriées sa sympathie universelle ne négligeait rien de ce*
> *qu'elle jugeait nécessaire au perfectionnement de son métier et de son*
> *esprit ni un bout de bois mort ni un tas de pierre ni la disposition de*
> *fortune de la clôture d'un champ maintenue avec des cordes* [...]
> (B.P.173-174)

Comme celle du peintre Dürer, dont parle ici Elie Faure, cité par le romancier,[6] la sympathie universelle de Claude Simon ne néglige rien, ni « la fraîcheur du soir », ni « les brins d'herbe entre les cailloux du ballast », ni les « cuisantes brûlures petites cloques roses sur les jambes nues des enfants », ni les « marmites à l'émail passant en dégradé du rouge à l'orange à demi enfouies sous les ronces », ni les « seins dont les bouts durcissaient devenaient rose vif rugueux sous la langue » (B.P. 175), ni les « armures de métal guillochées », ni les « monceaux de corps abattus » (B.P. 176). A l'instar de l'artiste allemand, le romancier dans ses « tableaux » donne « *autant d'importance à une hallebarde qu'à un visage humain à une pierre inerte qu'à un corps en mouvement* » (B.P. 174) et l'on dirait que, chez lui aussi, « *la nature est restituée pêle-mêle dans l'ordre ou plutôt l'absence d'ordre où elle se présente* » (B.P. 174). Si cependant « son univers n'est pas continu mais fait de fragments juxtaposés », il n'en possède pas moins cette unité héroïque et lyrique que l'historien d'art ne semble pas reconnaître à celui d'un Dürer.[7]

Avec Poussin et Dürer c'est encore à beaucoup d'autres peintres que renvoie *La Bataille de Pharsale*. A Piero della Francesca et à Ucello, à propos d'une réflexion sur l'espace (B.P. 160); à Polidoro Caravaggio dont une « composition » de bataille fournit cette « figure » maintes fois décrite: « Le haut du buste est tourné vers la droite, tandis que le bas du corps, du fait que la jambe droite se porte en avant, est un peu tourné vers la gauche, de sorte que l'on voit à la fois la poitrine, le ventre, et les deux fesses » (B.P. 200 et 242); à Lucas Cranach et à Pieter Breughel également, dont les

---

6. Sans respecter la ponctuation de ce dernier. Voir Elie Faure, *L'Art Renaissant*, Le livre de poche, 1964, p. 342. Mais Poussin non plus ne négligeait rien « ni la mousse, ni les cailloux », qu'il voulait « peindre exactement d'après nature ». Voir *L'Art Moderne, op.cit.*, p. 206.
7. Voir Elie Faure, *L'Art Renaissant, op.cit.*, p. 343-347.

tableaux représentant respectivement: *Die Eifersucht, Schlacht zwischen Israeliten und Philistern*, sont longuement décrits (B.P. 228, 229) comme pour illustrer les motifs principaux du roman, la jalousie et la bataille.

La multiplication de ces références et allusions aux peintres et à leurs tableaux non seulement nous autorise à commencer l'analyse de ce roman de Claude Simon par l'étude de sa composition, mais nous contraint, en quelque sorte, à considérer celle-ci en fonction d'un modèle précis, celui de la peinture.

Claude Simon n'est pas le premier romancier qui se soit servi d'une comparaison avec l'art pictural pour souligner l'importance de la composition dans son oeuvre. Il suffit d'évoquer Balzac, lorsqu'il s'indigne de la manière dont *Le Lys dans la Vallée* a été publié dans la *Revue de St.Petersbourg*. « Le comble de la trahison et du tragi-comique le voici: la préface de l'auteur, l'envoi de Félix qui raconte sa vie à une femme, le récit qui est à proprement parler l'ouvrage même, tout se suit sans discontinuer en Russie où 'le cadre est alors dans le tableau' ».[8] De même Marcel Proust s'efforce de faire admettre à son ami Louis de Robert, et, à travers lui, aux éditeurs récalcitrants, la nécessité de publier en un seul volume *Du côté de chez Swann*: « y a-t-il entre un volume de cinq cent vingt à cinq cent cinquante pages et un volume de six cent soixante une différence pour le lecteur qui vaille de couper un tableau, de déchirer une tapisserie? ».[9] Mais chez ces romanciers, la référence à la peinture est surtout didactique. Restituant au précepte d'Horace son sens original, ces écrivains exigent simplement de leurs lecteurs (éditeurs et critiques) de bien comprendre leur poésie comme ils comprendraient un tableau: en en respectant la composition.

Claude Simon va beaucoup plus loin. Il propose comme thème même de son roman une réflexion sur la peinture et il emprunte systématiquement à cet art certains de ses procédés. Il ne se contente plus de souligner l'importance de la composition mais il indique aussi certaines de ses modalités. Un des problèmes critiques que soulève alors son roman devient celui de la transposition d'un art dans un autre et, en particulier, d'un art du temps en un art de l'espace. La formule d'Horace, citée en exergue, est donc à prendre ici dans sa double acception: d'une part la poésie (le roman) est comme une

8. H. de Balzac, *Le Lys dans la Vallée*, Editions Garnier, p. 365.
9. Cité par Louis de Robert dans son livre: *Comment débuta Marcel Proust*, Gallimard, 1969, p. 57.

peinture, d'autre part, il faut juger de la poésie comme on juge de la peinture, c'est-à-dire suivant les lois propres à chaque genre.

Scènes, tableaux

L'action de *La Bataille de Pharsale* se laisse décomposer en un certain nombre de scènes ou tableaux plus ou moins « vivants ». Ces scènes se distinguent les unes des autres par les lieux où se passe l'action évoquée, et par les personnages ou figurants de ces actions.

En suivant l'ordre de la narration dans la première partie on peut ainsi repérer:

– les éléments d'un spectacle vu d'une fenêtre: vol d'un oiseau, nuages, foule sortant du métro, personnes à la terrasse d'un café;

– la description d'une « photo jaunie aux ombres pâles » (B.P. 12), représentant des hommes et des femmes en train de boire dans un atelier de peintre;

– l'évocation d'un vestibule obscur, puis d'un bureau, tapissé « d'un papier funèbre à palmettes vert olive » (B.P. 16), où se tient un personnage, lui aussi funèbre, et où le narrateur, autrefois, annotait des versions latines;

– la sortie d'un bal des Quat'z Arts avec « un type entièrement nu [...] coiffé d'un casque étincelant brandissant au-dessus de lui une épée de carton » (B.P. 19);

– des fragments divers de *La Recherche du temps perdu* dont, en particulier, celui-ci: « coiffées de hauts turbans cylindriques » (B.P. 20);[10]

– la vision d'un corridor aux murs écaillés et éraflés, au plancher grisâtre sur lequel s'écrasent des gouttes d'eau, et dans lequel un homme épie et surprend, écoute et voit en esprit une scène d'amour qui se déroule derrière une porte (B.P. 21);

– un épisode d'un voyage en Grèce où l'on voit le narrateur et un ami rouler difficilement sur un chemin de terre entre des champs de coton (B.P. 32);

– enfin, un souvenir de la guerre de 1940: « le cheval couché sur le flanc moi-même à quatre pattes maintenant par terre en train d'essayer de savoir où étaient le haut et le bas [...] » (B.P. 72-73).

Ces différentes scènes mettent en jeu des lieux, des objets et des personnages qui sont, à première vue, sans rapport entre eux. Ces scènes se caracté-

---

10. Cette phrase, donnée sans référence, se trouve dans le *Temps retrouvé, A la recherche du temps perdu*, t. I, II, III, texte établi par Pierre Clarac et André Ferré, Gallimard, Pléiade, 1955, p. 723. Claude Simon l'introduit dans divers contextes. Voir sur ce point le chapitre 7.

risent d'abord par leur aspect fragmentaire et statique. Fragmentaire, dans la mesure où les actions qui sont évoquées sont interrompues aussitôt qu'ébauchées; statique, dans la mesure où la description des lieux et des objets, du décor et des costumes prime celle des personnages. Ces derniers sont en outre eux-mêmes saisis dans des « postures statiques, comme peuvent l'être, sur une scène de théâtre, celles de figurants chargés, faute de place, moins d'accomplir des actions que de les suggérer, l'effet recherché (fuite, profondeur) étant obtenu au moyen d'une habile disposition scénique qui relie ce groupe au décor peint » (B.P. 108-109).

Ainsi dans la scène de l'atelier:

> Sur un côté on pouvait voir le coin d'une table couverte d'assiettes repoussées de bouteilles et de verres encore à moitié pleins. Barbu vêtu d'un chandail à col roulé, un autre était en manche de chemises mais cravaté [...] Un en maillot rayé de marin élevait à bout de bras une bouteille, le buste renversé en arrière la bouche ouverte comme un ténor. (B.P. 12)

ou, dans la scène du corridor, succédant à deux pages de description, ceci:

> et son corps, ses jambes, ses pieds, toujours cloués à la même place, retenant lui aussi sa respiration, regardant sans la voir la même éraflure rayant la peinture bleu-gris, non pas d'un blanc terni comme le plâtre du mur mis à nu mais là (c'est-à-dire sur la porte, exactement à la hauteur de ses yeux) révélant le bois bon marché, d'un jaune ocre foncé [...]. (B.P.23)

Même lorsqu'il s'agit de personnages en mouvement, comme c'est le cas des hommes et des femmes émergeant de la bouche du métro, ceux-ci sont décrits comme des objets, ne différant les uns des autres que par leurs formes et par leurs couleurs. Celles-ci, en revanche, tout à fait précisées:

> Immobiles d'abord, entraînés par le même mouvement ascensionnel et continu [...] apparaissent successivement à sa suite:
> 1 homme chauve aux mèches de cheveux clairsemées ramenées sur son crâne et collées au cosmétique, vêtu d'un complet bleu, avec une cravate bordeaux rayée en oblique ton sur ton [...], 1 jeune femme en robe bleu foncé bras nus portant son enfant vêtu de bleu clair sur le bras droit dont la main tient l'anse d'un seau à pâtés orange une petite pelle et un petit râteau rouge et jaune dépassant du seau, 1 jeune homme à lunettes aux cheveux ondulés veste marron pantalon gris [...]. (B.P.14)

Comme pour figer un peu plus l'action le narrateur précise que « le contraste entre l'immobilité des personnages et le lent mouvement d'ascension » leur confère « une sorte d'irréalité macabre comme sur cette image du livre de catéchisme où l'on pouvait voir une longue procession ascendante de personnages immobiles figés [...] » (B.P. 15).

Ces scènes fragmentaires et statiques se caractérisent, en revanche, par leur aspect spectaculaire. Elles sont données tantôt comme perçues, ici et maintenant, par un observateur, ainsi celle du café ou du métro; tantôt comme remémorées ou imaginées, ainsi pour le voyage en Grèce, la traduction des versions latines ou l'accouplement surpris; tantôt encore comme déjà fixées, soit par un écrivain (Proust, comme on l'a dit mais, dans d'autres cas, César, Plutarque ou Apulée), soit par des artistes, peintres ou photographes. Mais quel que soit le point de vue du narrateur, ce qu'il restitue est toujours une vision, un ensemble prégnant de formes et de couleurs, organisé soit en une image, soit en un véritable spectacle. Voyons, aux deux premières pages, cet envol d'un oiseau:

– perçu: « Jaune puis noir temps d'un battement de paupières et puis jaune de nouveau: ailes déployées forme d'arbalète rapide entre le soleil et l'oeil ténèbres un instant sur le visage [...] » (B.P. 9);
– imaginé: « oiseau flèche fustigeant fouettant déjà disparue l'empennage vibrant les traits mortels s'entrecroisant dessinant une voûte [...] » (B.P. 9);
– remémoré: « dans ce tableau vu où? combat naval entre Vénitiens et Génois sur une mer bleu-noir crêtelée épineuse et d'une galère à l'autre l'arche empennée bourdonnante dans le ciel obscur l'un deux pénétrant dans sa bouche ouverte au moment où il s'élançait en avant l'épée levée entraînant ses soldats le transperçant [...] » (B.P. 9-10);
– et imaginé de nouveau: « clouant le cri au fond de sa gorge » (B.P. 10).

La « mémoire qui voit » (B.P. 87) restitue une foule de détails précis et colorés comme celui-ci:

> Sur l'encolure les poils secs étaient d'une couleur cuivrée rougeâtre de tout près ainsi ils avaient des reflets dorés irisés mauve ou rose (B.P. 60)

ou de nombreux spectacles composés comme celui-ci:

> Dans l'Enéide ou quoi? Quelque chose d'obscur marron un ciel cuivré
> avec des fumées rougeoyantes dans le fond des éclats métalliques les
> reflets orange et noirs des incendies sur les flancs des cuirasses les
> yeux noyés révulsés des femmes tordant leurs bras et celle fuyant qui
> se retourne pour regarder derrière elle le visage éclairé par les flam-
> mes et celui qui portait le vieillard barbu sur ses épaules [...] (B.P. 17)

Et il n'y a pas que le regard ou la mémoire qui puissent voir, l'oreille même
peut voir, comme celle de ce jaloux épiant le couple derrière la porte:
« oreille voyant l'enchevêtrement confus de membres avec des parties nettes
d'autres bougées [...] » (B.P. 25).

Ce primat de la description sur les autres formes narratives se confirme
encore au niveau des thèmes. Le massacre et l'amour, la bataille et la
jalousie, thèmes majeurs du livre, sont exprimés dans ce qui fait leur réalité
physique, le coup, le coït, l'un et l'autre concrétisés par la même image,
cruelle et crue, indéfiniment répétée:

> César la Guerre des Gaules la Guerre civile – s'enfonçant dans la
> bouche ouverte clouant la langue de ce; (B.P.18)
> bataille de comment déjà mot qui veut dire les Têtes de Chien bataille
> de Pharsale bataille contre les Turcs quel nom avant après Jésus-Christ
> pendant comment savoir le sort du monde pilum frappant entrant
> sortant dans; (B.P. 56)
> pilon rouge entrant et sortant immobilisé soudain dans la posture
> encore à demi enfoncé peut-être n'osant plus respirer chiens collés la
> sueur refroidissant sur leurs corps nus [...]; (B.P. 57)

« Donner à voir », telle est l'ambition du poète, identique à celle du
peintre. Mais donner à voir implique une mise en forme, une disposition
dans l'espace, l'établissement de rapports nécessaires. Quelle est ici cette
disposition, quels sont ces rapports?
   S'il y a bien dans *La Bataille de Pharsale* une logique narrative, celle-ci
ne relève pas de la logique des actions, ni de la chronologie. Comme pour
les nombreuses scènes de bataille décrites dans le roman, ou pour cette mêlée
des joueurs de foot-ball évoquée à la page 103,

> il n'est pas possible de distinguer une ligne de bataille ou des mouve-
> ments d'ensemble, l'action se fractionnant en une multitude d'affron-
> tements singuliers, de duels entre des adversaires appariés et qu'ignore
> le couple voisin, le tout dans un espace si réduit [...] que les mouve-
> ments des uns et des autres [...] ont un caractère heurté, arithmique et
> privé d'élan [...]. (B.P. 103)

Composition

L'ordre de succession des différentes scènes apparaît d'autre part tout à fait arbitraire sur le plan de l'action. Non seulement les scènes se succèdent « pêle mêle », mais, comme chez Dürer, « le détail semble toujours masquer l'ensemble ».[11] Les fragments dispersés se répondent, en revanche, deux à deux, reproduisant, au niveau de la composition, le thème majeur de l'affrontement ou de l'accouplement. Ainsi la scène du bal des Quat'z Arts, dérisoire et pitoyable avec ce « gigantesque barbu » brandissant « quelque chose d'énorme pointé comme un manche à balais sous le nez des femmes » (B.P. 12), est confrontée à la scène du corridor, dans laquelle l'homme jaloux impuissant frappe contre la porte, apparaissant comme « un de ces géants condamnés à d'impossibles travaux luttant arc-bouté nu musculeux [...] » (B.P. 64), tandis que la scène évoquant la traduction d'une version latine dont le sujet est une des guerres de César, s'enchaîne à une évocation de la débâcle de quarante (B.P. 72).

De même les deux images, de l'affrontement guerrier et de l'accouplement sexuel, se juxtaposent au point de s'imbriquer et de se fondre l'une dans l'autre: « elle suspendue sous son ventre gracile le buvant enfoncé *dans la bouche un coup de glaive si violent que la pointe en ressortit par* » (B.P. 75).

Si, d'autre part, le détail masque toujours l'ensemble, c'est que « le détail » est justement l'essentiel. Non seulement les fragments apparemment dispersés se répondent les uns aux autres dans l'espace total du livre comme les membres d'une même complexe métaphore, mais ils s'enchaînent l'un à l'autre par un détail commun. Ainsi « enfoncé dans la bouche », « pilum » et « pilon » ou « fibres du bois déchirées et inclinées en tout sens, poilu pour ainsi dire », « Ligne rousse en arête ébouriffée partageant le ventre » (B.P. 23). Ou encore, pour la liaison de la Guerre des Gaules à la guerre de quarante:

> sed protinos incitati fuga: mais aussitôt s'élancèrent dans la fuite prirent la fuite [...] Mais ce n'étaient rien que des mots, des images dans des livres, *je ne savais pas encore je ne savais pas*, couché ou plutôt aplati sur l'encolure [...]. (B.P. 81)

---

11. Voir Elie Faure, *L'Art Renaissant, op.cit.*, p. 345-346.

Entre deux détails à première vue contingents s'établissent de la sorte des rapports nécessaires qui, très souvent, comme dans un tableau, sont des rapports de formes et de couleurs. C'est le cas en particulier pour ces éléments que j'ai évoqués plus haut pour indiquer qu'à l'instar de Poussin et de Dürer Claude Simon ne négligeait rien. De ces « marmites à l'émail passant en dégradé du rouge à l'orangé à demi enfouies sous les ronces » à « cette broussaille jaune montagne de écrasant froissant seins dont les bouts durcissaient devenaient rose vif rugueux sous la langue » (B.P. 175).

A la chronologie, l'auteur substitue donc une disposition spatiale des éléments et à la logique narrative une logique plastique. La narration cependant impose une succession diachronique. Les scènes, les spectacles et images ne se découvrent pas simultanément mais au fil du récit. C'est ainsi que les différentes scènes finissent, en se répétant, par se constituer en suites narratives distinctes. Mais, à l'exception des scènes relatives au voyage en Grèce, qui nous découvrent, en se succédant, des aspects nouveaux, la reprise des scènes ne fait en rien avancer l'action qui, dans les autres cas, paraissait s'amorcer. Le couple surpris en train de faire l'amour ne poursuit pas son activité mais est simplement décrit avec de plus en plus de précision. Le même acte n'est pas montré dans son déroulement temporel mais éclairé différemment. A la chronologie se substitue la variation du point de vue. La peinture se métamorphose même progressivement en sculpture que l'on peut voir de divers côtés sous ses divers aspects. A la fin du livre, d'ailleurs, l'homme et la femme s'immobilisent puis se pétrifient, métamorphosés en gisants de pierre:

> L'homme et la femme immobiles entendent dans leurs oreilles le tumulte de leur sang qui continue d'affluer et de battre, ralentissant par degrés. [...] Sur les deux corps nus et figés la sueur commence à refroidir, les glaçant (B.P. 224)

> Les deux corps sont toujours aussi immobiles que de la pierre. Sur leurs peaux nues la sueur commence à refroidir, les glaçant. (B.P. 253)

> Leur couleur grisâtre ne les distingue pas de l'espace grisâtre, lui aussi pétrifié, dans lequel ils sont sculptés (B.P. 266)

Ce même processus de pétrification, ce même passage de la peinture à la sculpture affecte les chevaux et cavaliers, maintes fois décrits dans le roman

(B.P. 259, 263, 264). Le processus d'amplification a donc pour effet de renforcer la qualité plastique du spectacle. Le temps est comme dévoré par l'espace. Il n'en disparaît cependant pas pour autant. Il apparaît plutôt dans sa dimension anachronique, immémoriale. Le couple d'aujourd'hui rejoint l'infinité des couples de toujours, les cavaliers et les chevaux d'hier (ceux que le narrateur montrait déjà dans *La Route des Flandres*)[12], se confondent avec les cavaliers et les chevaux de jadis, décrits par César ou Plutarque, peints par Le Caravage ou Ucello, ou encore sculptés en frise sur le fronton d'un temple grec.

Il n'est pas jusqu'au recours à la mythologie, à ses figures de héros et de dieux, que Claude Simon n'emprunte aux peintres. Invoquant, par exemple, les « héros surgis des profondeurs ombreuses des légendes ou de l'Histoire » (B.P. 138), « les Persée, les Goliath et les Léonidas » (B.P. 137) à propos d'une scène de chambrée par ailleurs « pitoyable » et « tragique » (B.P. 146), ou les images du catéchisme, « la Gloire et les Nuées » (B.P. 15) et encore les « Enfers » et *L'Enéide* (B.P. 17) à propos de la foule émergeant du métro: « Enfers aux voûtes de porcelaine blanche émaillée » (B.P. 17). L'auteur confère alors aux spectacles évoqués une dimension « surnaturelle, fabuleuse » (B.P. 146) tandis qu'il donne à tout son récit une tonalité générale « *d'irréalité macabre* » (B.P. 15).

De la peinture à la poésie

Le roman emprunte donc nombre de ses prestiges à la peinture. Il n'en reste pas moins oeuvre de littérature. En témoignent d'abord dans ce livre qui, on l'a dit, expose ses principes de fabrication, les nombreuses références et allusions aux écrivains, les innombrables citations de textes littéraires. N'est-ce pas d'ailleurs, à propos même des peintres, le texte d'un écrivain que reproduit l'auteur, utilisant la prose d'Elie Faure pour rendre compte de son propre travail? Mais sont encore mis à profit les textes de César, Tite-Live, Plutarque, Virgile et Lucain, ceux d'Apulée, de Valéry, Proust et Heidegger, sans compter les fragments de journaux, de magazines et d'affiches et, bien sûr, les romans précédents de l'auteur.

---

12. Et ne cessera d'évoquer par la suite. En particulier dans *Les Géorgiques* (1981) et dans *L'Acacia* (1989).

Si les références aux tableaux, scènes de bataille ou bacchanales illustrent, en les figurant, les thèmes du livre, les citations de textes paraissent les exprimer directement:

> Plutarque (César, LXIV) précise: « Il reçut dans la bouche un si violent coup de glaive que la pointe en sortit par la nuque » (B.P. 236).

> Lucain, Phars., VII, 470-473: « Puissent les dieux te donner non pas la mort, qui est le châtiment réservé à tous, mais, après ton destin fatal, le sentiment de ta mort [...] » (B.P. 235).

Le fait cependant qu'il s'agisse de citations, c'est-à-dire de fragments extraits d'un contexte et replacés dans un autre, suffit à modifier le sens de ces textes et à les rendre ambigus. Chez Elie Faure, le passage sur « l'univers discontinu fait de fragments juxtaposés » s'applique à Dürer et sous-entend une critique de l'artiste allemand. Celui-ci n'aurait su, selon lui, « donner à chaque chose l'importance qu'elle a dans nos préoccupations, exprimer en généralisations plastiques les émotions sensuelles, intellectuelles ou morales qu'elle lui procurera ».[13] Cette critique ne s'applique pas à l'oeuvre du romancier français. Au contraire, l'oeuvre de Claude Simon met en cause la pertinence de ce jugement du critique d'art à l'égard du « peintre allemand ». De même, les passages de Proust qui renvoient à la jalousie suscitée par le comportement d'Albertine, soulignent, mais par contraste, la jalousie telle qu'elle est concrétisée dans le roman de Simon sous la forme brutale de la fureur meurtrière, non pas analysée dans sa particularité unique et individuelle comme chez Proust, mais, au contraire, réduite à l'élémentaire expression du particulier dans ce qu'il a de plus contingent.

A côté des modèles picturaux, l'auteur propose pour son roman des « modèles » littéraires. Son livre peut en particulier être considéré comme un hommage, ambigu certes mais non moins exemplaire, à l'auteur du *Temps retrouvé*. Outre les allusions à *La Recherche* dans le corps du texte, en témoigne, explicitement, ce passage de Proust[14] mis en exergue à la deuxième partie:

> *Je fixais avec attention devant mon esprit quelque image qui m'avait forcé à la regarder, un nuage, un triangle, un clocher, une fleur, un caillou, en sentant qu'il y avait peut-être sous ces signes quelque*

---

13. *Op.cit.*, p. 346.
14. *Op.cit.*, t.III, p. 878.

chose de tout autre que je devais tâcher de découvrir, une pensée qu'ils traduisaient à la façon de ces caractères hiéroglyphiques qu'on croirait représenter seulement des objets matériels.

L'art de Proust peut donc servir de fil conducteur dans l'analyse des aspects proprement littéraires du roman de Claude Simon. Je cherche à « rendre la perception confuse multiple et simultanée que nous avons du monde »,[15] déclarait Claude Simon pour justifier l'emploi qu'il fait de phrases longues et dénuées, la plupart du temps, de ponctuation. Et cette perception est loin d'être seulement visuelle. C'est toute la vie mentale: sensuelle, imaginative, intellectuelle qui est mise en jeu. Un spectacle certes, mais, comme le dit le narrateur, un « spectacle intérieur » (B.P. 68), entièrement recréé par la pensée.

On peut le constater dès la première page du roman à propos de la description du vol d'un oiseau. Celle-ci fait intervenir, non seulement formes et couleurs, mais le sentiment du temps: « *un instant sur le visage* », les impressions tactiles: « comme un velours une main », des odeurs et des sons: « pouvant les sentir et même olfactivement leur odeur moisie de caveau de tombeau comme une poignée de terre noire entendant en même temps le bruit de soie déchirée l'air froissé [...] » (B.P. 9). Cette perception, grâce aux pouvoirs de la mémoire et de l'imagination, suscite en outre d'autres images: bataille navale, vitrail religieux qui, à leur tour, en entraînent d'autres, selon le mécanisme de l'association d'idées ou de l'association verbale.

Par ce processus associatif, une foule de connotations enrichissent les images primitives tandis que se développe le tissu même du texte. Autour d'une image, ou d'un mot, cristallisent non seulement des scènes ou des spectacles, mais des ensembles complexes reproduisant toute une région de la vie mentale ou transformant les objets en hiéroglyphes énigmatiques. Ainsi encore le vol de cet oiseau, dont l'évocation inaugure et termine le roman, signifiant simultanément flèche, javelot, sexe, instantanéité, prend valeur d'hiéroglyphe du temps, temps assassiné soit dans l'amour physique, soit par la mort, soit également par l'écriture.

Ce procédé se déploie au maximum dans la seconde partie du livre avec, comme points d'accrochage, quelques mots mis en sous-titres: BATAILLE, CESAR, CONVERSATION, GUERRIER, MACHINE, VOYAGE, dont le narrateur explore chaque fois le champ sémantique. Certes le sens que

---

15. Interview au journal *Le Monde*, 26 avril 1967.

l'auteur nous livre lui est personnel. Les constellations d'images sont données comme des émanations d'un passé, celui du narrateur, qui n'est certainement pas sans rapports avec l'auteur.[16] Mais si l'auteur intitule LEXIQUE cette seconde partie, c'est parce que dans ce processus la forme et la couleur des mots jouent un rôle aussi important que la mémoire ou l'imagination. Reprenant l'image proustienne de la lanterne magique, le narrateur l'applique aux mots et à la succession des phrases:

> la forme la couleur des mots [...] surgissant du néant l'un après l'autre [...] se complétant se reliant grossissant puis s'immobilisant [...] continuant à vibrer silencieusement redoutables énigmatiques chargés de sens multiples jusqu'à ce que la phrase la réplique suivante les repousse s'installe à leur place [...] (B.P. 68).

Pilum-pilon, fuite-fuite, c'était aussi bien la forme du mot que celle de l'objet évoqué par lui, dans les exemples que l'on a cités, qui permettait la transition. C'est le cas, à plus forte raison, dans le passage suivant qui évoque les leçons de l'oncle Charles à partir des versions latines. L'aspect sémantique du mot joue un rôle capital, mais il n'a plus rien de pictural:

> César la Guerre des Gaules [...] Latin langue morte.
> Eaux mortes. Mort vivant. *Je comprends parfaitement que tu aies décidé de ne rien faire naturellement c'est de ta part purement et simplement une question de paresse* mortellement triste *mais après tout quoique tu ne puisses pas encore le savoir* Je ne savais pas encore *puisque c'est aussi une chose qu'il faut apprendre et qu'apparemment tu as pris la ferme résolution de ne rien faire* bois mort feuille morte *mais peut-être as-tu raison après tout tout savoir ne débouche jamais que sur un autre savoir et les mots sur d'autres mots* la mort dans l'âme la peine de mort Je ne savais pas encore [...] (B.P. 18).

Avec l'évocation de la totalité de la vie mentale, avec le jeu sur les connotations, c'est encore par la présence d'un narrateur que cette oeuvre manifeste sa littérarité. « Je ne savais pas », « je souffrais comme », ces deux petites phrases, qui courent à travers le roman comme des leitmotiv, confèrent aux évocations de la guerre et de la jalousie une qualité affective et

---

16. On sait l'importance de la dimension biographique dans l'oeuvre de Claude Simon et du rôle que jouent « l'expérience vécue » et l'histoire personnelle de l'écrivain revendiquées explicitement surtout depuis *Les Géorgiques* et pour *L'Acacia*. Voir, ici même, le chapitre 8 « Un regard déchirant. A propos de *L'Acacia* ».

psychologique: « Je ne savais pas encore, au temps où je faisais des versions latines ce qu'était la mort, je ne le savais pas avant de l'avoir vécu, souffert dans ma chair propre, le sang battant dans mes oreilles » (B.P. 82), « ce n'étaient que des mots des images dans les livres, je ne savais pas encore, je ne savais pas... » (B.P. 81).

Ce « je », il est vrai, ne se constitue pas au cours du livre en acteur défini et personnalisé, il n'est pas question non plus, bien au contraire, d'une prise de conscience progressive, qui aboutirait, comme c'est le cas chez Proust, à l'affirmation d'une subjectivité triomphante enfin lucide et créatrice. Le « je » dont il s'agit ici est plutôt celui de « *cette petite cellule particulière qu'est un être* » (citation de Proust; B.P. 85), vouée à la destruction par la mort et par le temps. Cette présence d'une « personne » provoque cependant chez le lecteur le sentiment de participer à la vie et à l'expérience d'un autre. Vie et expérience particulières sans doute, mais proches des nôtres et surtout transformées, portées à l'universel et par là, dans une grande mesure, justifiées.

Ce frémissement de la vie, un peintre est susceptible aussi de l'évoquer. Et le lyrisme peut s'exprimer par le choix des couleurs aussi bien que par les personnes du verbe. Il ne semble pas cependant que le peintre puisse rivaliser avec le poète dans l'évocation totale et simultanée des aspects multiples et confus de l'expérience vécue et repensée, ni qu'il soit capable, comme l'écrivain, disposant librement de ses mots et de ses phrases, d'animer jusqu'aux pierres:

> Couchés à plat sur le sol parmi les fûts de colonnes brisés et les fragments d'architrave, les deux silhouettes enlacées aux entrailles grisâtres et compliquées de la pierre, du temps, où seule la rumeur silencieuse de leur sang, l'imperceptible frémissement de leurs respirations, la trace minérale de leurs formes, rappellent leur existence.
> (B.P. 268)

Je propose de voir dans ce passage une image des pouvoirs de l'écriture, simple trace à la surface du temps, mais signe que la vie, grâce au poète, continue sa course en dépit des forces qui se conjuguent pour la détruire.

Chapitre 6

Mise en spectacle et crise de la représentation*

Dans les romans de Claude Simon, les références au monde du spectacle sont aussi nombreuses que variées. J'en ai relevé plus de trois cents, du *Vent* (1957) à *Triptyque* (1973). Les références concernent aussi bien le théâtre: tragédie ou vaudeville, l'opéra et l'opérette, que le music-hall, le cirque, le cinéma, ou encore le Carnaval, Mardi-gras et autres mascarades. Il faut y ajouter les scènes représentées sur les nombreuses gravures, photographies, tableaux, cartes postales, ainsi que les images illustrant boîtes de cigares ou de bonbons, qui peuplent les romans. D'un autre ordre mais également spectaculaires sont les cérémonies: noces et enterrements, au cours desquelles les humains se mettent eux-mêmes en spectacle, se donnent en représentation.

Ces références fonctionnent tant au niveau de la fiction qu'à celui de la narration. Introduites au détour d'une comparaison, elles servent, très souvent, à qualifier un personnage ou une scène: Sabine reine de tragédie dans *L'Herbe*, le guerrier clownesque dans *La Bataille de Pharsale*, les amants surpris dans *Le Vent* ou *La Route des Flandres*. Elles illustrent aussi et explicitent certains thèmes fondamentaux et récurrents dans les romans: l'irréalité ou l'anachronisme, par exemple, des scènes évoquées. Elles

---

* Ce chapitre reprend, avec de légères modifications, la communication que j'avais faite à Cerisy-la-Salle, lors du colloque consacré à Claude Simon en juillet 1974, et publiée dans Jean Ricardou (éd.), *Claude Simon, Colloque de Cerisy*, Paris, Union Générale d'Editions, coll. 10/18, 1975, p. 88-106. J'utilise les abréviations suivantes: *Le Vent*: V., *L'Herbe*: H., *La Route des Flandres*: R.F., *Le Palace*: P., *Histoire*: Hi., *La Bataille de Pharsale*: B.P., *Les Corps Conducteurs*: C.C., *Triptyque*: T.. Tous ces romans sont publiés aux Editions de Minuit. Le n° entre parenthèses indique la page. Les italiques dans les citations sont toutes de Claude Simon. Je respecte également la ponctuation de l'auteur.

peuvent accentuer, par analogie, certaines caractéristiques de la narration: partialité de la perspective narrative, arythmie ou spatialité de la composition. Dans certains romans, la mise en spectacle sert à motiver le fonctionnement même du texte qui se présente alors comme une animation ou une projection d'images: cartes postales animées d'*Histoire*, caméra dans *Triptyque*.

La diversité, sinon même la disparité de ces références nous contraint à poser une question préalable: celle de la notion de mise en spectacle. Faut-il englober dans l'analyse ces spectacles introduits par les innombrables « je croyais voir », « il pouvait voir », « il lui semblait voir »? Visions ou scènes qui « s'offrent au regard » des protagonistes, qu'elles soient données comme étant perçues, imaginées ou remémorées? Faut-il distinguer ou, au contraire, mettre sur le même plan ces spectacles qui sont constitués comme une représentation de la réalité, et ceux qui sont constitués comme une imitation de l'art: présentés comme peints, dessinés, joués sur une scène de théâtre, photographiés, projetés par une caméra, etc.? Peut-on, enfin, réunir dans la même notion les représentations procurées par des images: photographies, gravures ou tableaux et celles que fournissent les Arts du spectacle: théâtre, cinéma, opéra, music-hall, qui mettent en jeu « des êtres agissant et parlant », selon la définition du dictionnaire? Ces questions sont d'ordre méthodologique: il s'agit de trouver des critères qui permettraient de classer les types de spectacle évoqués par Simon. Elles sont aussi d'ordre théorique: le problème qui se pose est en effet celui de la *mimésis*, de sorte que tenter de l'éclaircir revient à cerner la singularité du texte de Claude Simon par rapport à toute une tradition littéraire.

Une mise en cause de la représentation

La complémentarité sémiologique, par référence à des arts différents de celui du récit littéraire, le théâtre ou la peinture, le cinéma ou la photographie, n'est pas une nouveauté par elle-même. C'est, au contraire, un trait constitutif du texte réaliste.[1]

Il suffit de rappeler le rôle que joue la métaphore théâtrale, chez Balzac par exemple.[2] Qu'il s'agisse de qualifier un personnage comme une marion-

---

1. Voir Philippe Hamon, « Un discours contraint », dans *Poétique* 16, 1973.
2. Voir Lucienne Frappier-Mazur, « La métaphore théâtrale dans *La Comédie humaine* », dans *R.H.L.F.*, janvier-février 1970.

nette ridicule ou un héros de tragédie, de présenter une scène burlesque ou dramatique, ou bien d'introduire un dialogue, en mettant le lecteur devant les personnages comme un spectateur devant une scène, ou encore d'accentuer l'aspect dramatique de ce qui est représenté, la référence au théâtre est toujours surcodage du texte par utilisation de certains traits pertinents et efficaces du code de référence. Le recours à la « scène » a ainsi pour fin de concentrer l'action et d'abolir la distance entre le temps narré et le temps narratif, la comparaison avec la comédie joue en sens exactement inverse d'une comparaison avec la tragédie ou le drame. Les caractéristiques phéno-ménologiques, c'est-à-dire les modalités de la perception ainsi que les qualités esthétiques: valorisation et hiérarchie des spectacles évoqués, sont non seulement conservées mais mises à profit dans le texte porteur. Le recours à l'art a chaque fois pour effet de renforcer la représentation suivant le principe que l'Art est plus vrai que la Vie. L'utilisation de critères extra-textuels serait donc tout à fait pertinente pour classer et analyser le fonctionnement des références aux arts du spectacle dans *La Comédie humaine*. Ils permettraient en outre de distinguer les références au théâtre et celles qui sont faites à la peinture (ou à d'autres arts de la représentation): les modalités spécifiques de ces deux types de représentation sont en effet également respectées et mises à profit: la « scène », pour ne prendre qu'un seul exemple, s'oppose nettement au « tableau ».

On peut donc se demander s'il en est de même chez Claude Simon, et commencer par examiner quels sont les traits pertinents qu'il retient et comment il les utilise.

Or une première constatation s'impose: la difficulté que l'on éprouve à trouver des critères qui permettraient justement de déterminer ce qui, dans le texte, relève ou non de la mise en spectacle, et l'impossibilité corrélative de cerner d'une manière précise les frontières entre les différentes sortes de spectacles. Je partirai du théâtre.

Les références au théâtre concernent très souvent des personnages et en particulier leur mode d'apparition aux yeux d'un spectateur fictif, protago-niste ou narrateur.

Deux traits apparaissent le plus fréquemment: l'apparition brusque, comme à partir du néant, et l'aspect irréel et fantomatique de ce qui est représenté. Ainsi Reixach dans *La Route des Flandres*: « se tenant là à la manière de ces apparitions de théâtre, de ces personnages surgis d'une trappe

au coup de baguette d'un illusioniste [...] exhumé du mystérieux passé »
(R.F. 80) ou l'enterrement décrit dans *Le Palace*: « tout cela n'avait pas plus
de réalité de sérieux de crédibilité que des ombres des figurants de théâtre »
(P. 119).

Mais la comparaison avec le théâtre est loin d'être la seule à caractériser
tel mode d'apparition brusque et cet aspect irréel. Ailleurs, il s'agira d'un
film: « Il vit alors ce type qui se tenait debout [...] arrivé là me dit-il sans
qu'on sût comment [...] un peu comme dans ces films truqués et fantasmago-
riques où dans un décor désert apparaît souvent un personnage matérialisé à
partir de rien » (H. 106, Hi. 196), ou d'une projection lumineuse, comme
pour la servante d'auberge de *La Route des Flandres* (38, 41, 80, 176) et
cette femme: « rien qu'un instant entrevue derrière un rideau [...] sortie du
néant et retournée à jamais l'instant d'après au néant » (H. 175) ou d'un
portrait (R.F. 38, 41, 80, 176), ou même d'une bande dessinée:

> la seconde image presque tout entière remplie par le buste et le visage
> de la femme [...] le regard [...] fixé sur rien [...] regardant en réalité
> un spectacle intérieur, peut-être la forme et la couleur des mots qu'elle
> vient de dire comme s'ils lui apparaissaient non pas imprimés et
> enfermés dans des bulles mais surgissant du néant l'un après l'autre
> [...] » (B.P. 68).

Il en est de même pour l'aspect irréel et fantomatique des personnages ou
des scènes évoqués, qu'il s'agisse des photographies de *L'Herbe*, de *La
Bataille de Pharsale* et d'*Histoire*, des films muets du *Vent* (V. 65) et de *La
Route des Flandres* (R.F. 69), ou bien à partir des essais que fait Georges,
pour restituer par l'imagination les « fugitifs tableaux printaniers et esti-
vaux » mettant en scène Iglésia et Corinne: « seulement cela quelques
images muettes à peine animées vues de loin » (R.F. 50), et enfin de tous
ces spectacles surgissant « à la surface de la mémoire » des narrateurs, dont
le chapitre intitulé *César*, dans *La Bataille de Pharsale*, donne une des
illustrations les plus saisissantes.

Le fait qu'il n'y ait pas de différences marquées entre le théâtre et le film,
le film et la photographie ni même entre la photographie et la mémoire,
quant au mode d'apparition des objets représentés et quant aux modes de
perception de ces objets par le spectateur nous interdit tout recours à un
quelconque critère d'ordre phénoménologique. C'est en effet la prise en
considération de ces modes d'apparition et de perception qui permettent aux

sémioticiens de dégager les caractéristiques des différents spectacles et d'expliquer la spécificité de leurs effets. Pour rendre compte de « l'impression de réalité au cinéma » par exemple, Christian Metz se réfère aux travaux de Rudolph Arnheim, Edgar Morin et Roland Barthes, pour comparer le film au théâtre d'une part, et à la photographie d'autre part. Au théâtre, la présence des acteurs en chair et en os produirait un effet de distance qui interdirait la complète identification du spectateur, le spectacle est paradoxalement trop réel pour être perçu comme réel alors que l'image filmique, perçue d'emblée comme fictive, faciliterait la projection imageante. Cette différence n'est pas valable dans les cas que je viens de citer. Il est vrai que les analyses de Barthes sur l'image photographique rendent compte de certains aspects de la représentation photographique chez Claude Simon: « dans la photographie il se produit une conjonction illogique de l'ici et de l'autrefois [...] la part de la réalité est à chercher du côté de l'antériorité temporelle: ce que nous montre la photographie a vraiment été ainsi un jour devant l'objectif, la photographie – moyen mécanique de duplication n'a eu qu'à l'enregistrer [...] la part d'irréalité tient à la pondération temporelle: 'les choses ont été ainsi mais elles ne le sont plus', ainsi qu'à la conscience de l'ici [...] ».[3] Mais la différence qu'un Metz se plaît à souligner entre la photo et le film, quant à l'illusion de réalité provoquée par ces deux media, n'est déjà plus pertinente. Ce serait en effet le mouvement qui conférerait, dans le cas du film, une corporalité aux personnages représentés et donnerait une troisième dimension au spectacle representé.[4] Or l'on sait que, dans les romans de Simon, les photographies s'animent, alors que, au contraire, la plupart des images filmiques se figent. La frontière entre film et photographie s'abolit de manière exemplaire dans *Triptyque*.

Une autre fonction de la référence au théâtre est de qualifier un personnage ou une action. Sabine, dans *L'Herbe*, est ainsi comparée à une « vieille reine de tragédie, peinte, fardée et flamboyante » (H. 93), tandis que le suicide de l'ancêtre dans *La Route des Flandres* est qualifié de tragédie (R.F. 198). Mais il serait erroné de croire que la fonction de ces références est identique à celle que nous avons relevée chez Balzac. L'accumulation des

---

3. Roland Barthes, cité par Christian Metz, *Essais sur la signification au cinéma*, Paris, Klincksieck, 1968, p. 13-24.
4. *Ibid.*

comparaisons a vite fait de mettre tous les spectacles sur le même plan et de les réduire à un système d'équivalences. La tragédie est aussi vaudeville, « parce que le vaudeville n'est jamais qu'une tragédie avortée et la tragédie une farce sans humour » (R.P. 198), l'opéra est aussi bien opérette, et les uns et les autres sont évoqués, au même titre que le film burlesque ou le guignol, pour qualifier les mêmes personnages, les mêmes actions, à l'intérieur d'une même séquence.

Tragédie ou vaudeville, opéra ou film burlesque, les spectacles ne sont donc pas invoqués en fonction de leur situation dans un système des Beaux-Arts. La hiérarchie établie par la tradition esthétique n'est en rien respectée. Les « redoutables et sacrés personnages hollywoodiens » sont ainsi « cousins de ceux de la tragédie grecque », parce que « le plus insignifiant de leurs gestes est empreint d'une majestueuse solennité » (H. 191). Inversement, les protagonistes de ce drame qu'est la guerre ne sont que des « marionnettes de guignol » (R.F. 94 et 185) ou des acrobates de cirque (R.F., 158). Les critères fondés sur un système de valeurs opposant le sublime au burlesque, le tragique et le comique, le noble et le vulgaire sont donc de nouveau sans pertinence.

Il en est de même des critères qui seraient tirés de la prise en considération du mode de production esthétique des différents spectacles envisagés. Chez Balzac, la référence au drame a pour fonction, non seulement de souligner l'intensité dramatique du spectacle représenté, mais d'accentuer le mode de construction narrative qui s'établit sur le modèle: exposition-noeud-dénouement. Chez Claude Simon, la fonction d'une telle référence est, au contraire, d'accentuer l'irréalité et le désordre tant de l'action que de sa présentation. L'action racontée dans *Le Vent* est ainsi comparée à « une de ces pièces à l'espagnole, un de ces trucs de Calderon ou de Lope de Vega, une de ces comédies-drames à multiples journées réparties dans, ou plutôt exhumées, émergeant sporadiquement hors d'un temps vague, d'une incertaine durée trouée d'épisodes burlesques ou macaroniques » (V. 112). Cette comparaison est dénoncée en outre comme inadéquate: « Non. Ni Lope de Vega, ni Calderon. Rien que le décor: la façade de pierre sur la place, nue, morte, vide [...] et pas d'acteurs bavards venant sur le devant de la scène raconter leurs secrets, leurs souffrances, mais quelque chose de muet, d'aussi muet que le décor [...]. Et complètement, totalement muet; même pas une pantomime... » (V. 215). De même, le narrateur d'*Histoire*, pour rendre compte de sa situation, évoque

> ces vieux films usés, coupés et raccordés au petit bonheur et dont des tronçons entiers ont été perdus, de sorte que d'une image à l'autre et sans qu'on sache comment le bandit qui triomphait l'instant d'avant gît sur le sol, mort ou captif, ou encore l'intraitable, l'altière héroïne se trouve soumise et pâmée dans les bras du séducteur - usure ciseaux et colle se substituant à la fastidieuse narration du metteur en scène pour restituer à l'action sa foudroyante discontinuité. (Hi. 41)

Ce drame à la Calderon, ces vieux films usés, présentent des aspects qui figurent par analogie certains traits de la narration simonienne, comme le font, par ailleurs, les évocations de certains tableaux dans *La Bataille de Pharsale*, ou les références aux techniques cinématographiques: gros plan et panoramiques, dans *Triptyque*, mais il s'agit toujours d'aspects négatifs: la pièce est mal construite, les films sont vieux et usés et les tableaux sont mal composés, en rupture, d'une manière ou d'une autre, avec le code esthétique traditionnel.

Il n'est pas possible enfin d'utiliser des critères d'analyse qui tiendraient compte des supports matériels de la représentation. Il n'y a pas en effet de différence à cet égard entre les arts du spectacle et les autres modes de représentation: images, affiches, etc...

Alors que Sabine est « semblable [...] à l'une de ces héroïnes de théâtre ou plutôt d'opéra, druidesses ou fiancées de paladin, un peu forte comme ces cantatrices imposantes et virginales semblables elles-mêmes aux réclames pour baumes capillaires [...] que l'on pouvait voir à cette époque sur les empaquetages bleus d'épingles à cheveux ou dans les journaux de mode féminins » (Hi. 30), les personnages représentés sur les couvercles de boîtes de cigares dans *Le Palace* et ailleurs, sont décrits comme des personnages d'opérette (19-20). De même, « l'épisode salace et bouffon » des amants surpris qui, dans *Le Vent*, est décrit comme faisant partie d'un drame à la Calderon est semblable au vaudeville de *La Route des Flandres* (R.F. 198), lui-même équivalent à la scène représentée par une gravure libertine (R.F. 86), et à celle, dans le même roman, qui est imaginée et reconstituée par Blum (R.F. 190). Cette confusion des genres et des modes de représentation devient systématique dans *Triptyque* où s'institue une équivalence exacte entre la scène de l'accouplement dans la grange, qui est censée être projetée par une caméra, et la scène animée à partir de la gravure qui se trouve sur le mur d'une chambre.

L'impossibilité de faire appel à une sémiotique des Arts de la représentation, pour définir et caractériser les modalités de la mise en spectacle dans l'oeuvre de Simon est par elle-même significative. Comme le rappelle Jacques Dubois: « Un texte est toujours le produit d'un travail de reprise et de transformation qui met en jeu des éléments extérieurs à lui. Il s'indexe sur une certaine extériorité ou antériorité par emprunt à des systèmes de représentation ou des pratiques signifiantes mais il se constitue en idiolecte articulant, en les transformant, les sociolectes dont il se rend tributaire ».[5] La reduplication sémiologique, par référence aux arts du spectacle est, de ce point de vue, un phénomène d'intertextualité, analogue à celui qui régit l'usage de la citation. Cependant la manière dont Claude Simon utilise des textes ou des images empruntés à d'autres, est foncièrement différente de celle des romanciers antérieurs en ce qu'elle présuppose et implique une destruction du texte cité, ou utilisé, au profit d'une construction radicalement nouvelle. De même, le système ou code traditionnel du spectacle: les conventions et normes régissant tant les modalités de la représentation que ses valeurs respectives, sont ébranlées, disloquées et même perverties. A l'abolition des frontières entre les différentes formes de spectacle comme modes de représentation: théâtre, cinéma, figuration graphique s'ajoute en outre l'abolition d'une frontière encore plus importante: celle qui distingue la représentation directe du réel et sa représentation médiatisée. Le système d'équivalences réalisé dans le texte met en cause, de ce fait, la notion même de représentation artistique.

Transgressant, jusqu'à les détruire, les codes traditionnels de la représentation esthétique, l'oeuvre de Claude Simon cependant en intègre certains éléments et les restructure. Le texte instaure, sinon un système, du moins un ensemble à l'intérieur duquel sont mis en jeu certains traits spécifiques du spectaculaire, qui sont restructurés par un double processus de réduction et de combinaison. Les différents spectacles évoqués le sont par référence à certains dénominateurs communs et sont reliés les uns aux autres selon des connexions nouvelles. On peut ainsi constituer des séries, regroupant diffé-

---

5. « Code, Texte, Métatexte », dans *Littérature* 12, décembre 1973, p. 4.

rents spectacles, à partir de certains traits communs. Soit par exemple: le déguisement ou le masque pour la tragédie, le vaudeville, l'opéra, l'opérette, le music-hall, le cirque, le carnaval et certaines cérémonies, ou le grossissement du détail et l'exagération du geste, commun à ces différents spectacles, mais aussi à ceux qui sont reproduits sur les gravures, les photographies ou les affiches.

La mise à distance, la répétition, le dédoublement, la dialectique mouvement-immobilité, la spatialisation du représenté, tous ces traits, qui relèvent d'une sémiotique de la représentation scénique ou figurative, sont non seulement conservés mais renforcés.

Tout n'est pas mis en spectacle, et ce serait fausser la perspective du texte simonien et manquer sa complexité que de vouloir en rendre compte par ce seul biais du spéculaire, sinon du spectaculaire. On ne peut par exemple analyser sous cet angle la longue scène érotique de *La Route des Flandres*. Cependant certaines scènes donnent lieu à une prolifération de comparaisons empruntées aux différentes modalités de la représentation plastique ou théâtrale. Il est donc intéressant d'examiner d'abord ce qui est proposé en spectacle avant d'analyser les caractéristiques et les effets de ce procès.

Masques et mascarades: le personnage et ses actions

Les personnages qui peuplent les romans de Simon apparaissent aux yeux des narrateurs comme à ceux des protagonistes précisément comme des « personnages »: déguisés, fardés et masqués, affectant des poses théâtrales ou clownesques, jouant un rôle fictif et irréel. Ainsi les vieillards de *L'Herbe*,

> semblables [aux yeux de Louise] à ces personnages de vieux films anachroniques [...] dans un décor désuet et défunt [...] décor et personnages possédant en commun cet on ne sait quoi de vaguement fabuleux qui semble être le privilège de ces acteurs du temps du muet ou des mannequins de vitrines [...] plus apparentés à des automates qu'à des êtres de chair (H. 190)

ou la vieille femme automate des *Corps conducteurs* et les acteurs des films projetés dans *Triptyque*. Ainsi les personnages figés en « poses théâtrales » sur la photo de noce dans *L'Herbe* (H. 10), les financiers et conquistadors représentés sur les affiches de la banque dans *Histoire* ou sur les couvercles de cigares dans *Le Palace* et *La Bataille de Pharsale* avec « leurs identiques visages creusés d'identiques sillons » (Hi. 84), les soldats de *La Route des Flandres* avec leurs uniformes raides, « polichinelles, fantômes, ombres grotesques » (R.F. 172) ou, dans le même roman: Iglésia avec son masque de carnaval, Wack qui « tombe de cheval comme un acrobate de cirque » et l'ancêtre, avec son attirail de chasseur déguisé et figé dans la « pose classique du cavalier » et encore dans les arènes, lors de corridas: ces « belluaires costumés semblables à des jouets de plomb [...] [avec] leurs théâtrales et précieuses postures d'éternelle cruauté et d'éternelle comédie » (Hi. 33).

Bien loin d'abolir la notion de personnage, Claude Simon la renforce par un double processus de réduction et d'amplification qu'accentuent justement les références au monde du spectacle.

Depuis *Le Vent*, où Montes est vu par Cécile comme un clown, jusqu'au « guerrier » de *La Bataille de Pharsale*: « les yeux fixes, vides, aussi avec ce visage ahuri de clown giflé rougeaud et sanglant » (B.P. 246) et au clown de *Triptyque*. Depuis Sabine: « vieille reine de tragédie peinte fardée, et flamboyante [...] immobilisée dans sa posture théâtrale de vieille diva [...] Madame Butterfly dans son kimono chatoyant avec son masque ravagé ravalé » (H. 93, 170), jusqu'aux vieilles tantes d'*Histoire* fardées, masquées, « rigides » (Hi. 12) », débiles fantômes bâillonnés par le temps la mort » (Hi. 10) ou encore la mère:

> cadavérique et fardée [...] commençant déjà à prendre avec ses pom-
> mettes saillantes avivées de rouge [...] cette consistance de matière
> insensible ou plutôt rendue insensible à force de souffrance: quelque
> chose comme du cuir ou encore ce carton bouilli des masques de
> carnaval, Polichinelle à l'aspect terrifiant et risible [...] (Hi. 60, 61)

Tous les personnages, à la faveur de ces comparaisons, finissent par apparaître comme la réincarnation d'un seul et même acteur: « comme si le même modèle au masque pensif impitoyable et désabusé avait revêtu chez un costumier de théâtre leurs défroques successives » (H. 84-85). Financiers et conquistadors, soldats et vieilles femmes sont réduits à quelques communs dénominateurs: éternelle cruauté, éternelle comédie, durcissement, vieillesse et mort. Cette réduction ne s'effectue pas par suppression des différences mais par l'accentuation d'une ressemblance, par la mise en valeur d'un aspect particulièrement frappant, comme le masque « à l'aspect terrifiant et risible » de la mère dans *L'Histoire*. Et c'est, à son tour, cet aspect qui permet de rapprocher et de combiner deux personnages à première vue aussi différents qu'une vieille femme et un guerrier, ainsi dans ce roman où la mère « cadavérique et fardée », « ses pommettes avivées de rouge par une suprême coquetterie ou plutôt un suprême et orgueilleux défi », avec son masque de souffrance et de carnaval, est juxtaposée et assimilée à

> ce type que je devais voir plus tard promené d'une baraque de prison- niers à l'autre tenu en laisse par deux nègres une brique pendue à l'aide de fils de fer sur sa poitrine avec l'écriteau J'ai volé le pain de mes camarades et non pas un visage humain mais une chose: ce même masque grotesque fardé de violentes couleurs par les coups gluant de crachats impassible au delà de toute souffrance et de toute humiliation lui marchant pour ainsi dire derrière la protection de ce visage qui ne lui appartenait plus non pas même ahuri comme ceux illuminés de rouge des clowns ou des ivrognes mais somnambulique parfaitement figé vide ou plutôt déserté par toute vie [...] (Hi. 61)

Ce type au masque grotesque qui rejoint à son tour le guerrier bafoué et torturé de *La Bataille de Pharsale*.

Mis en spectacle, le personnage est dénoncé comme un masque, un polichinelle, une marionnette, un fantôme, une ombre. Vidé d'émotions et de sentiments, il est dépouillé de son individualité. Il n'est plus que le support interchangeable et anonyme, l'incarnation abstraite, de quelques réalités fondamentales: la cruauté, la souffrance, la vieillesse et la mort. Réalités qu'il n'est pas lui-même en mesure de comprendre ni d'exprimer mais dont la signification apparaît en revanche aux spectateurs et, par là même, aux lecteurs. Tantôt figure dérisoire, tantôt mythe fabuleux: « héros surgi des profondeurs ombreuses des légendes ou de l'Histoire » (B.P. 138). La mise en scène du personnage, son exhibition spectaculaire, suscitent chez les spectateurs les émotions et les sentiments dont ils sont eux-mêmes dépouil- lés: inquiétude, horreur, fascination, pitié.

L'accouplement, la lutte violente, la mort et leurs mises en scène: la noce, la guerre et les enterrements, telles sont, d'autre part, les actions privilégiées par la mise en spectacle. L'accouplement ou, plus exactement, le coït surpris. Ainsi « l'épisode salace, bouffon, et grotesque » du *Vent*, ou « l'équivoque et scandaleuse histoire » arrivée à l'ancêtre de *La Route des Flandres*: « quelque chose dans le style d'une de ces gravures intitulées l'amant surpris ou la fille séduite ». Ces scènes sont décrites comme des spectacles irréels et burlesques, les protagonistes, muets et comme insensibles, y sont:

> semblables aux protagonistes de ces films que l'on pouvait voir dit-on
> dans les bordels se livrant – les hommes barbus et les femmes en
> chemises caracos retroussées, bouillonnantes jusqu'aux aisselles –
> comme à la parodie dérisoire de gestes d'amour dans une pantomime
> furieuse – ou plutôt frénétique – et saccadée [...] plus apparentés à des
> automates qu'à des êtres de chair et excluant dans la fornication même
> toute idée de volupté d'une émotion quelconque. (H. 189-190)

Fornication privée de toute émotion qui dégénère, dans certains cas, jusqu'à
la lutte grotesque d'animaux à quatre pattes (H. 189), tel apparaît le coït
lorsqu'il n'est pas vécu mais vu, lorsqu'il est mis en scène dans une gravure
libertine ou dans un film mais aussi lorsqu'il est surpris par le mari ou
l'amant trompé comme dans *La Route des Flandres* et *La Bataille de
Pharsale*.

Dérision du sexe, dérision aussi de la violence, non pas dérision des actes
eux-mêmes (le coït, le coup) mais de leur mise en scène telle qu'elle se
donne habituellement, sur ces affiches de cinéma par exemple: « où des
soldats de carton maculés de boue peinte ou des beautés aux visages de deux
mètres de haut sauvagement coloriées et passionnées annoncent des aventures
ou des conflits psychologiques pour crétins » (P. 5). Dérision de ces scènes
d'amour ou de violence: « une lutte entre deux hommes, un homme et une
femme embrassés, la silhouette d'une femme en chemise transparente, un
cow-boy dégainant son colt » (C.C. 152), propres à susciter l'intérêt des
spectateurs consommateurs. Dérision non pas de l'acte mais de son image, de
sa représentation ou de sa mise en spectacle, comme c'est le cas aussi pour
cette noce avec l'image de:

> ce couple parfait apparaissant sur la carpette rouge en haut des mar-
> ches à la sortie de l'église dans l'odeur cireuse des cierges et la gloire
> des orgues, objet des murmures flatteurs, des appréciations, supputa-
> tions et imaginations complétant la solennelle et pompeuse mise en
> scène par son nocturne, furieux et simiesque épilogue dans une
> sanglante – ou du moins supposée, espérée – apothéose de corps nus
> et de blancheurs saccagées. (V. 61)

Toute mise en spectacle est dérisoire parce qu'elle est camouflage,
escamotage de l'essentiel: la vie, la mort. Ainsi la noce mais surtout les
enterrements: « l'éternelle attraction, l'enfouissement hygiénique et solennel
d'une charogne le spectacle renouvelé et gratuit qui constitue la suprême et
dernière délectation des crétins et des gâteux » (P. 177). Cérémonie, mise en
scène, destinée, comme l'explique le narrateur, à escamoter la mort:

Parce que si je venais d'apprendre quelque chose [...] c'était que la mort est le contraire du sacré [...] qu'elle est au contraire sans mystère, évidente, irréfutable, la seule certitude en fin de compte qu'il nous soit donné d'avoir: ce dans la crainte de quoi sans doute on l'entoure, la masque, de ce carnavalesque et pompeux décorum, emportant, escamotant dans une apothéose de plumes, de larmes d'argent, et un sillage de coups de chapeaux, ce qui n'est en somme rien plus qu'un peu de viande pourrie! (V. 185-186)

La réduction des nombreuses scènes d'amour à un même et anonyme accouplement, l'assimilation des nombreux enterrements à une même « mascarade sacrilège et crapuleuse » (R.F. 80) produit les mêmes effets de simplification à l'extrême et d'amplification pour les actions que ceux que nous avons relevés pour les acteurs. Tout ce qui, dans les romans habituels, ou dans les films ou les pièces de théâtre, est propre à « susciter l'intérêt »: le baiser, l'étreinte, le désir, la jalousie, la lutte, la mise à mort sous toutes ses formes, est ramené à l'essentiel, à ce qui en constitue en quelque sorte le noyau dur, irréfragable, indépassable: le sexe, la violence, la mort.

De la mise en spectacle à la mise en texte: la production du sens

Avec les personnages et certaines de leurs actions, c'est encore l'ensemble même de ce qui a été raconté ou restitué qui, à la fin des romans, est décrit comme s'il s'agissait d'un spectacle. C'est le cas, on l'a vu, dans *Le Vent* mais aussi dans *Le Palace*, qui se termine par l'évocation de « la ville, à l'abandon, solitaire, sous l'invariable lumière vert électrique de ses lampadaires compliqués qui s'allument les uns après les autres, comme les rampes d'un théâtre [...] » (P. 230), et, dans *La Route des Flandres*, pour le champ de bataille : « quelque chose comme la scène vide d'un théâtre comme si une équipe de nettoyage était passée [...] les chiffonniers et les ramasseurs de ferraille d'ordures récupérant les accessoires oubliés ou hors d'usage maintenant que les acteurs et le public étaient partis [...] » (R.F. 308-309), tandis que *Triptyque* s'achève par une description de rues vides après une séance de cinéma. La mise en spectacle a ici pour effet de dé-réaliser ce qui est, et a été, représenté.

Cette dé-réalisation du représenté s'effectue en outre souvent par une mise à nu du représentant, c'est-à-dire des procédés de représentation. Ainsi pour cette scène du *Palace*:

et alors ce fut là, se matérialisa violemment sous forme d'une de ces images grossièrement dessinées et coloriées qui illustrent les couvertures à sensation des magazines bon marché [...] la scène campée par un de ces dessinateurs spécialisés dans les faits divers, l'immobilisation, la perpétuation du tumulte, les faciès tordus d'effroi, de stupeur ou de colère [...] la table avec les verres et les carafes renversées, la nappe souillée de vin (ou de sang ? la même encre rouge d'imprimerie ayant uniformément servi à colorier la moquette [...] les taches sur la nappe et celle que le dessinateur avait figurée sur le dos (entre les épaules) du dîneur [...]. (P. 93, 94)

De même les divers accouplements après avoir été décrits comme « réels », vécus par les protagonistes: « l'homme et la femme » entendant « dans leurs oreilles le tumulte de leur sang » (B.P. 224) ou contemplés par un spectateur jaloux et souffrant, sont décrits, sans solution de continuité, comme sujets d'un tableau (B.P. 224), d'une gravure ou d'un film.

De tels passages, et la généralisation du procédé à partir d'*Histoire*, pourraient nous conduire à penser que la mise en spectacle n'est rien d'autre que la figuration de la narration en tant que celle-ci à la fois instaure et dénonce la fiction et par là, indirectement, la réalité. Cette hypothèse n'est pas entièrement à rejeter. Le texte simonien fait continuellement état de ses propres modalités de composition et les caractéristiques des spectacles évoqués sont, à bien des égards, analogues aux caractéristiques de la narration. On pourrait donc parler ici de mises en abyme de la narration. Cette hypothèse cependant ne suffit pas à rendre compte de la fonction de la mise en spectacle puisque celle-ci non seulement dénonce, conteste et déréalise le représenté mais est elle-même dénoncée, contestée, mise à nu comme figuration fausse et mode de représentation inadéquat.

« Mais ce n'était pas cela », s'exclame le narrateur du *Palace* après l'évocation de la scène campée par un dessinateur spécialisé, « Non pas Lope de Vega ni Calderon, pas d'acteurs bavards sur le devant de la scène [...] même pas une pantomime » disait celui du *Vent*. « Ça moi? Ça? », s'interroge le jeune homme du *Palace* lorsqu'il se voit dans le passé: « là-bas très loin comme dans le petit bout de la lorgnette avec toujours ce même visage intact poudré irritant répétant toujours la même tranche de vie » (P. 210). « Mais quoi encore? [...] Mais quoi encore? Quoi encore? encore? encore? » se demande le narrateur d'*Histoire*, « s'acharnant à scruter pour la millième fois la mauvaise photographie, tirée sur un papier trop dur donnant au corps nu et pourtant irrécusable un supplément d'irréalité... » (Hi. 283). Et ce n'est pas un hasard si tous les films évoqués dans les romans sont en panne, usés, mal synchronisés, cassés, et mal réparés, si la mer ou les fleurs « représentées » sur les cartes postales sont trop bleues ou trop rouges et si « l'encrage des couleurs ne coïncide pas exactement avec le contour des objets » (T. 7).

Vu de trop loin ou de trop près, donnant une impression de déjà vu ou au contraire de jamais vu, irréel et fantomatique ou hyperréel, par « l'absurde et minutieuse précision des détails » (V. 99), le spectacle est toujours étrange par rapport à la « réalité quotidienne » (H. 190), arbitraire en ce qu'il varie au gré de l'angle de vision ou des caprices de la mémoire (Hi. 283), et, en un mot, inadéquat. Mais, paradoxalement, ce sont justement ces défauts des spectacles: mise à distance et/ou minutieuse précision du détail, fixation du temps et/ou restitution de la « foudroyante discontinuité des actions », suppression des « fastidieuses narrations » au profit d'une mise en connexion de tout avec tout et avec n'importe quoi, déformations diverses, reflets, superpositions, destruction et reconstruction des lignes et des volumes » (R.F. 29, Hi. 283) qui, lorsqu'il s'agit du texte, font sa qualité propre. Ce renversement des valeurs n'a rien de miraculeux: le travail de l'écriture qui s'exerce aux deux niveaux complémentaires du dessin général et du mot à mot fait, sur tous ces points, de nécessité vertu.

La partialité et la nécessaire fausseté de toute perspective sont problématisées, dans les romans, par la multiplication des points de vue. Celle-ci s'instaure d'abord depuis *Le Vent* jusqu'au *Palace* par la diversité des narrateurs. Leurs redites, leurs reprises, leurs commentaires et leurs questions, manifestent que le sens n'est pas dans l'objet mais dans sa vision, non pas dans la représentation du « réel » mais dans son interprétation. Cette problématique du point de vue prend avec *Histoire* une forme nouvelle avec la multiplication de ces vues partielles, complémentaires et « objectives » qu'offrent les cartes postales, « fragments écailles arrachées à la surface de la vaste terre » (Hi. 19), mais animées par les seuls pouvoirs de l'écriture. Avec la circularité des perspectives non privilégiées dans *la Bataille de Pharsale* et surtout la dispersion de l'instance narrative sur toute la surface du texte dans *Les Corps conducteurs* et *Triptyque*, toute re-présentation s'abolit au profit d'un nombre indéfini de projections, grâce auxquelles le spectateur est enfin dans le spectacle, comme le lecteur dans le texte.

De la même façon, la narration restitue au temps, que la mise en spectacle a pour effet de figer dans l'anachronisme et l'immobilité, sa présence et son dynamisme. Le texte instaure en effet une durée propre avec son rythme, ses ruptures et ses continuités inédites. Cette temporalité narrative, dans les premiers romans de l'auteur, entre en conflit avec la temporalité narrée, celle des événements racontés, tandis que dans les suivants seule subsiste l'indéfinie présence, présentifiante, de l'écriture.

La réduction et la simplification opérées par la mise en spectacle ne sont pas sans produire certains effets remarquables. Elles se trouvent en outre largement compensées par l'extension et la complexification de la production textuelle. L'écriture, par la mise en oeuvre de figures: comparaisons, métaphores et métonymies, puis par l'exploitation du champ sémantique des mots qui dénotent et connotent certains aspects du représenté, tisse un réseau serré de relations, elles aussi indéfinies, grâce auquel tout entre en rapport avec tout, en un immense et complexe système d'analogies, de différences et d'équivalences. Au découpage restrictif de la représentation spéculaire, le texte substitue un montage complexe, à l'intérieur duquel se trouvent réintégrés tous les aspects que celle-ci laisse pour compte. Cette mise en texte totalisante est, en même temps et du même coup, une mise en scène du sens: le jeu de l'écriture se donnant lui-même en spectacle. Elle est enfin, et peut-être surtout, productrice de sens, c'est-à-dire aussi de désir et de jouissance. Si le coït comme spectacle isolé, mettant en scène deux individus dérisoires par rapport à « l'immensité du temps et dans certains cas de l'espace » (H. 105) peut être ridiculisé, Eros, comme principe d'amour et de vie, comme « sympathie universelle » (B.P. 173), s'affirme comme le moteur même de l'art. Si la mort est la seule certitude que nous ayons, « l'incantatoire magie du langage » (R.F. 184) est heureusement là pour nous aider à la conjurer.

Chapitre 7

De Claude Simon à Proust: un exemple d'intertextualité*

Un passage de Proust est mis en exergue à la deuxième partie de *La Bataille de Pharsale*.[1] J'ai pu en outre repérer dans ce roman trente fragments de *La Recherche du temps perdu*.[2] Vingt-sept sont empruntés au *Temps retrouvé*, (plus précisément aux deux premières parties du *Temps retrouvé* que l'édition de la Pléiade résume sous les titres: *Tansonville* et *M. de Charlus pendant la guerre*), deux sont empruntés à *Un amour de Swann* et un à *La Fugitive*. Ces trois derniers, qui se rapportent aux souffrances de la jalousie chez Swann vis-à-vis d'Odette et chez le narrateur vis-à-vis d'Albertine, sont insérés dans la section de la deuxième partie du roman de Simon, intitulée *Voyage*.

Voici les premiers que l'on rencontre, à la suite les uns des autres, à la page 20 de *La Bataille de Pharsale*:

– Coiffées de hauts turbans cylindriques chaussaient des lanières rappelant les cothurnes selon Talma ou de hautes guêtres (R.III 723)

---

* Cette étude a été publiée en 1971 dans la revue belge *Marche romane*, « Un nouveau roman? », textes réunis par Danielle Bajomée, 21e année, 1971, p. 71-91. A la demande de Claude Simon l'article a été repris par Maurice Nadeau dans *Les Lettres nouvelles*, n°s 1 et 2, septembre-octobre 1972, p.107-137. Pour cette version légèrement modifiée j'ai rectifié la typographie des citations.
1. J'ai cité ce passage dans le chapitre 5.
2. Il est possible que certains m'aient échappé. Je ne tiens pas compte ici des nombreuses allusions à Proust (les noms de Charlus et de Marcel par exemple), mais seulement des fragments textuels de *La Recherche* intégrés dans le roman de Simon. Les références à *La Recherche* sont indiquées par un R., suivi du tome de l'édition de la Pléiade et d'un chiffre indiquant la page.

– avant que l'Allemagne ait été réduite au même morcellement qu'au Moyen Age la déchéance de la maison de Hohenzollern prononcée et (R.III 728)
– une certaine migraine certains asthmes nerveux qui perdent leur force quand on vieillit. Et l'effroi de s'ennuyer sans doute (R.III 730)
– sur d'impalpables ténèbres comme une projection purement lumineuse comme une apparition sans consistance et la femme qu'en levant les yeux bien haut on distinguait dans cette pénombre dorée (R.III 737)
– pas seulement les coiffures surmontant les visages de leurs étranges cylindres (R.III 735)
– arrêter un instant ses yeux devant les vitrines illuminées je souffrais comme (R.III 735)

auxquels s'ajoutent, à la page 22:

tissue seulement avec des pétales de poiriers en fleurs Et sur les places les divinités des fontaines publiques tenant en main un jet de glace... (R.III 736)

et à la page 38:

– édicules Rambuteau s'appelaient des pistières. Sans doute dans son enfance n'avait-il pas entendu l'o et cela lui était (R.III 750)
– que nous appelions le raidillon aux aubépines et où vous prétendez que vous êtes tombé dans votre enfance amoureux de moi alors que je vous assure (R.III 756)

Il s'agit bien de prélèvements textuels. Claude Simon ne modifie pas l'ordre des mots dans la phrase. Cependant les changements de ponctuation et surtout les ellipses rendent ces textes, sinon méconnaissables, du moins difficiles à identifier. A l'exception d'ailleurs de l'allusion à l'asthme et du « raidillon aux aubépines », aucun de ces passages ne semble, à première vue, se rapporter à une scène, ou à un thème, typiquement proustiens. Certes, la souffrance ou l'opposition lumière-ténèbres sont des thèmes importants et même essentiels de *La Recherche*, mais ils n'appartiennent pas en propre à Proust.

Soustraits à leur contexte original qui, dans le roman de Proust, en précise et en détermine chaque fois le sens local et les distingue très nettement les uns des autres, ces fragments hétérogènes sont, chez Simon, associés les uns aux autres et intégrés à son propre texte. Un court passage de *La Bataille de Pharsale*, quelques pages plus loin, permet d'illustrer ce mécanisme:

[...] choses en décomposition comme un cadavre jalousie page de droite vers le haut environ le premier tiers coiffées de ces hauts cylindres édicules Rambuteau s'appelaient des pistières Sans doute dans son enfance n'avait-il pas entendu l'o et cela lui était que nous appelions le raidillon aux aubépines et où vous prétendez que vous êtes tombé dans votre enfance amoureux de moi alors que je vous assure Mains sous le kimono [...] » (B.P. 38)

Non seulement les phrases de Proust sont ici mutilées, mais elles semblent se succéder les unes aux autres sans nécessité apparente. Cependant chaque fragment de phrase est relié au suivant par un rapport bien précis, d'ordre phonétique, sémantique ou contextuel:

jalousie – page de droite en haut (localisation de la référence dans le livre de Proust)
en haut – premier tiers
premier tiers – coiffées
coiffées – cylindres
cylindres – édicules Rambuteau
enfance – enfance
o – aubépines

De même, le premier mot emprunté à Proust: « jalousie » succède à « choses en décomposition » et un des derniers: « amoureux », précède une scène d'amour: « mains sous le kimono »...

A la logique du développement proustien: description des toilettes fémini-nes et commentaire sur la mode par exemple (R.III 723), Claude Simon substitue une logique purement associative, tandis qu'il remplace la syntaxe organisatrice des phrases primitives par la structuration d'un lexique. Le travail porte ici sur « la forme et la couleur des mots » qui, « à la manière de ces images des lanternes magiques glissant de droite à gauche puis de gauche à droite, l'une chassant l'autre, chacune immobile un moment » (B.P. 68), semblent, comme on l'a vu, « [surgir] du néant l'un après l'autre [...] avec leurs méandres leurs ondulations leurs coupures abruptes se complétant se reliant grossissant puis s'immobilisant [...] énigmatiques chargés de sens multiples jusqu'à ce que la phrase la réplique suivante les repousse s'installe à leur place » (B.P. 68).

Reliés les uns aux autres, chacun des mots renvoie, en outre, à un des thèmes majeurs du livre, soit qu'il le désigne directement et en quelque sorte le résume: décomposition, cadavre, jalousie, amoureux, enfance, soit qu'il renvoie à d'autres mots qui, dans le contexte du volume, s'organisent en constellations significatives: page – écriture; le premier tiers – composition; coiffées – masque; casque – guerre; cylindres – machine; O – sexe féminin et sexe masculin: « bourses accolées » (B.P. 87) ou encore O oméga: Ω.

Ce mécanisme d'association dans l'espace de la page, et de diffusion dans l'espace du volume, affecte chacun des fragments que nous avons cités. Mutilé, disloqué, mis en pièces, le texte proustien, tel qu'il se présente dans *La Bataille de Pharsale* est, à bien des égards, comparable à cette machine incomplète décrite à la page 149:

> plusieurs de ses pièces manquent [...]. La peinture primitive a presque entièrement disparu, [...] les câbles rompus ou débranchés pendent ou serpentent mollement dans l'entrecroisement compliqué des tiges de fer, des axes et des tôles, à la façon de lianes, comme si peu à peu l'ensemble métallique et inutilisable était envahi d'une végétation parasitaire, [...] se faufilant dans les vides, les interstices, et achevant de le paralyser. (B.P. 149-150)

« Toutefois, quoique son état actuel interdise de se faire une idée précise de son fonctionnement » (B.P. 150), nous pouvons recourir à la machine en ordre de marche, c'est-à-dire au texte même de Proust. Par ailleurs, les fragments disloqués du texte proustien, les pièces détachées, sont utilisés tels quels, comme éléments d'une autre composition, pièces d'une autre machine: le texte de Simon. Pour essayer de préciser les mécanismes de ce « bricolage », au sens particulier qu'un Lévi-Strauss a donné à cette activité, et pour en évaluer certains résultats, je centre l'analyse sur quelques-uns de ces fragments.

Reprises, déplacements, différences

Comme on vient de le voir, à propos du court passage de la page 38, les fragments empruntés à Proust sont « encastrés les uns dans les autres », et dans l'ensemble du texte, de telle façon que celui-ci peut être comparé à une « marqueterie » (B.P. 70). Mais ils sont également comparables à ces « petits cubes en perspective accolés les uns aux autres », que décrit par ailleurs Claude Simon (il s'agit de la texture d'un rideau dans un compartiment de chemin de fer) dont la description renvoie directement à la composition du livre puisque: « selon la façon dont on les [lit] horizontalement verticalement ou en oblique [ils semblent] tour à tour saillir ou s'enfoncer à l'intérieur d'un espace à trois dimensions cela jusqu'au vertige » (B.P. 161).

L'encastrement des éléments nécessite une lecture horizontale qui conduira à situer chaque fragment dans le contexte immédiat de la page. La composition d'ensemble, dans un espace à trois dimensions, nécessite une lecture verticale qui nous conduira à replacer chaque fragment dans le contexte du volume. La page et le volume, ces deux coordonnées, sont également celles de tout roman, même si leurs rapports respectifs ne sont pas les mêmes. Sans pouvoir, à propos de Proust, pousser cette double lecture jusque dans les détails, c'est de cette façon que j'envisagerai, également, *La Recherche*. Je classerai enfin ces exemples, non pas d'après leur ordre d'apparition dans *La Bataille de Pharsale*, ordre qui est secondaire, puisqu'il s'agit d'une composition spatiale plus que temporelle, mais d'après le degré de complexité des opérations subies par les fragments étudiés.

« Le raidillon aux aubépines où vous prétendez que vous êtes tombé dans votre enfance amoureux de moi »

Les occurrences littérales de ce fragment sont peu nombreuses. La troisième qui, comme les deux premières, est une citation littérale, se trouve page 85 et la quatrième, simplifiée, se rencontre page 92. Les contextes immédiats réfèrent, dans le premier cas, à une scène d'amour, tandis que, pour les autres, le contexte fait allusion à des machines agricoles, plus précisément à une moissonneuse-lieuse et à une charrette de foin. Tandis cependant que, pour le fragment de la page 85, la moissonneuse et la charrette sont décrites comme étant en pleine activité, il est dit au contraire quelques lignes plus bas, ainsi qu'à la page 92, qu'il n'y a « pas de moissonneuse dans le raidillon [...] pas une charrette de foin ». Aux scènes champêtres de la moisson et de la fenaison ont fait place: « la verte campagne de la guerre vide désertée silencieuse » (B.P. 85), le « théâtre vide de la guerre déserté silencieux » (B.P. 92).

A première vue, le contexte dans lequel s'insère le raidillon aux aubépines n'a donc aucun rapport avec celui de *La Recherche*. Il n'est, en effet, nulle part question chez Proust de machine agricole ni de quelconques travaux des champs. On sait en revanche quelles connotations le texte proustien attache aux aubépines! Fleurs printanières, elles sont associées au mois de Marie, à la fête de Pâques, aux jeunes filles en fleurs, aux miracles de l'art et aux mystères de la religion. On sait aussi avec quel luxe de détails Proust s'attarde sur leurs variations de formes et de couleurs ainsi que sur leur parfum. L'opération que Simon fait subir au texte proustien est donc d'abord de suppression. Nulle part, dans *La Bataille*, ne se retrouvent les connotations que l'on vient d'évoquer, et l'on chercherait en vain une trace de « solennité mystique » qui est attachée chez Proust à « l'arbuste catholique et délicieux » (R.I 140).

Mais, si Claude Simon supprime une partie considérable du contexte proustien, il ajoute un motif nouveau, celui de la machine. Il faut alors rappeler le rôle capital que joue cette machine dans *La Bataille de Pharsale*. Décrite à plusieurs reprises et avec force détails, elle concrétise, en particulier, le thème de la destruction et de la guerre. On la trouve associée à:

> tout ce qui, à la surface du monde, rampe dans un grincement de chaînes et de fer entrechoqués, cahoté lentement dans les sillons, patient, acharné et vorace, perdu dans les immensités des terres labourées et des collines, et destiné à finir quelque jour, abandonné au soleil, à la pluie, au vent, se rouillant, tombant peu à peu en morceaux, dans un fossé, au coin d'un champ, sur le terre-plein d'une ferme ruinée, apocalyptique et anachronique (B.P. 151)

Suppression, addition, ces deux opérations complémentaires qui semblent, à première vue, dénaturer radicalement le texte proustien, en réaniment cependant certains aspects.

L'opposition de la moissonneuse en activité à la moissonneuse absente ou détruite concrétise les grandes oppositions passé-présent, amour-guerre, vie-mort, qui structurent tant *La Bataille de Pharsale* que *La Recherche du temps perdu*. Il suffit de replacer le passage sur les aubépines dans son contexte exact chez Proust pour s'en convaincre. Ce fragment n'appartient pas, en effet, à la première partie de *La Recherche du temps perdu*, mais au *Temps retrouvé*. Il est, en outre, extrait d'une lettre que Gilberte adresse au narrateur, où elle lui fait part des transformations que la guerre a fait subir à leur fameux raidillon: « Le petit raidillon que vous aimiez tant, que nous appelions le raidillon aux aubépines [...] je ne peux pas vous dire l'importance qu'il a prise. L'immense champ de blé auquel il aboutit c'est la fameuse cote 307 dont vous avez dû voir le nom revenir souvent dans les communiqués » (R.III 756).

S'il réactive ainsi par ses additions le thème de la guerre, que l'on trouve également chez Proust, Claude Simon réactive aussi les connotations sexuelles qui, chez Proust également, sont attachées au fameux raidillon. Il est nécessaire, pour s'en rendre compte, de prendre en considération, non plus cette fois le contexte immédiat de la page, mais la totalité du volume. Se détachent alors avec évidence de la phrase de Proust ces deux fragments: raidi et pine.

Cette lecture pourra paraître risquée, elle n'en est pas moins autorisée par le contexte, et je dirai même, quasi obligée. On sait l'importance des calembours et des contrepèteries dans les romans de Simon. Or, les deux termes que je relève de la phrase proustienne se trouvent effectivement répétés, littéralement et à plusieurs reprises, dans *La Bataille de Pharsale*, à l'occasion de diverses scènes d'accouplement dont une, en particulier, est empruntée à une traduction de *L'Ane d'or* (B.P. 93). L'objet et l'action qu'ils désignent sont, de plus, incessamment évoqués, soit par les très nombreux synonymes (phallus, pénis, membre), soit par des termes qui en désignent les substituts: « brandissait son godmiché » (B.P. 92) par exemple, et surtout ses innombrables analogues: glaive brandi, épée levée, arbalètes pointées, dards, lances, glaives. Mieux encore, Simon utilise précisément la forme et la couleur de l'épine rose pour décrire, dans toute sa précision, le membre viril en action (B.P. 22, 25, 44, 86, 92, etc.). A cette modification indirecte, mais incontestable, du raidi-llon aux aubé-pines s'ajoute encore, comme pour en renforcer l'effet, celle que Simon fait subir, explicitement cette fois, à un autre fragment de Proust. Celui qui concerne les « divinités des fontaines publiques tenant en main un jet de glace ». Décidément soustrait à son contexte poétique, ce détail qui, chez Proust, fait partie d'une description des beautés de Paris la nuit, devient chez Simon, par contamination avec le texte d'Apulée: « tenant en main un jet de glace pine à pleines mains » (B.P. 93).

Certes le ton de ces phrases n'a plus rien de proustien, et ce n'est pas seulement, comme on le verra plus loin, parce que les règles de la bienséance ont beaucoup changé depuis 1920! (Quoique Simon fasse indirectement allusion à ce phénomène à propos des conventions picturales, B.P. 165). Mais si le ton n'est pas proustien, l'indécence de ces textes ne manque pas de l'être. Car c'est bien justement dans *Le Temps retrouvé* que Gilberte explique au narrateur la signification du geste qu'elle a eu autrefois dans le raidillon aux aubépines: « je me rappelle très bien que, n'ayant qu'une minute pour vous faire comprendre ce que je désirais [...] je vous l'ai indiqué d'une façon tellement crue que j'en ai honte maintenant » (R.III 694).

Par ces additions diverses, le texte simonien révèle donc, ou en tous cas souligne, certains aspects du texte de Proust. Il est clair cependant que la multiplication foisonnante des motifs relatifs à la guerre et au sexe a surtout pour effet de les amplifier au point d'en transformer radicalement la portée. Avant de commenter les résultats de cette transformation, il est bon d'examiner encore quelques exemples.

– « Coiffées de hauts turbans cylindriques »
– « Pas seulement les coiffures surmontant les visages de leurs étranges cylindres »

L'allusion au raidillon aux aubépines renvoie imrnédiatement le lecteur à un des passages les plus importants et les plus célèbres de *La Recherche*. Il évoque Combray, Tansonville, l'enfance du narrateur, ses premières amours, Gilberte, le printemps, la fête de Pâques, le passage du temps. Il est difficile, en revanche, de localiser cette référence aux coiffures cylindriques. Il s'agit, en effet, d'une notation épisodique que fait le narrateur, lorsque, de retour à Paris en 1916, après une absence de deux ans, il constate les changements survenus dans la mode féminine et, plus généralement, dans les moeurs parisiennes. Ces hauts turbans cylindriques, ainsi que les chaussures à « lanières rappelant le cothurne selon Talma » ou encore les « hautes guêtres rappelant celles de nos chers combattants » (R.III 723), lui fournissent d'abord l'occasion de se livrer à un certain nombre de remarques ironiques sur les formes futiles, ridicules et même burlesques, qu'a pu prendre le 'patriotisme' chez ceux de l'arrière. Signe de changement, cette nouveauté dans la mode est, d'autre part, rapprochée des changements qui ont affecté le kaléidoscope social: « ce n'étaient pas seulement les coiffures qui étaient nouvelles. Les visages l'étaient aussi » (R.III 725). Nouveaux costumes, nouveaux visages, nouvelles moeurs, nouvelles opinions politiques, toutes ces « nouveautés » (R.III 727), survenues depuis la guerre, et que le narrateur décrit successivement, suscitent un commentaire détaillé sur la relativité des opinions, la force de l'habitude, et, finalement, sur le rapport inverse qu'entretiennent les deux temporalités: événementielle et vécue « suivant la valeur des esprits touchés par les événements » (R.III 728).

Détail contingent mais significatif, les hautes coiffures cylindriques portées par les Parisiennes en 1916 donnent donc lieu, chez Proust, à tout un développement qui reprend, une fois de plus, mais pour les mener cette fois à leur conclusion, un certain nombre des thèmes essentiels de *La Recherche*. Il ne s'agit cependant que d'un détail qui n'est pas développé pour lui-même. Il sert simplement de point de départ à une série d'observations et de réflexions qui s'enchaînent logiquement suivant une hiérarchie très nette: la mode, la mondanité, la politique. Seuls, « tout en bas [...] les purs sots et purs gens de plaisir » ou au contraire « tout en haut, ceux qui se sont fait une vie intérieure ambiante, ont peu d'égard à l'importance des événements » (R.III 728) et, par conséquent, situeront tous ces changements sur un même plan.

Les hauts turbans cylindriques ont donc, chez Proust, valeur de signe en ce qu'ils renvoient à autre chose: la mode, le changement, le temps. Mais comme détail contingent, simple prétexte au développement narratif (et non pas, comme les aubépines, 'hiéroglyphe' complexe, déchiffré pour lui-même), ce signe s'abolit immédiatement dans une signification qui le dépasse et l'englobe.

Mais qu'advient-il de ces fragments dans *La Bataille de Pharsale*?

Les occurrences littérales en sont faibles. On ne rencontre que trois répétitions textuelles d'une partie du deuxième fragment: « coiffures surmontant les visages de leurs étranges cylindres » (B.P. 84, 104, 155), avec une légère variation page 84: « étroits » se substituant à « étranges ». En revanche, chacun des mots qui composent ces phrases de Proust sont repris et répétés à plusieurs reprises dans le roman. En voici les principales occurrences:

    coiffée d'un casque de bronze (B.P. 17)
    coiffé d'un casque étincelant (B.P. 19)
    coiffé d'une sorte de bonnet (B.P. 79)
    coiffé d'un casque de pompier (B.P. 92, 195)
    coiffés du casque à cimier caractéristique des légions (B.P. 127)
    le prestidigitateur coiffé d'un turban (B.P. 138)
    la tête surmontée d'un cimier étincelant (B.P. 138)
    coiffures aux formes extravagantes (B.P. 154, 269)
    coiffures démodées (B.P. 125)

ou encore:

visage casqué (B.P. 79)
visage qui n'est rattaché à rien (B.P. 80)
visages [impénétrables] des combattants (B.P. 104)
flétrissure de la plupart des visages (B.P. 153)
comme un masque, second visage en surimpression (B.P. 154)
en surimpression un fantomatique et gigantesque visage (B.P. 173)
visage orné par une barbe, tête protégée par un casque (B.P. 211)

Encore n'avons-nous relevé que les reprises littérales des termes empruntés à Proust. Car les casques des innombrables guerriers décrits dans *La
Bataille*, ceux des manifestants ou encore des étudiants des Quat'z Arts
déguisés de manière burlesque, le turban du prestidigitateur dans un cirque,
les coiffures extravagantes ou démodées des vieilles femmes, des « duches-
ses » (encore une allusion à Proust) (R.III 733, B.P. 158) ou des personnages
peints par Piero della Francesca, ces masques, ces visages flétris ou en
surimpression, se multiplient dans le corps du volume et s'encastrent dans
d'autres éléments qui leur sont apparentés, mais dans des contextes chaque
fois différents. A la manière de cette composition de Piero della Francesca,
qui est décrite à la fin du livre, où: « entre le bras vertical, le visage du
souffleur et la ligne évasée de sa coiffure apparaît, comme encastré, un
fragment de la partie bombée d'un casque » (B.P. 269).

On peut considérer que ces éléments sont, eux aussi, engendrés par la
phrase de Proust. Tandis que coiffures suscite « coiffées d'un casque »,
casque à son tour s'insère dans une série qui comprend: cuirasse, bouclier,
glaive, épée, dard, pilon, etc., puis armure, jambières... Tandis que « visage
surmonté » suscite masque, celui-ci s'insère dans la série: flétrissure, décrépitude, tête coupée...; « cylindrique » génère à son tour, par métonymie,
cylindre, cône, métal bronze, argent. En outre, ces séries se recoupent entre
elles par la médiation de sèmes qui leur sont communs. Ainsi:

tête: casque – masque – visage
métal: casque – bronze – argent – cylindre
destruction: casque – glaive – épée – hache

chacun des sèmes suscitant, à son tour, d'autres séries de motifs:

guerrier: bataille – argent – corruption – destruction – mort
métal: fer – machine

et ainsi de suite.

Il résulte de ces opérations que, lorsqu'elle réapparaît, au milieu du livre, dans la section du « *Lexique* » intitulée « VOYAGE », c'est la phrase de Proust qui semble engendrée par la narration simonienne, puisqu'elle est entièrement composée de mots déjà utilisés dans le roman. Ces « extravagantes coiffures surmontant les visages de leurs étranges cylindres » (B.P. 155) ne sont plus celles que portaient les Parisiennes en 1916, mais celles des personnages de Piero della Francesca que l'on vient de nous décrire, ainsi que celles de tous les autres 'personnages' du roman de Simon. Si, par ailleurs, les coiffures cylindriques nous ont paru motiver l'apparition des casques, on peut tout aussi bien considérer que ce sont les casques eux-mêmes, et, en particulier, ce « casque pourvu d'ailes » qui est « dessiné » sur le paquet de gauloises posé sur la table de l'écrivain qui « fait penser à des bruits de métal entrechoqué, de batailles, à Vercingétorix [...] à Jules César » (B.P. 257) ainsi qu'à des images d'oiseaux, de plumes, de flèches empennées qui ont motivé l'insertion du fragment emprunté à Proust.

Il est clair, en tout cas, que de la phrase de Proust, c'est bien la forme et la couleur des mots, et tout ce que ces mots permettent d'évoquer qui sont exploités. Les mots jouent ici un rôle analogue à celui des images du casque ailé, dessiné sur le paquet de cigarettes, et de la coiffure cylindrique du page jouant de la trompette, reproduit sur une carte postale.

Si l'on restitue ces fragments, plus ou moins modifiés mais reconnaissables, dans leur contexte immédiat chez Simon, on constate de nouveau la suppression de tout le développement auquel ils donnaient lieu dans *La Recherche*. Encastrés dans les autres motifs que l'on vient d'évoquer, ils sont d'emblée chargés de significations nouvelles. Ce travail sur le mot à mot, qui a pour effet de disloquer la cohérence initiale de la phrase empruntée mais de multiplier les significations de ses éléments constitutifs, est cependant soumis, à son tour, à un dessin d'ensemble dont il est possible de retracer certaines lignes de force. Les motifs se regroupent en constellations thématiques dont certaines recoupent, mais par d'autres voies, les thèmes proustiens.

Ainsi, les motifs des coiffures démodées et des ornements ridicules ou burlesques renvoient au thème proustien de la futilité de la mode par rapport à la dure réalité de la guerre. Ce thème est orchestré chez Simon dans la section intitulée précisément « BATAILLE », où l'ironie proustienne se trouve encore renforcée par une citation d'un auteur latin (César?), qui évoque « *la belle jeunesse de Rome ces beaux danseurs si fleuris jaloux de conserver leur jolie figure ne soutiendraient pas l'éclat du fer brillant devant leurs yeux* » (B.P. 105). De même, les motifs du masque, des visages ridés et flétris, qui, dans *La Bataille de Pharsale*, concrétisent le thème de la décrépitude, ne sont pas sans évoquer ce passage du *Temps retrouvé*: « n'est-ce pas un changement aussi profond, une mort aussi totale du moi qu'on était, la substitution aussi complète de ce moi nouveau que de voir un visage ridé surmonté d'une perruque blanche qui a remplacé l'ancien » (R.III 642).

Le texte de Simon réactive donc certains aspects du texte de Proust, mais le travail opéré sur les mots, et leur intégration dans une composition soumise à d'autres lois, produit un sens profondément différent.

Ce qui, chez Proust, n'était qu'un détail, un prétexte, devient chez Simon l'essentiel et envahit peu à peu toute la fiction. Toute une « végétation parasitaire » s'est « faufilée dans les vides dans les interstices » des pièces disloquées de la « machine » proustienne. Mais cette végétation, parasitaire à l'égard du texte d'emprunt, est luxuriante si l'on considère le texte de Simon. En regroupant autour de la même image du casque tous les motifs du combat et de la bataille, Claude Simon met en rapport de coexistence et d'équivalence les soldats romains avec ceux de la guerre de quarante, ces guerriers avec les « héros surgis des profondeurs ombreuses des légendes ou de l'Histoire » (B.P. 138), et ceux-ci à leur tour avec leurs doubles parodiques: étudiants des Quat'z Arts affublés de casques de pompiers, ou encore ces clowns que l'on peut voir dans les cirques. Mis sur le même plan, ces personnages sont également impressionnants et burlesques. Alors que le visage ridé et la perruque qui le surmonte étaient chez Proust les signes des changements subis par les moi successifs au cours du temps, changements qui, inaperçus de ceux qui les subissent, permettent en revanche à leur observateur d'accéder à la découverte d'une vérité, le « masque ridé, sanglant et outragé » du guerrier de Simon ne signifie, lui, rien de plus, mais surtout rien de moins que « la décrépitude, la mort » (B.P. 140).

A la hiérarchie des signes Simon substitue l'équivalence et la réversibilité des éléments. Le casque est destiné à protéger la tête, mais cette tête elle-même est réduite à un casque, c'est-à-dire à une carapace vide, métallique, destinée à la rouille et à la destruction comme la tête. Si, en outre, le casque est associé au glaive, et le glaive à son tour au phallus, l'un et l'autre de ces attributs, qui devraient s'opposer comme la mort à la vie, sont eux aussi, par leur systématique juxtaposition, réduits à une dérisoire équivalence et soumis à une même destruction.

Si d'ailleurs le détail prend le pas sur l'ensemble, c'est qu'il n'y a pas, chez Simon, de « détails », parce que tout est également essentiel. Tout a la même importance parce que, du point de vue de la vie et de la mort, rien n'a d'importance. Mais inversement, comme chez Dürer, cet artiste dont la « sympathie universelle ne négligeait rien de ce qu'elle jugeait nécessaire au perfectionnement de son art et de son esprit » (B.P. 173), tout, chez Claude Simon, a de l'importance. Nous sommes ici d'emblée et non pas, comme chez Proust, au terme d'une longue progression, « tout en bas » et « tout en haut ».

De la souffrance ou du sens des transformations

Partis de la description des opérations, nous sommes passés à l'interprétation de leurs résultats. En nous enfonçant plus avant dans le texte de Simon, nous nous éloignons de plus en plus du texte de Proust (de la lettre du texte, sinon de son esprit). La sexualité, la guerre, le temps, la mort, ces thèmes qui paraissaient communs aux deux écrivains, nous commençons à saisir leurs différences. Ce sont ces différences qu'un examen des autres fragments de *La Recherche* insérés dans *La Bataille* devraient maintenant permettre de préciser.

« Je souffrais... », « je souffrais comme... »: s'il est un thème que l'on retrouve dans *La Recherche*, c'est bien celui auquel renvoient ces mots! Surtout si on les rapproche de ceux par lesquels Claude Simon introduit la première série de ses fragments proustiens: « La jalousie comme » (B.P. 20). Et pourtant, ce fragment de phrase renvoie chez Proust à une autre souffrance: celle que le narrateur du *Temps retrouvé* éprouve à la vision des permissionnaires de la guerre de 14 se promenant à Paris devant des vitrines illuminées, échappés, pour quelques jours, de l'enfer du front. Souffrance suscitée par une pitié analogue à celle qu'il éprouvait vis-à-vis des pêcheurs qui, lorsqu'il était adolescent, le regardaient dîner dans la salle à manger illuminée du Grand Hôtel de Balbec (R.III 735). Si l'on retrouve, avec les permissionnaires, la référence à la guerre, c'est bien cependant au thème de la souffrance amoureuse que renvoient ces mots dans le livre de Simon. Cette formule, en effet, sert de leitmotiv à une scène indéfiniment répétée, où on nous montre un homme saisi par la jalousie lorsque, frappant à une porte au fond d'un couloir, il surprend, ou plutôt entend et « voit » (« oreille qui peut voir » – B.P. 58), un couple en train de faire l'amour.

Contrairement aux précédentes, les occurrences de cette phrase sont très nombreuses et, chaque fois, situées dans ce même contexte. Cette phrase se conjugue en outre avec d'autres fragments, également empruntés à Proust et, précisément, aux deux parties de *La Recherche* qui sont consacrées aux souffrances de la jalousie: *Un amour de Swann* et *La Fugitive*. Je me reporterai donc d'abord aux pages que Proust consacre à ce thème.

Qu'il s'agisse de Swann ou du narrateur, la souffrance éprouvée se caractérise par sa violence et par son caractère à la fois insupportable et inéluctable (R.III 472). « Il souffrait », « je souffrais », « ses souffrances », « mes souffrances », ces termes sont répétés à la fréquence de trois à quatre fois par page et sont modulés par des expressions comme « douleur atroce », « tourment intolérable », « inexprimable horreur ». Cette souffrance rend l'amoureux semblable à un homme gravement « blessé » dont les douleurs se réveillent au moindre choc (R.I 276, 321) ou encore à un « animal mourant » dont « l'agonie » se prolonge en « convulsions » (R.I 364). Les souffrances « entrent dans l'âme » de Swann avec la brusquerie d'une « horde d'envahisseurs » (R.I 361). Le « choc » produit par quelques mots, qui révèlent au narrateur qu'il est trompé par Albertine, « bouleversent [son] coeur avec plus de rapidité que n'eût mis un courant électrique » (R.III 427), tandis que chacun des mots qui ont procuré cette révélation à Swann « tenait son couteau et lui en portait un nouveau coup » (R.I 367). La jalousie est personnifiée en « divinité méchante » qui « ne trouvait pas qu'il eût assez souffert et cherchait à lui faire recevoir une blessure plus profonde encore » (R.I 365).

Les blessures infligées, les douleurs ressenties ne sont pas temporaires. La souffrance s'installe comme une maladie, analogue à la tuberculose ou à la leucémie (R.III 644). Mais contrairement à ces maladies dont les causes sont physiques, et dont les souffrances peuvent cesser momentanément accordant quelque répit au malade, les souffrances de l'amour sont continuelles en ce que la pensée même les renouvelle et les recrée: « vouloir n'y pas penser c'était y penser encore, en souffrir encore » (R.I 275, R.III 644). La souffrance est, en effet, d'ordre mental et elle est liée au temps. La gorge oppressée, l'insomnie, le tremblement en sont les signes, mais « l'immense angoisse » que ces signes manifestent est beaucoup plus profonde. Elle se transforme en « formidable terreur de ne pas savoir ce que fait l'autre de ne

pas la posséder partout et toujours » (R.I 346) ou en un désespoir absolu:
« le désespoir de n'être pas aimé » (R.Ill 103). Cette angoisse mortelle
augmente jour après jour (R.I 321), envahissant le sommeil aussi bien que la
veille: « le sommeil comme le souvenir c'étaient les deux substances mêlées
qu'on nous fait prendre à la fois pour dormir. Réveillée du reste, « ma
souffrance allait en augmentant au lieu de diminuer » (R.III 448). Cette
angoisse contamine tout le passé mais aussi le futur car, lorsque le souvenir
s'estompe ou que la raison commence à mettre la réalité en doute, l'imagination prend le relais: « instinctivement je passai ma main sur mon cou, sur
mes lèvres qui se voyaient embrassées par elle depuis qu'elle était partie et
qui ne le seraient jamais plus, je passai ma main sur eux comme maman
m'avait caressé à la mort de ma grand-mère en me disant: mon pauvre petit
ta grand-mère qui t'aimait tant ne t'embrassera plus. Toute ma vie à venir se
trouvait arrachée de mon coeur » (R.III 476).

Mais, justement parce qu'elle est liée au temps, cette souffrance peut
évoluer. Dans ses efforts désespérés pour « retrouver, sinon le bonheur, du
moins le calme par la suppression de la souffrance » (R.III 475), le narrateur
va jusqu'à souhaiter la mort de celle qu'il aime, mais son souhait, lorsqu'il
se trouve réalisé, ne fait que provoquer chez lui une souffrance nouvelle et
inconnue. La pure force du temps, sous la forme de l'oubli (R.III 593, 594),
obtiendra ce que ni l'effort de la volonté, ni la raison, ni même la disparition
de l'objet aimé n'ont pu obtenir: la suppression de la souffrance par la
suppression du désir. Mais combien de temps ne faut-il pas avant que cette
« ténébreuse horreur », ressentie par Swann en entendant tel aveu, ténébreuse
horreur qui « comme les bêtes immondes dans la désolation de Ninive
[ébranlait] pierre à pierre tout son passé » (R.I 373), fasse place à l'indifférence! Combien de temps ne faut-il pas à l'oubli pour accomplir son oeuvre.
Combien « d'étapes » le narrateur ne doit-il pas franchir avant qu'un moi
nouveau ne se substitue, définitivement, à l'ancien. Tout ce temps, toutes ces
étapes, voici justement ce dont Proust nous fait part, ce sur quoi il s'attarde,
page après page, chapitre après chapitre, ne nous épargnant rien de ce qui
peut nous faire sentir la lenteur du processus de guérison mais en même
temps son inéluctable dénouement. Les souffrances de l'amour sont atroces.
Elles affectent la personne tout entière, non seulement le corps, mais le coeur
et l'âme. Elles sont soumises au temps et doivent, avant de disparaître et
pour pouvoir même disparaître, être éprouvées jour après jour.

Mais ces souffrances ont, en outre, chez Proust une fonction. La jalousie déforme la réalité au point de transformer pour Swann le salon Verdurin, autrefois lieu de « la vraie vie », en: « ce qu'il a de plus bas dans l'échelle sociale, le dernier cercle de Dante. (Nul doute que le texte auguste ne se réfère aux Verdurin) », ajoute, avec une ironie bien balzacienne, le narrateur! (R.I 287). « Un fait objectif, une image est différent selon l'état intérieur avec lequel on l'aborde et la douleur est un aussi puissant modificateur de la réalité qu'est l'ivresse » (R.III 518). Réagissant ainsi sur les « images » que se fait le narrateur au sujet d'Albertine: « la souffrance en avait fait aussitôt quelque chose d'absolument différent de ce que peut être pour toute autre personne, une dame en gris, un pourboire, un cabinet de douches, la souffrance les avait immédiatement altérées en leur matière même » (R.III 518). Car, précise encore le narrateur dans ce passage (qu'à son tour reprend Claude Simon, à l'exception du mot Enfer), « je ne les voyais pas dans la lumière qui éclaire le spectacle de la terre, c'était le fragment d'un autre monde, d'une planète inconnue et maudite, une vue de l'Enfer » (R.III 518, B.P. 169). Mais si la souffrance déforme la réalité, elle est aussi un moyen de découvrir la réalité, forçant le jaloux à interroger les signes, l'amour ayant ceci de commun avec la mort « de nous faire interroger plus avant, dans la peur que sa réalité se dérobe, le mystère de la personnalité » (R.I 208, R.III 716).

Et certes, cette recherche est vouée à l'échec, mais cet échec lui-même est salvateur, puisque, au terme de cette longue progression, de ce long apprentissage, les chagrins, détachés de leurs causes et de leurs circonstances, pourront nourrir l'oeuvre et l'élever à l'universalité de l'art (R.III 902, 903).

De cette longue et complexe description des souffrances de la jalousie, *La Bataille de Pharsale* ne reprend que certains aspects, mais elle lui en confère d'autres. La souffrance éprouvée par le jaloux est, chez Simon, tout aussi atroce que celle que décrit Proust mais elle est physique. Le choc subi est tout aussi violent et il est rendu par des termes analogues à ceux de Proust, mais il s'agit cette fois d'une douleur qui affecte le corps et la chair même. La fureur jalouse s'exprime chez l'homme par des coups frappés sur la porte derrière laquelle se trouve le couple qu'il vient de surprendre: « je pouvais sentir la douleur comme un coin enfoncé comme si un morceau de la porte était resté collé adhérait à la chair sur le côté du poing qui avait frappé quelque chose de cassé peut-être petits os [...] je me remis à contempler la porte je pouvais toujours sentir la douleur chair écrasée contre les os m'élan-çant [...]» (B.P. 57); «je me ruai de nouveau contre la porte frappant frappant frappant la douleur s'irradiant me remontant jusqu'à l'épaule comme une décharge électrique [...]» (B.P. 58).

Cette douleur, bien que physique, affecte la forme d'un désespoir absolu: «devant cette porte épiant écoutant le silence de l'autre côté du mince panneau de bois en proie à ce désespoir absolu définitif devant lequel ou plutôt à l'intérieur duquel il se trouvait comme une bête piégée affolée se ruant comme un aveugle contre la trappe le leurre frappant et cognant [...]» (B.P. 63). Et, comme chez Proust, le jaloux abdique toute dignité, toute décence, renie, jette par dessus bord «tout ce que son éducation son hérédité lui avaient appris amour-propre respect de soi», (B.P. 64) confronté qu'il est à: «quelque chose d'invisible d'innommable d'impossible à atteindre à combattre l'intolérable en soi» (B.P. 63). Et, de même encore que Proust, pour rendre l'ampleur et la dimension incommensurable des souffrances de Swann, invoque les horreurs de l'Enfer et «les bêtes immondes de la désolation de Ninive», Claude Simon compare son personnage frappant, non plus contre la porte elle-même mais contre l'impossible, à «une de ces créatures un de ces géants condamné à d'impossibles travaux luttant arc-bouté nu musculeux et sans espoir [...]« (B.P. 64).

Ici s'arrêtent cependant les analogies entre Proust et Simon. Si la souf-france affecte chez ce dernier un caractère sentimental, c'est sur le mode parodique. Cette souffrance n'évolue pas dans le temps. On ne voit pas quelle peut être sa fonction et elle ne permet en aucune façon à celui qui l'éprouve de découvrir une quelconque vérité. La souffrance est là, donnée à l'état brut, sous sa forme la plus matérielle, comme quelque chose d'intoléra-ble et d'incompréhensible. L'homme est littéralement une bête prise au piège. Il est désarçonné par la jalousie comme il est, ailleurs, désarçonné de son cheval et confronté à la mort.

« Certain d'avoir entendu des bruits étouffés derrière la porte quand il avait frappé », le jaloux n'est pas sans se faire une image de ce qui se passe derrière la cloison. Mais cette image, si elle est précise, est toujours la même: « La bouche ouverte, je souffrais comme... » Et la scène qu'on nous décrit est toujours la même scène. A la fin du livre d'ailleurs, les protagonis-tes de cette scène: les deux amants et le jaloux, sont tous désignés par O et donc interchangeables. Quant aux corps des amants surpris, d'abord « immobiles comme de la pierre », ils sont ensuite effectivement pétrifiés, métamorphosés en statues de marbre, érodés par le temps (B.P. 266, 267).

A la progression proustienne des sentiments aû cours du temps, Claude Simon substitue donc la répétition d'une action, à l'analyse des différences l'affirmation réitérée d'une, anachronique, identité.

Aveugle, animale, la souffrance ne permet pas de découvrir une quelconque vérité. La sentimentalité est d'emblée rendue dérisoire et Simon se sert même, pour la ridiculiser, de passages relatifs aux sentiments de Swann pour Odette. Il lui suffit d'en modifier l'orthographe pour assimiler ces textes à ceux d'un magazine sentimental bon marché qu'il vient de reproduire dans le roman: « [...] forza del destino le tragicaca de consciença déchirant le héros brûlant d'âmâmour pour la femmenfant du brutal ingénieur kibat les pauvnèg brutal [...] » (B.P.177-178), et un peu plus loin:

> Sodome et Gonhorrée page combien *tous laids souvenir voluptueu kil emporté de chézelle lui permetté de sefer unidé dé zatitudezardante zoupâmé kel pouvé tavoir avek d'otr desortekil enarivé taregrété chak plésir kil gougoutait oh près d'aile chak cacaresse invanté é dontil orétu limprudance de lui sinialé ladousseur chack grasse kil lui découviré kar ilsavé kun instantapré ailezalé tenrichir dinstrument nouvo sonsu plisse* [...] (B.P. 178-179, R.I 276)

Toujours identiques à elles-mêmes, à travers le temps et chez des individus eux-mêmes interchangeables, les souffrances du jaloux sont cependant décrites comme étant éprouvées par quelqu'un: « je souffrais », et elle se conjugue avec une autre, tout aussi fondamentale, intolérable, et incompréhensible: celle qu'inflige la révélation de la mort brutale. Le leitmotiv « je souffrais comme » rime, en effet, tout au long du livre, avec un « je ne souffrais pas » qui accompagne, en une antithèse paradoxale mais profondément ironique, la scène où le narrateur, durant la guerre, tombe de son cheval et croit mourir.

« Blessure », « cheval éventré agité parfois de secousses », « planète inconnue », « surface de la terre », « tête renversée » (B.P. 68, R.III 276), « corps d'animaux » (B.P. 85, R.III 771), ces termes, que l'on a rencontrés dans *La Recherche*, sont repris dans *La Bataille* pour décrire l'expérience charnelle, physique, de l'homme désarçonné, écrasé, le sang battant dans ses oreilles, la tête renversée comme éclatée en mille morceaux, les membres épars confondus à la terre (B.P. 73, 75). Et cette scène, ainsi que d'autres

analogues dont la violence et la précision ne le cèdent en rien à celles du
jaloux frappant contre la porte, est systématiquement rapprochée de cette
dernière ainsi que de l'accouplement, de sorte que les unes et les autres
finissent par se confondre:

> *ne souffrais pas* toujours à quatre pattes lourd comme si la terre
> m'aspirait ma tête tirée vers le bas le sol l'odeur d'humus de mousse
> je pesai mille kilos tonnes de pierre de marbre de bronze je m'écrasai
> elle écarta encore ses cuisses je sentis ses bras minces m'entourer les
> reins m'agripper le bracelet s'enfonçant dans ma peau oreille qui peut
> voir elle se souleva se hissa jusqu'à l'atteindre sa langue d'abord la
> léchant à petits coups comme timide puis brusquement l'engloutissant
> tout entière la tête renversée buvant je pouvais voir comme ces petits
> animaux suspendus sous le ventre têtant mais pas sa mère son père il
> aurait largement pu *je souffrais comme* (B.P. 75)

La juxtaposition de ces scènes les rend équivalentes et leur confère en
outre une dimension cosmique. Elles s'inscrivent dans un ensemble qui
comprend tous les éléments que j'ai déjà relevés et d'autres encore comme
ce train « patient infatigable continuant à parcourir la vaste terre s'enfonçant
toujours plus avant pénétrant [...] le vaste monde couché sous les nuages
suspendus Coupant noir rigide et métallique à travers les champs les vallées
les forêts » (B.P. 162, 163). Et, de même que la bouche pour le pénis ou
pour le glaive, pour la vie ou pour la mort, est assimilée à la bouche même
de la terre (bouche du métro, tranchée ouverte par les terrassiers), la femme
couchée « buvant » est identifiée au « vaste monde couché sous les nuages
suspendus » (B.P. 163).

« Tête renversée », « Corps d'animaux », « fragment d'un monde »,
« planète inconnue », ces termes qui, chez Proust, entraient dans les comparaisons destinées à illustrer et à amplifier certains aspects de l'expérience
amoureuse retrouvent chez Simon leur signification littérale, première,
concrète, pour constituer la matière même de la fiction: « *altérées en leur
matière même je ne les voyais pas dans la lumière qui éclaire le spectacle de
la terre c'était le fragment d'un autre monde d'une planète inconnue et
maudite une vue de* » (B.P. 169, R.III 518), ces mots, qui illustrent les effets
déformants de la jalousie chez Proust, lorsqu'on les retrouve dans *La Bataille
de Pharsale*, prennent un tout autre sens. Car c'est d'emblée, que les faits,
les objets, les événements sont chez Simon « altérés en leur matière même »
et montrés « dans la lumière qui éclaire le spectacle de la terre ». Il est vrai

qu'en reproduisant tout ce fragment sur la transformation des « images » par
la souffrance, Claude Simon fait, lui aussi, allusion aux « images » qui
obsèdent son jaloux: « éraflure dans la peinture grise de la porte [...] ligne
ébouriffée de poils [...] frottant le bout de ses seins [...] » (B.P. 168), mais
l'intégration de ces images dans un contexte nouveau leur enlève toute valeur
psychologique. Simon ne cherche pas à nous intéresser à la vie de « *cette
petite cellule particulière qu'est un être* » (B.P. 85, R.III 771), et, en aucun
cas, à percer le « mystère de la personnalité ». Il nous présente directement
les êtres et les choses, les faits et les événements tels quels, « cellules »
équivalentes d'un vaste ensemble, fragments non hiérarchisés d'une complexe composition dans laquelle la vie et la mort, l'amour et la guerre,
l'individu et le Monde, ont la même fonction. Rappelons-le encore une fois,
chez Simon, comme chez le peintre Poussin: « *le massacre aussi bien que
l'amour est un prétexte à glorifier la forme dont la splendeur calme apparaît
seulement à ceux qui ont pénétré l'indifférence de la nature devant le
massacre et l'amour* » (B.P. 119).

« Comme Elstir Chardin, on ne peut refaire ce qu'on aime qu'en le
renonçant » (R.III 1043). Cette remarque que Proust applique à son oeuvre,
lorsqu'il la compare aux *Mémoires de Saint-Simon* et aux *Mille et une nuits*,
s'applique admirablement à ce que nous venons de voir à propos de Claude
Simon vis-à-vis de Proust. Car c'est bien en « renonçant » à Proust, à ses
descriptions anecdotiques, à son analyse psychologique, à sa conception
même du temps, que Simon construit son oeuvre.

Mais si, de ce point de vue, il a renoncé à Proust, Claude Simon ne lui
rend pas moins le plus grand hommage. On a vu que les opérations par
lesquelles les fragments de *La Recherche* se trouvent modifiés et intégrés à
son texte portaient toutes sur les phrases, sur les mots, sur les syllabes et
même sur les lettres: « il n'avait pas entendu l'o ». Or, c'est bien rendre le
plus grand hommage à un écrivain que de s'attacher à la matière même de
son texte et d'en extraire toutes les possibilités. Et c'est bien, plus précisément encore, suivre la leçon de Proust qui considérait comme ayant valeur
de « prescription médicale » ce conseil de Ruskin: « l'écrivain doit prendre
l'habitude de regarder aux mots avec intensité en s'assurant de leur signification syllabe par syllabe, plus, lettre par lettre ».[3]

---

3. John Ruskin, *Sésame et les Lys*, p. 87. Cité par Jean Mouton dans *Le Style de Marcel
Proust*, Nizet, 1963, p. 23.

Chapitre 8

Un regard déchirant. A propos de *L'Acacia**

Déchirant le regard des chevaux sur le point de mourir, déchirante également la lecture de *L'Acacia* et, pour commencer, celle de ce passage où sont décrits les « cavaliers exténués », mornes, sales, clignant de sommeil, tassés sur leurs selles comme des paquets, au matin du 17 Mai 1940, les cavaliers promis à la mort et, avec eux, leurs montures:

> [...] eux sur leurs montures fourbues aux échines écorchées (les deux seules fois où ils avaient pu desseller, la peau était restée accrochée par lambeaux aux tapis des selles, la première fois larges comme des pièces de monnaie, la seconde comme la paume, laissant voir les plaques de chair à vif, violacée, déjà purulente), certains conduisant par la bride le cheval d'un cavalier tué ou disparu (de sorte que l'escadron, la colonne des vivants, se doublait d'une seconde colonne, fantomatique pour ainsi dire, de montures aux selles vides d'où les étriers vides se balançaient mollement, cognaient avec monotonie les flancs aux poils collés), leurs robustes chevaux d'armes qui n'étaient plus maintenant que des ombres de chevaux, assemblages d'os pesants et de muscles ne tenant sans doute plus ensemble, ne se mouvant plus, que par la force de l'habitude, capables encore de galoper si une fois de plus les éperons labouraient leurs flancs ensanglantés: dociles, douloureux, tragiques, continuant à avancer jusqu'à ce qu'ils butent une première fois, relevés à l'éperon, puis une seconde, et enfin, sans préavis, fléchissant des jarrets, s'effondrant et ne bougeant plus, couchés sur le côté, ne conservant plus de vivant ou plutôt d'humain

---

* Ce chapitre reprend, avec de légères modifications, l'article que j'ai publié dans le recueil *Claude Simon. Chemins de la mémoire*, textes réunis par Mireille Calle, Sainte-Foy (Québec), Le Griffon d'argile, Presses Universitaires de Grenoble, coll. « Trait-d'union », 1993.

que leurs grands yeux d'almées, pensifs, sans fond et déchirants. (A.
32)[1]

« Les livres de Claude Simon sont de ceux que l'on peut ouvrir à n'importe quelle page et trouver dans ces pages la substance du livre entier »
écrit fort justement Jean Dubuffet.[2] Se concentre en effet, pour moi, dans ce
fragment, l'essentiel du roman: sa violence, sa vérité et les effets poignants
qu'il produit.

La scène se passe le 17 mai 1940, au sixième jour de cette « déroute des
Flandres » si souvent racontée: « Les chevaux n'en pouvaient plus. Les
molettes de mes éperons étaient couvertes de sang coagulé. Lorsque pour la
première fois depuis trois jours on a dessellé, les pauvres bêtes avaient sous
les tapis de selle de grandes plaques saignantes », raconte Claude Simon.[3]
Or, en quarante, comme en quatorze, la guerre s'est faite avec des chevaux
ou plutôt, justement, ne s'est « pas faite ». Cette description, fidèle à la
réalité, peut être lue aussi comme une réécriture, dans ce livre qui entrelace
les événements de quarante à ceux de 1914, des pages de Céline dans son
Voyage au bout de la nuit.

Mais c'est le fragment lui-même, son contenu sémantique, son déroulement narratif, les mots et les images, ses rapports à ce qui l'entoure et à
l'ensemble du texte que je voudrais considérer.

Si cette scène est déchirante, c'est que les bêtes sont déchirées. Et des
chevaux aux hommes il n'y a qu'une page: « les chevaux qui comme eux
[les cavaliers] n'avaient pratiquement rien mangé depuis six jours » (A. 32).
Le renversement du point de vue souligne que les chevaux valent les hommes et qu'ils valent aussi pour les hommes. Le redoublement macabre de
leur destin se matérialise aussitôt avec l'apparition d'un soldat « fantôme »
au visage marqué des « stigmates de la faim » (A. 34) qui annonce et
rappelle à la fois les disparus. Nous est également donné à voir un homme

---

1. *L'Acacia*, Minuit, 1989, désigné ici par A. Les références aux *Géorgiques* sont données
par un G.
2. Lettre à Claude Simon, publiée dans *Critique* n° 414, 1981, p. 1149.
3. Outre sa valeur de témoignage direct, ce récit de l'auteur dans *Le Figaro* du 13 juillet
1992 permet de mesurer le travail d'écriture. Pour les rapports entre *L'Acacia* et les romans
antérieurs, voir l'analyse de Ralph Sarkonak, « Un drôle d'arbre. *L'Acacia* de Claude
Simon », dans *The Romanic Review*, mars 1991.

« mort de peur », « étendu sur le ventre », « bourré de coups de pied » par un sous-officier qui s'efforce de le faire bouger, la main alors « déchirée par le dernier coup de pied du sous-officier même pas essuyée, noire de sang coagulé » (A. 35). Tout ceci sur fond de machines détruites et de puanteur, celle du caoutchouc brûlé relayant celle des plaies purulentes des chevaux. Se concrétise, dans ce deuxième chapitre du roman, la mutation que les cavaliers sont en train de subir, passés « en l'espace de sept jours [...] de leur condition de dociles et naïfs enfants de troupe [...] à celle de choses inertes ballottées sur les montures fourbues » (A. 43), « défaits, dans tous les sens du terme [...]: comme ces paquets, ces sacs dont sitôt le cordon qui les lie dénoué ou tranché le contenu se répand » (A. 45), réduits à l'état de mécaniques désorganisées, ne tenant plus ensemble et ne se mouvant plus que par la force de l'habitude, ou sous l'effet d'une violence extérieure.

La transformation des chevaux en choses désarticulées illustre aussi la « désintégration » de l'escadron tout entier. Cette désorganisation, dont nous avons pu suivre les étapes dans le deuxième chapitre des *Géorgiques*, se trouve ici dans sa phase finale, au sens où l'on emploie ce terme pour certaines maladies. « [...] la cessation de toute cohésion, de toute discipline » avec, comme résultat de cette contagion, de cette contamination (G. 95), ces hommes désormais irrémédiablement isolés, luttant chacun pour son propre compte, et « maintenant », contre l'agression du fer et du feu. L'histoire personnelle du brigadier, telle qu'elle est restituée dans les chapitres IV et X de *L'Acacia*, se détache ainsi sur fond d'une désintégration générale, comme un cas exemplaire certes, mais non unique, celui d'un cavalier parmi d'autres, aussi démuni, désarmé que les autres: les hommes, les cavaliers, les chevaux, soumis comme eux à une série d'épreuves avant la suprême « consécration », violente, soudaine, sans préavis: « [...] puis il y fut lui-même, aplati, le visage collé contre l'herbe rêche souillée de détritus » (A. 295).

« Je est d'autres »,[4] l'expérience individuelle est une expérience partagée, voici ce que signifie, entre autres, le regard déchirant des chevaux.

Ce passage du général au particulier, du collectif à l'individuel, commande la présentation des faits au début de chacun des chapitres. C'est le cas, au chapitre III, pour la mort du père, le 27 août 1914, qui succède au

---

4. Selon la formule de l'auteur dans son roman *La Corde raide*, Editions du Sagittaire, 1947, p. 174.

récit détaillé de la destruction de son régiment: « Parmi ceux qui tombèrent dans le combat du 27 aôut se trouvait un capitaine de quarante ans dont le corps encore chaud dut être abandonné au pied de l'arbre auquel on l'avait adossé » (A. 61). C'est également le cas au chapitre VI, pour la journée du 27 août 1939, date de la mobilisation du fils, où le motif central: « Et maintenant il allait mourir » (A. 163) n'intervient qu'après la description de l'arrivée du train, la foule sur les quais, etc. Inversement, ou plutôt réciproquement, le destin singulier du réserviste « étendu de tout son long dans le noir » (A. 164) est relié à celui des autres, « ceux qui se trouvaient là maintenant [...] déjà rejetés, exclus, abandonnés dans la nuit » (A. 164) et contrairement à « tous les trains qui en ce même moment [roulent] dans la nuit » (A. 169). Et le narrateur démultiplie aux dimensions du continent tout entier l'espace singulier et limité du wagon, en nous faisant

> percevoir à travers le bruyant fracas des roues au-dessous de lui [...] comme un vaste et sourd grondement qui monterait du sol lui-même, comme si d'un bout à l'autre de l'Europe la terre obscure était en train de trembler sous les innombrables convois emportés dans la nuit. (A. 169-170)

La chair sanglante des chevaux incarne également la vulnérabilité de l'être vivant, sa capacité de souffrir: la vérité même de la guerre pour ses victimes. Vulnérabilité de la chair confrontée à ce qui déchire, coupe, éventre et tue: les machines de fer et d'acier. Aux chevaux blessés des cavaliers s'oppose alors celui de cet officier, « coiffé non de boue mais d'acier étincelant », dont « la musculeuse monture de cuivre rouge » est « aussi polie, aussi brillante que l'intérieur d'un chaudron », de cet « homme-cheval [..] coulé une fois pour toutes aurait-on dit dans un alliage de métal » (A. 35-36), venu se placer à la tête de l'escadron, (qu'il a lui-même, nous l'apprendrons plus loin, jeté dans l'embuscade (A. 289). Le colonel, comme « nimbé de sa magnificence et de son aura de hautaine invulnérabilité » (A. 289), est associé à ceux qui, « très précisément », ont donné l'ordre d'envoyer les soldats « à la rencontre des chars, et des avions » (A. 37), c'est-à-dire – comme autrefois le père – « d'un morceau de métal » (A. 77). Aussi n'est-il pas étonnant que la description de son « aérienne et musculeuse monture [...] comme si cavalier et cheval ne formaient qu'une seule et même créature mythique [...], pourvue d'ailes invisibles aux plumes de métal » (A. 31) soit quasiment identique à celle de la locomotive, au début du chapitre VI.

Le train, qui emporte le soldat vers la mort, est aussi une des métaphores de la guerre, avec son caractère de mécanique implacable, le martellement des roues, le bruit du métal, qui fait écho à celui des crosses et à l'entrecho-quement des armes des soldats piétinant « sur le mâchefer du quai » (A. 198), écho lui-même du piétinement des chevaux et du ballottement de leurs étriers cognant leurs flancs. Le chemin de fer incarne tout ce qui, inexorable-ment, déchire, blesse, détruit: le fer, les machines, le feu. Et en même temps, il n'est pas sans rapport avec le vivant: « halètement » de la locomotive, wagons aux « flancs brunâtres » (A. 154). Analogies, mais non équivalences. Dans l'univers du roman et, plus généralement, dans l'oeuvre de Claude Simon, tout participe de tout et, tout, en même temps, dans le même mouve-ment, est pris dans le jeu, presque infini, des différences.

Le récit de l'aventure du brigadier, pourchassé comme un lapin par le tir de la mitrailleuse, insiste sur la métamorphose de l'homme en animal, « haletant », « à quatre pattes, comme un chien » (A. 90) ou, moins qu'un chien, un insecte: aussi vulnérable qu'une mouche empêtrée au centre d'une toile d'araignée, ou, au contraire, puisant dans les forces animales du corps, ce qu'il lui faut pour survivre « comme si ressurgissait en lui ce qui confère à une bête (chien, loup ou lièvre) intelligence et rapidité en même temps qu'indifférence » (A. 90).

Le recours à l'intelligence du corps, représente pour lui le salut. Comme plus tard, après l'évasion, le recours à « la chair sans mensonge » (A. 369) aux forces primordiales d'éros,[5] lui permettra de sortir de la mort, de revenir à la vie et même à cette création de vie qu'est l'écriture.

Mais animalité ne signifie pas bestialité et ce n'est pas impunément que l'homme se change en bête. La réduction forcée, violente, de l'être humain à sa part animale a pour contrepartie une perte essentielle: celle de la raison et de l'émotion (A. 94-95), la faculté même d'éprouver des sentiments hu-mains. Indifférence aux blessés, absence de regard, défaite totale de la pensée, voici ce qui se passe pour le soldat « au-delà de la peur » (A. 92). Ce que décrit également Claude Simon, c'est comment la guerre trace pour les humains « quelque inéluctable destin de bestiaux » (A. 235), individus isolés, luttant chacun pour soi, coupés de la communauté humaine et civile.

---

5. Sur l'éros simonien, voir Lucien Dällenbach, *Claude Simon*, Seuil, 1988.

L'aventure du brigadier témoigne cependant que cette réduction de l'être humain à sa part animale, pour être inéluctable dans certaines circonstances, et même quelquefois nécessaire, n'est pas irrémédiable. Reprenant peu à peu conscience, devenu sensible au chant du coucou, il retrouve ses facultés et, avec la capacité de regarder, de « s'intéresser », celle de s'émouvoir, de s'interroger, de s'indigner. Le narrateur dénonce alors, avec force, l'indifférence et l'inconscience des gradés (celle par exemple des « professionnels » à l'égard des « amateurs » en 14 (A. 55)). Il décrit l'agressivité libérée par la peur (celle du jockey martyrisant son cheval; A. 287) ou simplement par le port de l'uniforme: cet « anonyme et viril déguisement » (A. 235) à l'abri duquel se donne maintenant libre cours une agressive fureur des soldats mobilisés, et il n'hésite pas à qualifier « d'assassins d'enfants » les gardiens du camp (A. 345), évoquant par là ces « autres camps », bien pires que celui du brigadier prisonnier.

En s'interrogeant sur les responsables du désastre, le narrateur montre que l'indifférence, l'inconscience et l'agressivité sont étroitement liées. Manière d'affirmer que l'Histoire, si elle ressemble dans ses effets cataclysmiques à la Nature, n'est pas la Nature, pas plus que l'animal n'est homme. Mais ce sont surtout les descriptions et les modulations du point de vue, la vision proche ou au contraire distanciée, ironique et sarcastique, les portraits satiriques des porteurs d'uniformes et déguisements variés qui, déchirant les apparences, mettent au jour cette vérité.

La description des chevaux blessés et mourants, aux grands yeux sans fond, est, elle, emblématique des malheurs de la guerre, des effets de sa violence aveugle et généralisée qui n'épargne rien, ni les hommes, ni les bêtes. Violence indéfiniment répétée, en quarante comme en quatorze, aujourd'hui comme hier, et qui, pour être quasiment immémoriale, n'en est pas moins insoutenable. La destruction du cheval signifie l'arrêt de mort contre l'élan vital, le triomphe de l'acier sur la chair. Les images de déchirement ou d'éventrement investissent tout le texte, depuis le premier chapitre, avec les ruines laissées par la guerre de 14, « comme si tout [...] avait été défoncé ou plutôt écorché par quelque herse gigantesque » (A. 19), « les maisons éventrées », les pans de murs aux papiers décollés, « les arbres mutilés » (A. 20), les collines « sous lesquelles achevaient de pourrir les corps déchiquetés de trois cent mille soldats », ou, au chapitre X, lorsque le brigadier essaie après coup d'imaginer sa propre mort: « pareil [...] à un sac de sciure ou de son, sale, poussiéreux, flasque, sauf que par les trous, les déchirures du drap d'uniforme [...] » ce serait « son sang dont il se viderait lentement, rouge et brillant d'abord, puis se coagulant, se figeant » (A. 303). Ou encore, dans cette vision du père mort: « dont les yeux pâles, couleur de faïence, grands ouverts dans le paisible visage ensanglanté fixaient au dessus d'eux les feuillages déchiquetés par les balles » (A. 61). Et c'est à la métaphore du cheval éventré que le narrateur fait appel pour évoquer l'Europe, une fois de plus en proie à la guerre: ce « continent couturé de cicatrices, cousu et recousu tant bien que mal comme on recoud tant bien que mal le ventre ou le poitrail des chevaux déchirés par les cornes du taureau pour les lui présenter à nouveau » (A. 190).

Il me semble significatif que dans la scénographie imposée, ritualisée, de la tauromachie, avec sa constellation formée par le torero (le matador = le tueur), le taureau et le picador monté sur son cheval, ce soit du côté de ce dernier, aveugle protagoniste, que se place l'auteur. Je pense en effet que si la dimension de l'expérience vécue est essentielle dans le roman, le projet autobiographique de Claude Simon diffère sensiblement, en dépit de certaines analogies, ne serait ce que l'amour des mots, de celui d'un Michel Leiris.[6] Il ne s'agit pas pour l'écrivain de s'exposer, ni même d'explorer son moi, même si sa recherche passe par une interrogation sur l'identité et la filiation, mais plutôt de remonter aux racines mêmes de la coupure et de la séparation, pour, en levant les voiles, en reconstituant et reconstruisant à partir des ruines (comme les tantes leur maison: planche à planche), en mettant les choses en rapport, suturer les bords, recoudre les déchirures, réparer les blessures. Ce n'est pas, en tous cas, la vérité que l'on pourrait découvrir sur soi-même qui représente ici un danger (quelque obscur secret enfin dévoilé) mais bien plutôt l'indifférence, l'inconscience, l'insensibilité, l'oubli.

Le regard du narrateur est déchirant. Mais la douleur de la coupure, de la séparation, n'est pas transmise directement, c'est au lecteur de la surprendre dans les yeux d'un cheval blessé, les balbutiements ou le « hurlement muet,

---

6. Je m'écarte, sur ce point, de l'interprétation de Mireille Calle-Gruber: « Claude Simon: le temps, l'écriture. A propos de *L'Acacia* » (dans *Littérature*, n° 83, octobre 1991), et rejoins Jean Starobinski: « La journée dans l'Histoire », dans *Sur Claude Simon*, Minuit, 1986. Sur l'aspect autobiographique, voir John Fletcher, « Claude Simon: autobiographie et fiction », dans *Critique, op.cit.* et Alistair Duncan, « Claude Simon: le projet autobiographique », dans *Revue des Sciences Humaines*, n° 220, 1990-4.

déchirant » de tel personnage (ainsi la mère à la mort du père) (A. 279), au détour d'une comparaison, dans les migrations d'une image, à travers les glissements du point de vue et les jeux complexes de la parodie, de la satire et de l'ironie. Et ne pas oublier que la dérision est l'envers de la compassion. Il y a chez Claude Simon tout un art du déplacement, mot qu'il faut entendre dans tous les sens du terme.

Le chapitre V est consacré aux années 1880-1914, à l'histoire du père et de la mère avant la naissance de l'enfant, celui que l'on a vu, au début du livre, traîné, par « la veuve »: la femme toujours vêtue de sombre, sa mère, « dans un paysage d'apocalypse à la recherche d'un improbable squelette » (A. 165). L'auteur reconstitue avec une ironie mordante l'existence futile, oisive, indolente de celle qui, en ces temps lointains, n'était encore qu'une « jeune fille aux grands yeux » (A. 113), inconsciente de son propre corps, ignorant même « à quoi celui-ci pouvait servir, en dehors de l'alimenter en friandises et de le revêtir de dentelles » (A. 115) et dont le goût pour les corridas ne diffère qu'à peine de celui qu'elle éprouve pour les chocolats à l'eau:

> C'était tout juste si l'on pouvait percevoir dans ses prunelles tant vantées un bref éclat, dont on n'aurait pu dire s'il était d'horreur ou d'excitation, lorsqu'elle décrivait les chevaux aux yeux bandés, aux ventres ouverts à coups de cornes, et dont on refourrait précipitamment les intestins avec de la paille avant de les recoudre et de les présenter de nouveau au taureau. (A. 115)

L'insensibilité de la jeune femme est liée à une ignorance des réalités physiques, caractéristique des « personnes de sa condition ». Elle est bien proche, d'autre part, de celle dont faisait preuve le héros lui-même avant son initiation, qui, lors de son voyage en Pologne en 1938, n'éprouvait rien d'autre qu'une curiosité amusée, et n'avait alors pas su voir, c'est-à-dire voulu comprendre (A. 171-190).[7] Il faut considérer également ce passage comme une mise en abyme de la lecture: celle, bien sûr, que l'écrivain conjure, ou même dénonce (de la jeune femme il est d'ailleurs dit qu'« elle lisait, ou plutôt tournait les pages des livres » (A. 119)). Mais la violence de l'image et le contraste qu'elle suggère entre une réalité cruelle et sa mise en

---

7. Là comme ailleurs, les expériences du narrateur et du héros renvoient à celles de l'auteur.

spectacle (son pâle reflet sur des « photos jaunies »), renvoie encore à l'incroyable futilité de « La belle époque » et à l'irréalité de ce monde, que l'écrivain reconstitue à partir justement de photographies ou de vieux films:

> un monde qui allait mourir en même temps que des millions de jeunes gens enterrés sous la boue et où se mêlaient les paradoxales et carica-turales images figées ou sautillantes de parades militaires, de jupes entravées, d'hommes d'Etat en calèches, de chapeaux fleuris, de casques à plumes, de french cancan, de princes en goguette et de comiques troupiers. (A. 128)

Le détail vaut pour l'ensemble, et la jeune femme, avec son « indolente existence de plante d'agrément » (A. 126), protégée du monde extérieur dans cette « forteresse de préjugés, d'indolence, de futilité qu'est la maison familiale » (A. 116 et 127), « inaccessible princesse » ou sultane alanguie, incarne, comme son destin par la suite le confirme, l'ascension et la chute de tout un monde. Mais c'est sur le mode burlesque et héroïcomique que le narrateur raconte l'histoire juxtaposant aux images crues et cruelles de la génisse offerte au taureau, de l'extase érotique et de l'agonie de l'animal, les réminiscences, ô combien civilisées, de quelque « Enlèvement au sérail » ou, mieux encore, de quelque fabuleux et vaguement mythique « Enlèvement d'Europe »:

> Elle n'était pas pressée. Comme si, à la façon de ces génisses préser-vées des taureaux, ignorantes même de leur existence et amoureuse-ment engraissées pour quelque sacrifice (ou comme ces taureaux eux-mêmes à l'agonie desquels elle assistait en s'éventant [...]), elle se savait destinée à quelque chose d'à la fois magnifique, rapide et atroce [...] qui ressemblerait à une lévitation, quelque apothéose où elle se tiendrait, transfigurée et pâmée, portée sur un nuage soutenu par des angelots et d'où elle serait précipitée ensuite avec violence dans le néant. (A. 117 et 123)

La chute après l'envol, de Pégase à Icare ou, plus concrètement, ce cavalier désarçonné: « lui-même [...] soulevé, arraché de terre comme un pantin, l'épaule, le bras à demi désarticulés » (A. 295).

« Je serai sous la terre et, fantôme sans os,/Par les ombres myrteux je prendrai mon repos ». Ces vers de Ronsard, qui sut immortaliser les arbres de sa forêt de Gâtine, reviennent à ma mémoire. Sans doute parce qu'ils font écho à ces fantômes, à ces os, à ces ombres, évoqués sans relâche dans *L'Acacia*. Sûrement parce qu'ils évoquent la croyance, immémoriale et parfaitement fondée, du Poète en l'immortalité qu'il confère à ce dont il parle, ce dont il écrit. « Je me dis que cette fois il va en rester quelque chose » déclare Claude Simon à propos de la vie « extraordinaire » de sa tante, qu'il ressuscite dans *L'Acacia*.[8] Et, en effet, cela ne fait aucun doute.

A l'instar de l'arbre qui plonge ses racines dans l'humus pourrissant des obscures profondeurs de la terre pour déployer d'autant mieux ses branches et ses feuilles vers la lumière, cet *Acacia*,[9] ce livre qui nous a forcés d'explorer le royaume des morts, est celui même qui nous permet de participer à une genèse, à un éclaircissement, et de capter ainsi ce qui, grâce à lui, reste « vivant », « humain ».

---

8. A Jean Claude Lebrun dans *Révolution*, 29 septembre 1989.

9. Dans la tradition maçonnique, l'acacia est un symbole de régénération spirituelle, c'est-à-dire d'immortalité et de résurrection. Sur les monuments de l'Egypte ancienne figure un sarcophage d'où sort un acacia et la devise: *Osiris s'élance*, signifiant « la vie sort de la mort ». « Quant à moi, je me suis toujours senti réconcilié avec tout », déclare Claude Simon à André Clavel dans *L'Evénement* du 31 août 1989.

Troisième partie

Un nouveau paradigme:

l'écriture des femmes

Chapitre 9

L'écriture féminine comme concept et comme pratique dans les années 70[*]

« Que de femmes, que de paroles », s'exclamait, le 28 septembre 1975, Alain Clément dans *Le Monde*. « Au fil des rayonnages, sur les étalages des libraires de plus en plus de livres écrits par des femmes », constate deux ans plus tard Michèle Solat dans le même journal pour, à juste titre, se demander: « N'est-ce pas le signe d'une question de fond posée par notre époque? Celle de la parole des femmes, de leur création écrite, de leur émergence parmi les images qu'une société donne d'elle-même? »[1]

Exploitées par l'institution: la presse, la librairie, l'université; diffusées par les médias, la parole des femmes, l'écriture des femmes se présentent en effet comme un phénomène sociologique marquant par sa nouveauté et par son ampleur. *Parole de femme, écriture féminine*, ces expressions pourtant récentes, sont même peut-être en passe de devenir des poncifs et ce qu'elles recouvrent objet délimité de description et d'analyse. Au mieux, nouveau chapitre dans les manuels d'histoire littéraire,[2] sujet d'étude dans les univer-

---

* Ce chapitre reprend un article intitulé « Sur quelques aspects de l'écriture féminine aujourd'hui », publié dans: *Ecriture de la religion. Ecriture du roman*, Charles Grivel (éd.), Presses de l'Université de Lille, 1978, p. 109-134. Les remarques et analyses se fondent sur la lecture de nombreux ouvrages publiés par des femmes dans les années 70, ainsi que sur les réactions suscitées dans la presse à l'époque.

1. *Le Monde*, 18 novembre 1977.
2. Le « phénomène » analysé ici a été effectuement enregistré et commenté depuis. Ainsi, pour les manuels scolaires, dans *La littérature en France depuis 1968* de Bruno Vercier et Jacques Lecarme, dir. J. Bersani, Bordas, 1982, chap. VIII, p. 233-247, et dans la collection *Littérature. Textes et documents*, volume du XXe siècle, sous la direction de Henri Mitterand, Nathan, 1989, chap. XXVII, p. 719-732. Mais l'accent porte plus, surtout dans ce

sités, matière d'articles dans les revues, au pire, concept réducteur et polémique de ce qui fut une explosion de cris, paroles, témoignages, essais, fictions,
textes de tous ordres: prise de parole et prise de conscience de femmes se
posant pour la première fois avec tant d'éclat et en si grand nombre en tant
que femmes.

Certes, comme phénomène culturel situé historiquement, et plus précisément comme phénomène littéraire, l'écriture féminine ne pourra échapper
aux tentatives de classification et d'analyse. Nul doute qu'on verra sous peu
apparaître de telles synthèses avec un catalogue des « principales » écrivaines, un inventaire des thèmes, des caractéristiques formelles et stylistiques de
leurs écrits, une étude des sources et des divers courants, une mise en
perspective idéologique. De telles synthèses, comme cela a été le cas pour le
Nouveau Roman, auront inévitablement pour effet d'uniformiser les variations et de réduire les différences. Comment parler et, *a fortiori*, écrire d'un
phénomène si complexe et qui nous concerne? Je désigne ici, on l'aura
compris, l'inconfort du critique littéraire, en l'occurrence le mien, qui à la
fois participe à un mouvement – et s'y trouve, dans ce cas, doublement
impliquée: comme femme et comme contemporaine – et qui se doit d'en
rendre compte au risque de le figer et de le réduire. Encore s'agissait-il avec
le Nouveau Roman d'un phénomène proprement et presque exclusivement
littéraire et, à l'intérieur même du champ littéraire, d'un phénomène circons-
crit: mise en cause d'un genre bien précis et fortement codifié, le roman dit
traditionnel avec ses lois, ses règles, sa tradition. D'un phénomène, par
conséquent, susceptible sans trop grand dommage d'être réduit à un seul de
ses aspects, considéré comme le plus fondamental et pris comme commun
dénominateur, soit la transformation du récit comme tel.

Mais l'écriture féminine, quel peut en être le commun dénominateur?
Ecriture des femmes? Mais toutes les femmes qui écrivent, n'écrivent pas au
féminin, loin de là. Renouvellement d'un genre? Mais on y trouve tous les
genres et le dépassement de la notion même de genre: du témoignage à la
réflexion philosophique, du cri spontané au texte le plus élaboré. Mouvement
littéraire? Mais il s'agit justement aussi d'une mise en question de la clôture
du texte et de la littérature comme institution. Si je tente ici une présentation
globale d'un phénomène, même situé historiquement et relativement circons-
crit, il ne peut s'agir d'une analyse visant à déterminer la spécificité de

_____

dernier cas, sur l'aspect idéologique et social que strictement littéraire.

l'écriture féminine comme telle. Je m'attacherai simplement à relever les aspects qui me paraissent les plus nouveaux et à poser quelques problèmes qui m'ont paru importants à la lecture de textes produits, récemment, par des femmes.

Il me paraît utile de commencer par quelques réflexions générales afin de situer le phénomène et d'indiquer sa complexité. Je passerai ensuite à deux aspects plus particuliers, et à quelques exemples concrets.

L'écriture féminine, un concept nouveau?

L'écriture féminine est sans doute, dans son acception récente, un concept nouveau. Le fait que des femmes écrivent n'a, en revanche, rien de nouveau. De Marie de France à Nathalie Sarraute en passant par Marguerite de Navarre, Madame de La Fayette, George Sand ou Colette (sans compter les innombrables romancières et poétesses oubliées et que l'on s'attache aujourd'hui à redécouvrir) les femmes écrivains, en France, ne manquent pas. Ce qui est nouveau, c'est la reconnaissance par certaines femmes écrivains aujourd'hui de leur particularité de femmes, en tant que femmes écrivant, et l'affirmation par certaines tant de la possibilité que de la nécessité d'une écriture gérée par une économie libidinale et culturelle différente de celle des hommes. Au plus net, Hélène Cixous:

> Je soutiens, sans équivoque, qu'il y a des écritures *marquées*; que l'écriture a été jusqu'à présent, de façon beaucoup plus étendue, répressive, qu'on le soupçonne ou qu'on l'avoue, gérée par une économie libidinale et culturelle – donc politique, typiquement masculine – un lieu où s'est reproduit plus ou moins consciemment, et de façon redoutable car souvent occulté, ou paré des charmes mystifiants de la fiction, le refoulement de la femme; un lieu qui a charrié grossièrement tous les signes de l'opposition sexuelle (et non de la différence) et où la femme n'a jamais eu *sa* parole, ceci étant d'autant plus grave et impardonnable que justement l'écriture *est la possibilité même du changement*, l'espace d'où peut s'élancer une pensée subversive, le mouvement avant-coureur d'une transformation des structures sociales et culturelles.[3]

La question de la possibilité et de la nécessité d'une écriture féminine s'inscrit, on le voit, dans un champ culturel et idéologique qui déborde de

---

3. Hélène Cixous, « Le Rire de la Méduse », dans *L'Arc* n° 61, 1975, p. 42. Les italiques sont de Cixous.

toutes parts le champ de la littérature, comprise comme un des Beaux-Arts avec ses codes, ses traditions, ses techniques, qu'il s'agit de perpétuer ou de renouveler. Cette question soulève en effet les problèmes, d'une part, des rapports entre l'écriture et la féminité, d'autre part des rapports entre l'écriture et le féminisme, comme mouvement visant à transformer la situation des femmes dans la société, l'Histoire et, en particulier, la culture:

> Il faut que la femme s'écrive: que la femme écrive de la femme et fasse venir les femmes à l'écriture, dont elles ont été éloignées aussi violemment qu'elles l'ont été de leurs corps; pour les mêmes raisons, par la même loi, dans le même but mortel. Il faut que la femme se mette au texte – comme au monde, et à l'histoire – de son propre mouvement.[4]

Or, féminité et féminisme sont des termes dont il n'est guère facile de préciser la teneur vu la méconnaissance, jusqu'ici du moins, du « fait féminin »[5] et la variété des divers féminismes, ses conceptions souvent antithétiques, sinon inconciliables. Par rapport au problème qui nous préoccupe, la question centrale semble en tous cas celle du statut à reconnaître à la différence. Je distinguerai en gros trois attitudes possibles par rapport à ce problème:

Méconnaissance et/ou sublimation de la différence. Cette attitude était généralement partagée par les écrivains, hommes ou femmes, jusqu'à il y a quelques années encore, comme en témoignent les réponses à une enquête de *La Quinzaine littéraire* en 1974.[6] Les questions étaient les suivantes:

> Dans le projet et la pratique, être un homme ou une femme engage-t-il le texte dans un certain sens? Autrement dit: l'écrivain au travail a-t-il conscience d'être spécifiquement un homme ou une femme? On est un homme ou une femme, on écrit: ce facteur se retrouve-t-il dans l'écriture produite? S'il y a une différence, est-elle absorbée, supprimée, écartée, ou au contraire accentuée, utilisée, explicitée dans l'écriture?

Nathalie Sarraute y a répondu:

---

4. *Ibid.*, p. 39.
5. Voir à ce sujet l'ouvrage collectif dirigé par Evelyne Sullerot, *Le Fait féminin. Qu'est-ce qu'une femme?*, Fayard, 1978.
6. *La Quinzaine littéraire*, « Les Femmes », n° 192, 1er-31 août 1974.

Qui suis-je? Que suis-je? Voilà des questions que je ne me suis jamais posées en écrivant. Au niveau où se produisent les drames intérieurs que je m'efforce de montrer, j'ai la conviction qu'il n'y a aucune différence entre les hommes et les femmes. [...] Dans la mesure où ces tropismes et le texte ne forment qu'un, le texte qui fait exister les mêmes propriétés que les mouvements eux-mêmes.

Et Edmond Jabès:

Qu'est-ce qui met en mouvement l'écriture? – L'écriture même à laquelle nous sommes rivés. Tantôt, dans la création, c'est l'élément féminin qui domine, tantôt c'est l'élément masculin. Ils sont, en nous, cependant, à tel point fondus l'un dans l'autre que nous ne pouvons les dissocier sans risquer de nous perdre. Une fois écrit, le livre rejette l'écrivain – femme ou homme.

Pour ces écrivains, comme pour un Claude Simon ou une Marguerite Yourcenar, l'écriture comme travail du texte dépasse toutes les catégories et, en particulier, celles qu'institue la différence des sexes.

Une autre attitude consiste au contraire à reconnaître la différence, mais à la considérer comme purement culturelle, et à la récuser comme différence négative. C'est le cas, on le sait, de Simone de Beauvoir qui pense que valoriser la différence revient à poser cette différence en nature, au détriment de la femme: la différence toujours négative ayant toujours fait le jeu de la domination du masculin sur le féminin. Il s'agit donc non pas d'explorer la différence, mais de la supprimer et d'accéder au langage et discours de l'autre, conçu comme seul discours efficace et possible.[7]

Une troisième attitude, enfin, et c'est celle qui nous retiendra par la suite, consiste non seulement à reconnaître la différence ou plutôt les différences, mais à les revendiquer et à les explorer – par le biais, en particulier, d'une critique des institutions culturelles – à les cultiver et à les exploiter, y compris dans et par l'écriture. Il s'agit pour ces femmes de fantasmer un autre corps (la femme a tout à dire de sa sexualité et en s'écrivant elle fera retour à ce corps qu'on lui a plus que confisqué), de forger d'autres mythes

---

7. Voir sur ce sujet la revue fondée par Simone de Beauvoir, *Questions féministes*, éd. Tierce, Paris. En particulier, les articles de Christine Delphy, « Nos amis et nous, les fondements cachés de quelques discours pseudo-féministes », et de Monique Plaza, « Pouvoir phallomorphique et psychologie de la femme », n° 4, 1977.

que ceux qui parlent d'elles et lui « assignent un destin de restriction et d'oubli »[8], de retrouver sa place de sujet dans l'Histoire, dont elle a toujours été l'exclue, et ceci, précisément, en forgeant un autre langage et en créant, grâce et par l'écriture, de nouvelles valeurs. Car, comme le dit justement Hélène Cixous: « S'il y a un lieu qui n'est pas obligé de reproduire le système. S'il y a un ailleurs qui peut échapper à la répétition infernale. C'est là où ça s'écrit, où ça rêve, où ça invente de nouveaux mondes. »[9]

Dans ses rapports à la féminité et au féminisme, l'écriture féminine – comme son corollaire la critique féministe – n'est pas un phénomène exclusivement ou spécifiquement français. On sait l'importance et la place prise par les Women's studies dans les différents pays et, en particulier, aux Etats-Unis. En France cependant,[10] l'écriture féminine présente aujourd'hui deux particularités, liées étroitement l'une à l'autre, et qu'il est important et nécessaire de signaler.

Dans la mesure où l'écriture des femmes vise justement à subvertir les codes idéologiques et à transformer les représentations, elle s'inscrit dans le mouvement général de l'avant-garde et implique à la fois une théorisation et une expérimentation. D'une part son essor est étroitement lié aux développements récents des diverses sciences humaines: anthropologie, histoire, linguistique et psychanalyse et à celui de la réflexion philosophique contemporaine, celle en particulier d'un Foucault, d'un Lacan, d'un Derrida. D'autre part, son effort porte sur le travail du texte comme exploration des possibilités du langage et des formes, d'où l'accent mis sur le signifiant, les recherches grammaticales et prosodiques, le rôle joué par les procédures trans-textuelles, le brouillage des genres et autres aspects formels, qui n'ont pas manqué de dérouter bien des lecteurs, mais aussi bien des lectrices, surtout les féministes anglo-saxonnes.[11] C'est pourtant ainsi que l'écriture féminine

---

8. Hélène Cixous, *La Venue à l'écriture*, U.G.E., coll. 10/18, 1977, p. 21.
9. *Ibid.*
10. Je me limite ici à la France. Mais je rappelle qu'il y a des différences considérables entre Hélène Cixous et Julia Kristeva, pourtant conscientes de la différence des sexes et des possibilités qu'elle offre au plan de l'écriture. Voir les chapitres 10 et 11. Pour Marguerite Duras, je renvoie à Michèle Montrelay, *L'ombre et le nom*, Minuit, 1977 et Marcelle Marini, *Territoires du féminin*, Minuit, 1977.
11. Voir par exemple Elaine Marks, « Women and Literature in France », dans *Signs. Journal of Women in Culture and Society*, New York, 1978, vol. 3, n° 4, et Domna C. Stanton, « Women's Studies in U.S.A. », dans *Tel Quel*, n° 71-73, 1977.

peut être envisagée comme mouvement littéraire, à la suite du Nouveau Roman et de *Tel Quel.*

Comme prise de parole et prise de conscience de certaines femmes, à un moment précis de l'histoire, l'écriture féminine se trouve, en outre, en prise directe sur une pratique qui se déploie de toutes sortes de manières et dans toutes sortes de lieux, qu'elle crée pour les besoins de la cause ou qu'elle investit pour les transformer à son profit: groupes de femmes, revues, maisons d'édition, université. Elle déborde ainsi l'institution littéraire, non seulement par les problèmes qu'elle pose, mais par la manière concrète dont elle les pose. Le brouillage des genres: du pur témoignage à la fiction, du poème en prose à la réflexion philosophique, n'est pas seulement un phéno-mène littéraire, mais un phénomène sociologique beaucoup plus large et dont il sera indispensable de tenir compte au niveau même de ce qui va retenir notre attention, soit les rapports de la parole et de l'écriture, des discours et des textes. Ce sont les mêmes femmes écrivains: Hélène Cixous, Annie Leclerc, Françoise Collin, Marguerite Duras, qui prennent la parole dans les groupes de femmes, et qui écrivent des textes quelquefois réputés illisibles, tandis que, inversement, des femmes, qui n'avaient accès ni à la parole, ni, *a fortiori*, à l'écriture, se sont mises à parler et à écrire. C'est dans les mêmes maisons d'édition et dans les mêmes collections que sont produits et diffusés les textes de femmes et des textes concernant les femmes.

C'est donc l'ensemble des problèmes posés par la littérature dite d'avant-garde qui se trouvent reposés, réactivés et déplacés par l'écriture féminine: le problème de l'inscription du sujet dans le texte; celui des effets du texte ou des capacités de la littérature à transformer les représentations et, par là, les structures idéologiques et sociales; celui des rapports entre le texte et ce que l'on a appelé significativement le hors-texte, dont le poids et l'importance se rappellent de manière aiguë à l'attention.

Je m'attacherai à préciser deux aspects de ce phénomène nouveau et complexe. Il s'agira, en premier lieu, de la prise de la parole par les femmes et du rapport de cette parole à leur écriture, et, en second lieu, de leur critique des discours institués qui s'effectue, entre autres, par une pratique spécifique de l'intertextualité. Ces deux aspects ne sont pas exclusifs de beaucoup d'autres, mais ils me paraissent susceptibles d'éclairer, tant soit peu, les problèmes que je viens d'évoquer.

Parole / Ecriture

Quand les femmes se disent, Si on me donne la parole, Parole de femme,
Paroles elles tournent, Les Parleuses, La Voix, Femme et langage, Elles
Con-Sonnent, Les Mots pour le dire.[12] Ces titres d'ouvrages divers, produits
récemment par des femmes, suffiraient déjà à indiquer l'importance prise par
la parole. Il est remarquable aussi qu'un texte comme *Les Doigts du fi-*
guier[13] de Jeanne Hyvrard porte en sous-titre *Parole* au lieu de récit ou
poème, le terme parole accédant ainsi au statut d'un genre.

Cette prolifération de paroles, cette revalorisation de la parole comme
telle, pose la question de ses rapports à l'écriture. Qu'est-ce qui caractérise la
parole? Dans la parole il y a d'abord l'acte même de parole, la prise de la
parole est expression d'un besoin de parler: les femmes, trop longtemps
muettes, parlent pour se dire, pour dire ce qui les concerne. La parole
comme parole singulière et comme expression d'un corps vivant s'oppose
ainsi à l'écriture comme productrice d'un texte coupé de son origine,
distancié et nécessairement différé. Comme énonciation, comme expression,
la parole est celle d'un Je, inscription d'un sujet. D'où la question: quel
sujet? ou: qui est-elle, celle qui parle? Mais la parole est aussi moyen de
communication, transmission d'un message: je parle pour me dire mais aussi
pour dire quelque chose. De ce point de vue la parole s'oppose à l'écriture
comme la pure transcription de ce qui est dit, au travail du texte comme
exploration des possibilités du langage. L'opposition se pose donc en des
termes analogues à ceux selon lesquels, jadis, un Sartre opposait la prose à la
poésie ou Roland Barthes les écrivants aux écrivains. Rapprocher l'écriture
de la parole, c'est alors rappeler ce que parler veut dire: questionner la
parole comme discours, c'est-à-dire comme langage constitué, comme moyen
de transmission d'idées, de valeurs, d'idéologies, et, bien sûr, comme
maîtrise et comme action. Si, comme l'a si bien vu Barthes, l'écriture est
« produite par la réflexion de l'écrivain sur l'usage social de sa forme et le
choix qu'il en assume » et institue par là « une liaison entre une parole

---

12. Soit respectivement: Malka Weksler et Evelyne Guedj, Seuil, 1975; Domitila, Des
femmes, 1978; Annie Leclerc, Grasset, 1974; *Musidora*, 1975; Marguerite Duras et Xavière
Gauthier, Minuit, 1974; *Sorcières* n° 2, mars 1976; *Cahiers du GRIF* n° 13, Bruxelles,
octobre 1976; *ibid.*, n° 12, juin 1976; Marie Cardinal, Grasset, 1975.
13. Minuit, 1977.

singulière et l'histoire »,[14] la question est alors: quelle singularité? Quelle histoire? De la parole à l'écriture, de l'oral à l'écrit il y a donc plusieurs tensions: d'une part de l'expression à l'inscription, du corps au texte et du singulier au pluriel, d'autre part du discours des autres, institué, codifié, hérité, au discours propre.

Encore faut-il pouvoir parler. Or, écoutons Annie Leclerc:

> Qui parle ici? Qui a jamais parlé? Assourdissant tumulte des grandes voix; pas une n'est de femme. Je n'ai pas oublié le nom des grands parleurs. Platon et Aristote et Montaigne, et Marx et Freud et Nietzsche... Je les connais pour avoir vécu parmi eux et seulement parmi eux. Ces plus fortes voix sont aussi celles qui m'ont le plus réduite en silence. Ce sont ces superbes parleurs qui mieux que tout autre m'ont forcée à me taire.
>
> Qui parle dans les gros livres sages des bibliothèques? Qui parle au Capitole? Qui parle au temple? Qui parle à la tribune et qui parle dans les lois? [...]
>
> Le monde est la parole de l'homme. L'homme est la parole du monde.[15]

En effet, ce sont « les hommes qui ont la parole » et Annie Leclerc situe en conséquence le problème de la parole des femmes:

> Je ne demande que la parole.
>
> Vous me la donnez, d'accord, mais ce n'est pas celle-là que je veux. C'est la mienne que je veux, pas la vôtre à laquelle je ne fais plus confiance.
>
> Car il ne me suffit pas de parler de moi pour trouver une parole qui soit mienne.
>
> [...] Toute femme qui veut tenir un discours qui lui soit propre, ne peut dérober à cette urgence: inventer la femme.[16]

Mais, tout en posant le problème: le monde est la parole de l'homme, l'homme est la parole du monde, et donc en indiquant l'impasse dans laquelle se trouve tout discours féminin, Annie Leclerc le résout en partie en prenant elle-même la parole pour dire ce qui la concerne, justement en tant que femme, parlant dans son livre, intitulé précisément: *Parole de femme*, de son corps, de sa sexualité, de sa colère et de ses joies, de ses désirs et de ses

---

14. *Le Degré zéro de l'écriture*, Seuil, coll. Points, 1972, p. 15.
15. *Parole de femme*, *op.cit.*, p. 6.
16. *Ibid.*, p. 8.

jouissances propres: « Que je dise d'abord, d'où je tiens ce que je dis. Je le tiens de moi, femme, et de mon ventre de femme ».[17]

Annie Leclerc thématise ainsi ce discours inédit que l'on trouve partout dans les textes récents de femmes: parole du corps qui est parole du monde, mais parole d'un autre corps et d'un autre monde. Ainsi de même Hélène Cixous dans *La Venue à l'écriture*: « Si tu écris femme, tu le sais comme moi, tu écris pour donner au corps ses Livres d'Avenir, parce que l'Amour te dicte tes nouvelles genèses [...] Là où tu écris ça grandit, ton corps se déplie, ta peau raconte ses légendes jusqu'ici muettes. »[18]

La parole des femmes dans l'écriture est d'abord parole du corps. « Parler femme, déclare Françoise Collin, c'est se tenir tout près toujours du corps et dire ce corps nombreux ».[19] Il me paraît remarquable que ces affirmations se trouvent confirmées par la pratique même de la parole des femmes en des lieux où la parole s'offre non pas comme objet de réflexion ou thématisée, comme dans les textes qu'on vient de citer, mais spontanée, balbutiante, l'écriture dans ces textes n'étant que la transcription directe de paroles de femmes parlant entre elles. Par exemple dans *Les Cahiers du GRIF*, dans le numéro des *Temps modernes* intitulé « Les femmes s'entêtent »,[20] ou dans le livre de Malka Weksler et Evelyne Guedj, *Quand les femmes se disent*: pure expression du besoin de s'exprimer, de rompre le mur du silence, de franchir les barrières de la langue, avec la levée des censures sur le corps, ses jouissances et ses douleurs, le désir, les règles, la gestation, l'accouchement; le rapport à la mère, à la nourriture; l'enfermement et le désir panique de sorties et d'envol, les rêves de naissances et de traversées. D'autres caractéristiques, plus formelles mais non moins importantes, sont, elles aussi, liées à la prise de la parole comme acte concret d'énonciation et à la parole de femmes en tant quelles sont « en situation » différente. Importance du dialogue par exemple. La plupart des écrits où s'expriment directement les femmes sont des écrits collectifs, fruits d'un dialogue ou d'une collaboration: Malka Weksler et Evelyne Guedj, Hélène Cixous, Annie Leclerc et Madeleine Gagnon dans *La Venue à l'écriture*, Annie Leclerc et Marie Cardinal dans *Autrement dit*, tandis que dans *Les Cahiers du GRIF*,

---

17. *Ibid.*, p. 44.
18. *La Venue à l'écriture*, *op.cit.*, p. 48.
19. *Cahiers du GRIF*, n° 12, juin 1976.
20. N° 333-334, avril-mai 1974. Le titre jouant bien du double-sens.

Les Temps Modernes, Sorcières, Femmes en Mouvement, Histoires d'Elles, les voix s'entrecroisent, se répondent.

Prise de la parole comme acte d'expression, parole du corps comme parole du monde, parole du corps comme parole de vie, parole comme voix, comme contact, appel, échange. Tous ces thèmes et ce qu'ils impliquent comme sous-thèmes: la nourriture, la mère, la naissance, la traversée, la réappropriation d'une patrie, ou plutôt matrie perdue, se retrouvent thématisés, orchestrés, amplifiés, élaborés, dans les textes d'écrivaines comme Chantal Chawaf, Hélène Cixous, Anne Hyvrard, Viviane Forrester et bien d'autres encore. De même, les caractéristiques formelles de la parole comme voix et comme contact ou dialogue sont exploitées: la voix est modulée en un chant, un rythme; le contact, l'échange suscitent l'emploi du vocatif.

Mais il me faut donner quelques exemples pour donner le ton, pour faire sentir, entendre. Deux, trois courts extraits, comme on prend des échantillons de tissu, deux ou trois bouchées pour goûter les mots, le rythme, le chant.

Parole du corps propre, exploré dans l'intimité de ses sensations, fusion avec la Nature, désir, jouissance, ainsi Chantal Chawaf:

> l'écoeurement fleurit en sève de pourpre, en caillots florifères, en volume sanguin du corps, en tension nerveuse, en lait de graisse, en saindoux fondu à l'ardeur, au jardinage de ce rouge, en sécrétion de lait collant et m'essouffle comme si les battements de mon coeur m'enfermaient dans cette gradation, dans ce noyau écarlate où les roses doubles, où la lumière progresse, où mon sang me réchauffe, me colore, m'aveugle, où le rose s'écoule, goutte à goutte, où, comme l'étreinte répond au désir, ma bouche se lubrifie, produit encore plus de salive [...][21]

Exploration du corps de l'autre, appel, quête, envol, ainsi Monique Wittig:

> Dans ces mouvements j/e touche la partie ordinairement cachée de ton globe, j/e répands m/a salive sur lui, j/e lèche, j/e le prends entre m/es lèvres, j/e le presse, j/e le fais rouler tout entier dans m/a bouche, j/e le suce, j/e le tête, j/e l'avale, j/e m/e trouve reliée à ton nerf optique par succion, j/e fais ventouse dans l'ouverture oculaire, j/e m//absorbe, j/e m/e projette jusque dans les centres moteurs derrière ton oeil, j/e m//introduis m/a bouche m/a langue m/es doigts [...] j/e ne te lâche pas, tu m//emportes suspendue à tes veines jugulaires dans l'espace tes

---

21. Chantal Chawaf, *Rougeâtre*, Jean-Jaques Pauvert, 1978, p. 33.

cheveux m/on adorable soulevés agrippés ta bouche grande ouverte
[...][22]

Ou encore, dans un tout autre registre, ce passage de *La* d'Hélène Cixous,
où se trouvent concentrés les thèmes évoqués: le blason du corps féminin
fantasmé comme nourriture, le désir et l'appel à l'autre avec l'emploi du
vocatif, le rappel de l'origine et du paradis perdu:

> Tes torrents de lait battu quand j'étais petite, tes genoux couronnés de
> crème fouettée, tes crêtes glacées, tu es bonne mon amour, tu es
> assoiffante, tes coulées siciliennes, tu as des yeux de cassis parmi tes
> flots bouclés, ta chevelure de caramel, je t'escalade, j'étais enivrée
> amont, tes vallons vanillés, tes gaufrettes pincées, les cascades de tes
> sorbets, le tutti-frutti de ton dévalé, et tes sucrins, tes tranches truffées
> de pépins vernis, tes deux seins sont des belle hélène, tu es délicieuse
> mon amour, et mes langues parmi tes flacons, tes pommes au four, tes
> compotes. J'ai têté tes montagnes, j'ai goûté de ton Liban, entre toi je
> me suis repue, mais ta ruche était bien gardée je n'ai pas tâté de tes
> miels, j'ai eu envie de tes nectars, couchée dans tes néflières, j'ai
> humé les sucs interdits, à quatre pattes j'ai cherché, j'ai flairé, j'ai
> suivi tes sentiers, j'ai adulé tes ressources cachées, je leur ai adressé
> tous mes désirs.[23]

Le rapport à l'autre, en particulier à la mère, la reprise de mythes comme
ceux de la terre-Mère, retour à une origine, à une mémoire oubliée:

> Mémoire. Mémoire plus ancienne que l'histoire. Mémoire aussi
> ancienne que l'espèce humaine. L'eau sous les arbres brillait, se
> couvrait d'un rose d'or, transparence de la soie traversée par la
> splendeur de la peau. Le corps humain prenait la forme de la vapeur
> qui s'élevait des croyances perdues, magie d'une lumière qu'étant
> enfant je feuilletais sur la berge de la rivière, dans des livres de contes
> de fées où, mourante, la terre-femme lançait ses derniers feux aux
> saules et aux peupliers.[24]

L'expérience de la gestation et de l'accouchement s'amplifie et se trans-
pose en expérience de naissance à la vie et à l'amour, à partir de la mort et
de l'enfermement. Ainsi Chantal Chawraf encore: « Je voudrais aimer,
revenir à la terre de mes racines, au corps de mes mères, retrouver la saveur

---

22. Monique Wittig, *Le Corps lesbien*, Minuit, 1973, p. 82.
23. Hélène Cixous, *La*, Gallimard, 1976, p. 183.
24. Chantal Chawraf, *op.cit.*, p. 87.

de la lumière dans ma bouche et quitter ce deux pièces, cette banlieue, ce béton [...] ».[25]

Ou encore Jeanne Hyvrard dans *Les Doigts du figuier*, parlant au nom de cette jeune femme, qu'« ils ont emmurée dans le pressoir », au temps des figues et des raisins:

> Elle a rendu l'âme
> Elle a rendu l'esprit
> Elle a rendu ce qu'ils lui avaient prêté
> Pas le corps
> Pas le ventre de sang
> Pas la plaie rouge du chemin
> Pas la plaie rouge de la vulve de la terre
> Le chemin rouge du sang des règles
> Le chemin rouge des règles de la terre
> L'amour avec le causse
> Le rocher
> Le buisson
> L'amour avec le serpent
> [...]
> Elle a perdu la raison
> Elle a perdu l'esprit
> Pas le corps
> Elle ne peut pas le perdre
> [...]
> Il est tout ce qui est
> Il est tout ce qui vit
> [...]
> Ils l'ont emmurée dans le pressoir
> Est-ce elle qu'on entend crier
> Non
> C'est l'autre
> L'autre elle
> Celle qui crie la nuit
> Celle qui crie d'amour
> Celle qu'ils n'ont pas pu tuer
> L'autre elle
> Celle qui a survécu
> [...]
> Car l'amour ne peut pas mourir
> Le vivant de l'amour est de ne pas mourir

---

25. *Ibid.*, p. 70.

Le vivant de l'amour est d'accompagner la mort
Le vivant de l'amour est de traverser la mort.[26]

Marques de l'oralité donc au niveau des thèmes avec la réappropriation du corps et de la parole originelle, marques de l'oralité aussi par la présence de la voix modulée dans un chant. Tous ces textes, et on pourrait en citer d'autres, se caractérisent par un choix de mots concrets, charnels, un jeu sur les sonorités, et surtout par le rythme: mélodie, psalmodie, litanie, incantation. Dans certains cas la parole comme discours se résorbe dans la voix comme pure émission de sons, psalmodie, « voix sans parole », dans *Rougeâtre*,[27] « *Souffles* »[28] de Hélène Cixous, livre auquel fait écho, au niveau du titre, *L'Espace d'un souffle* de Geneviève Pastre.[29] Hélène Cixous indique l'importance de cette voix dans les textes de femmes et dans les siens: « Ecriture et voix se tressent, se trament et en s'échangeant, continuité de l'écriture/rythme de la voix, se coupent le souffle, font haleter le texte ou le composent de suspens, de silences, l'aphonisent ou le déchirent de cris [...] », et elle précise les liens de cette voix, comme chant, avec la mère et le premier amour:

> Dans la parole féminine comme dans l'écriture ne cesse jamais de résonner ce qui de nous avoir jadis traversé, touché imperceptiblement, profondément, garde le pouvoir de nous affecter, le *chant*, la première musique, celle de la première voix d'amour, que toute femme préserve vivante. La Voix, chant d'avant la loi, avant que le souffle soit coupé par le symbolique, réapproprié dans le langage sous l'autorité séparante. La plus profonde la plus ancienne et adorable visitation. En chaque femme chante le premier amour sans nom.[30]

Elle indique, enfin, en détournant à son profit le poème de Rimbaud, la finalité de toutes ces tentatives: retour à une mémoire oubliée, à une origine perdue, réappropriation du corps et « descente au Paradis »: « Elle est retrouvée, la mère perdue, l'éternité: c'est la voix mêlée avec le lait ».[31]

---

26. Jeanne Hyvrard, *op.cit.*, p. 20, 21, 26, 27.
27. Chantal Chawaf, *op.cit.*, p. 45.
28. Des femmes, 1976.
29. Christian Bourgois, 1977.
30. *La Jeune Née*, *op.cit.*, p. 172.
31. *Ibid.*, p. 173.

Des anciens discours aux nouveaux textes

Tous ces textes inscrivent l'énonciation dans l'énoncé et rendent visibles les conditions de possibilité de cette énonciation: le retour à une origine perdue, la réappropriation de forces vitales, l'abandon aux pulsions, l'ouverture de l'inconscient féminin singulier à l'inconscient pluriel. A partir de ces constatations plusieurs problèmes ne manquent pas de se poser.

N'y a-t-il pas dans ce retour à la mère, amplifié par les mythes de la terre-mère et de la non-séparation primordiale, une revalorisation mythique de la féminité dans ce qu'elle a de plus traditionnel et de plus négatif? « Elle a perdu la raison. Elle n'a pas perdu le corps », psalmodie Jeanne Hyvrard, à propos de la jeune fille enfermée dans le pressoir. Elle a perdu la raison et avec celle-ci non seulement l'usage des catégories existentielles: le temps, l'espace, mais aussi la grammaire et la logique:

Il paraît qu'elle confondait l'espace
Cela ne se peut pas
Si
Elle confondait l'espace
A cause du peuple des pierres
A cause du peuple des cailloux
A cause de leur foule anonyme
A cause des mots de la terre
Ils sont tellement nombreux.[32]

Mais à chanter la « demeurée », à vouloir le retour à une époque originelle « d'avant la séparation », « d'avant la parole », à exalter le présymbolique, ne court-on pas le risque de figer la femme dans un mythe de la « néo-féminité »? Ne risque-t-on pas aussi de figer l'écriture féminine dans une thématique et une stylistique qui ne serait plus qu'un nouveau code obligé, imposant à son tour sa marque et ses règles à l'écriture des femmes à venir? Si, en effet, l'écriture des femmes se réduisait aux aspects que l'on vient de relever, ces objections ne manqueraient pas de pertinence, mais il ne s'agit là précisément que d'un aspect, important par sa nouveauté et par la brèche qu'il ouvre vers de nouvelles possibilités d'expression et, par conséquent, de réappropriation d'un domaine jusqu'ici quasiment inexploré, mais d'un aspect qui n'est pas exclusif de beaucoup d'autres, complémentaires et tout aussi importants.

---

32. *Op.cit.*, p. 24.

Comme prise de la parole, comme inscription d'une parole singulière, ces textes peuvent, d'autre part, paraître revenir à une conception périmée et régressive de la littérature comme expression d'un moi, d'un individu constitué, préalable au texte. Idéologie, on le sait, battue en brèche par les avant-gardes. Mais il s'agit bien ici, avec le passage de la parole à l'écriture, d'inscription et non pas d'expression. Inscription d'un sujet, mais d'un sujet éclaté, traversé de toute part tant par l'Histoire (une Histoire oubliée) que par l'inconscient et ses diverses instances, d'un je pluriel, qui est aussi un tu et un nous, d'un je qui est aussi elle ou elles, ou encore comme le clame *La Venue à l'écriture*: « la Vie en personne »: « Qui me fait écrire, gémir, chanter, oser? Qui me donne le corps qui n'a jamais peur d'avoir peur? Qui m'écrit? Qui fait de ma vie le champ charnel d'une levée de textes ? La Vie en personne. »[33] D'un je, ou d'une elle, élargis aux dimensions du cosmos:

> D'eau en algues
> De terre en arbre
> De corps en corps
> Depuis si longtemps
> Que le corps du monde tout entier
> En a gardé la mémoire.[34]

On pourrait dire aussi que ce « je » n'en est pas un, que le sujet n'en est pas un, mais que ce « je » est une simple voix, un lieu de passage, le point de départ ou d'arrivée d'une genèse, d'une naissance, d'une traversée, que c'est un je aussi qu'on laisse derrière soi au fur et à mesure des métamorphoses:

> Et maintenant me demandai-je quelle je peut bien dire je? Mais la réponse ne m'intéressait pas. J'étais tellement pas moi, celle que j'ai connue du temps que je me vivais d'écrire.
> Si une question me disait qui n'es-tu pas? Il serait facile de répondre.
> Il y aura un je pour dire toutes celles qui ne m'intéressent plus: pas ma fille, pas la fille du papier, pas du tout sa mère ou presque pas la mienne, pas la fille grasse, pas la fille de plus en plus mince, pas la fille mi-appelée, mi-omise

raconte, avec l'humour qui la caractérise, Hélène Cixous au début de son livre *Anankè*.[35] Tandis que Monique Wittig manifeste typographiquement,

---

33. *Op.cit.*, p. 49.
34. Jeanne Hyvrard, *Les Doigts du figuier*, *op.cit.*, p. 75.
35. Des femmes, 1979, p. 10.

par la barre qui fend son j/e, l'impossibilité pour la femme de dire « je », au sens où ce pronom personnel, à la première personne, exprimerait un moi constitué, possesseur d'un langage et d'une vérité qui lui serait propre et qu'il manifesterait.

« Qui parle ici, qui a toujours parlé », se demande, on l'a vu, Annie Leclerc, « qui parle à la tribune, qui parle dans les lois, qui parle dans la Chaire? C'est l'homme. L'homme est la parole du monde. Le monde est la parole de l'homme. » Parole de l'homme ou parole de Dieu, cela revient au même. La parole comme Logos est toujours celle du Père, celle de la Loi: Qui parle? Le Père ou le Fils ou le Saint-Esprit, mais non la Vierge Marie, qui ne peut que dire *Fiat* (il lui reste, il est vrai, la parole d'intercession entre Dieu et les hommes mais par l'intermédiaire de son fils...). Ou faut-il rappeler ici saint Paul? « Je ne permets pas à la femme d'enseigner, ni de dominer l'homme; qu'elle se tienne donc en silence. »[36]

Or si toute parole est parole d'homme et tout discours théocentrique, si la femme est radicalement exclue du discours, compris comme Logos et comme Vérité, le problème qui se pose est alors: comment parler sans être dans ce discours, comment parler autrement tout en utilisant le langage de l'autre?

D'où la nécessité de passer par une critique radicale tant du discours que des discours, par une critique radicale de tout l'héritage culturel. Et c'est bien en effet d'une telle mise en cause que témoignent des livres comme *La Jeune Née*, *La Venue à l'écriture* et *La*, ainsi que *L'Espace d'un souffle*, *Les Guérillères* et bien d'autres encore. La naissance, la traversée dont il s'agit, la sortie de la mort à la vie, de l'obscurité à la lumière, de l'enfermement à la liberté, y sont relatées comme une traversée des mythes, des images, un franchissement des barrières forgées par la culture, un accès au jardin de la connaissance, un refus de cette « castration », qu'est l'exclusion du discours et de la connaissance. Le mythe du paradis perdu, parodié, retrouve là une dimension nouvelle.

Critique d'abord radicale du Discours comme Logos – Raison – Loi – Maîtrise, du discours théo-logo-phallocentrique. Cette critique qui prend appui sur la réflexion philosophique de Derrida met en cause le logocentrisme avec ses oppositions binaires: Activité/Passivité, Raison/Sentiment,

---

36. Première épître à Timothée. Cité en exergue par Marina Yaguello dans *Les Mots et les femmes. Essai d'approche sociolinguistique de la condition féminine*, Payot, 1978.

Intelligible/Sensible, Tête/Corps, Père/Mère, Culture/Nature, etc... Mais elle dénonce à son tour le phallocentrisme comme fondement caché de ce logocentrisme. Les oppositions, en effet, ne sont pas neutres, elles sont hiérarchisées en un système dans lequel le masculin est toujours le positif et le féminin le négatif: Homme/Femme. Critique de conséquence, car, comme le dit Hélène Cixous: « Qu'adviendrait-il du logocentrisme, des grands systèmes philosophiques, de l'ordre du monde en général, si la pierre sur laquelle ils ont fondé leur église s'émiettait ? S'il éclatait que le projet logocentrique avait été d'assurer à l'ordre masculin une raison égale à l'histoire elle-même? »[37]

A cette critique radicale du discours comme tel s'ajoute une critique des différents discours constitués, hérités. Mise en cause en particulier des contes, des légendes et de l'ensemble des images, qui constituent notre héritage culturel à tous, hommes et femmes, mais qui, si on les examine du point de vue de la femme, manifestent, à l'envi, son exclusion, sa relégation. « En qui me glisser », demande Hélène Cixous, « Quelle est ma place? Je me cherche à travers les siècles et ne me vois nulle part ».[38] Mise en cause donc des mythes de l'antiquité grecque et latine; des mythes et figures de la Bible, de l'Evangile, et pour commencer, du mythe d'Eve, la seconde, d'Eve, la coupable.

A cette mise en cause des mythes et des images de la femme dans les textes sacrés de la culture et de la religion, s'ajoute une critique des contes populaires et, en particulier, des contes de fées: *Le Petit Chaperon rouge*, *Blanche-Neige*, *La Belle au bois dormant*, par exemple. Contes qui racontent à la petite fille la même histoire: il est dangereux d'aller dans la forêt, et qui lui assignent le même destin: les belles dorment dans leur bois en attendant que les princes viennent les réveiller...

Or, cette critique ne s'opère pas seulement par le recours aux sciences humaines et par le biais de la réflexion théorique, mais en outre par le travail même du texte. Les discours sont repris, parodiés, inversés, introduits dans

---

37. Hélène Cixous, *La Jeune Née*, p. 119. Cette mise en cause ne concerne bien sûr pas seulement les femmes. Elle est d'ailleurs le fait également, et avant elles, de bien des hommes et en particulier des écrivains et philosophes sans doute les plus importants de notre époque. Je renvoie à ce propos à Julia Kristeva, *Polylogue*, Seuil, 1977, et à Hélène Cixous, *Prénoms de personne*, Seuil, 1974. Il faut évoquer également les ouvrages de Luce Irigaray et sa critique du discours freudien dans *Speculum de l'autre femme*, Minuit, 1975 et *Ce sexe qui n'en est pas un*, Minuit, 1977.
38. *Op.cit.*, p. 65.

d'autres contextes qui changent leur sens primitif ou traditionnel. Ce travail de déconstruction s'effectue par divers moyens, dont je ne peux évoquer ici que quelques aspects. Pour commencer la parodie. Parodie sur la forme avec la reprise, par exemple, du style évangélique et en général des textes sacrés: invocations, litanies, ton prophétique, mais avec inversion des thèmes et du sujet. Ainsi dans ces litanies du corps:

> Corps la montagne en fracture
> Corps la rivière mourant étouffée
> Corps le ravin déchirant ses propres chairs
> Corps les maisons aux cuisses gigantesques
> Corps les maisons aux visages tourmentés
> Corps les maisons aux ventres parturients
> Corps les champs aux cheveux moissonnés
> Corps le figuier aux doigts desséchés.

chez Jeanne Hyvrard, qui, par ailleurs, parodie *les Béatitudes*: « Heureuse la demeurée », « Heureux les convulsés ». Hélène Cixous, de son côté, parodie dans *La* les livres d'initiation, en particulier *Le Livre des Morts*, qu'elle transforme en *Livre des Mortes*. Enumérant et invoquant non sans humour « les quatre pouvoirs de la femme »,[39] elle proclame « Heureuse la terre dont les enfants sont des reines. »

Un autre procédé consiste à féminiser les héros mythiques masculins, ainsi dans *La*, « mes souvenirs d'osirisque », ou même à fabriquer des contre-mythes par inversion de tous les thèmes. C'est le cas de Monique Wittig dans *Les Guérillères*:

> Dans la légende de Sophie ménade, il est question d'un verger planté
> d'arbres de toutes les couleurs. Une femme nue y marche. Son beau
> corps est noir et brillant. Ses cheveux sont des serpents fins et mobiles
> qui produisent une musique à chacun de ses mouvements. C'est la
> chevelure conseillère. On l'appelle ainsi parce qu'elle communique
> par la bouche de ses cent mille serpents avec la femme porteuse de la
> chevelure. Orphée, le serpent préféré de la femme qui marche dans le
> jardin, sans cesse lui conseille de manger du fruit de l'arbre du Milieu
> du jardin. La femme goûte du fruit de chacun des arbres en deman-
> dant à Orphée le serpent comment reconnaître le bon. Il lui est répon-
> du qu'il est étincelant, qu'à le regarder simplement on a la joie au
> coeur. Ou bien il lui est répondu que, dès qu'elle aura mangé le fruit,
> sa taille se développera, elle grandira, ses pieds ne quitteront pas le

---

39. *Op.cit.*, p. 86.

sol tandis que son front touchera les étoiles. Et lui Orphée et les cent
mille serpents de sa chevelure s'étendront de part et d'autre de son
visage, ils lui feront une couronne brillante, ses yeux deviendront
pâles comme des lunes, elle aura la connaissance...[40]

Je pourrais fournir des exemples analogues pour la transformation des
contes de fées par inversion de sens, en particulier du *Petit Chaperon rouge*
et de *Blanche-Neige*. On aura remarqué dans ce texte de Monique Wittig le
syncrétisme qui s'opère par le biais du tissage intertextuel. A la fois aplatissement et dérision de la dimension mythique et sacrée et récupération, mais à
d'autres fins, de tous les mythes et de toutes les images. Hélène Cixous
pousse plus loin que personne ce travail de parodie, de transformation et
d'élaboration d'un nouveau texte à partir d'une déstructuration de l'ancien
Texte. Si l'on relit le fragment de *La*, que j'ai cité plus haut, à propos du
vocabulaire, du rythme et des thèmes, comme un exemple du langage du
corps et de l'inscription de l'oralité, on remarquera qu'il s'agit aussi d'un
ensemble intertextuel: reprise de la chanson enfantine: *Au palais de dame
Tartine* et reprise parodique de poèmes de Rimbaud, de Milton (*Le Paradis
perdu*) et surtout du *Cantique des Cantiques*: « J'ai tété tes montagnes, j'ai
goûté de ton Liban »...[41] Ce fragment fait d'ailleurs partie d'un passage
intitulé: « *Son pot-pourri de Régions en Enfer, de Livres des Mortes,
d'Ilelumination, de Cantique, de Parodie Perdue et Retrouvée* ».[42] Sous-titre dont chaque terme pourrait donner lieu à commentaire, mais dont les
remarques qui précèdent permettent de saisir à quel point il concentre, en
peu de mots, un grand nombre des thèmes et des procédés que j'ai tenté de
souligner. Je rappellerai seulement que dans ce seul et très court passage:
« tes deux seins sont des belle hélène »,[43] se retrouvent, comme tissés, ou
pétris ensemble dans la parole amoureuse adressée à l'autre, le nom d'Hélène, Hélène de Troie, les seins de la femme, la poire belle Hélène, soit le
sujet écrivant, la mythologie, le corps féminin et la nourriture: un dessert
délicieux. Or, cette phrase s'insère dans un texte qui la démultiplie, la fait
jouer, la transforme et qui, à son tour, fait jouer et transforme les autres
textes.

---

40. *Les Guérillères*, Minuit, 1969.
41. *La, op.cit.*, p. 183.
42. *La, op.cit.*, p. 181. Les italiques sont de Cixous.
43. *Ibid.*, p. 183.

Une telle pratique de l'intertextualité, à des fins de déconstruction et de restructuration, n'est pas spécifiquement féminine. On en a vu l'importance dans les textes de Michel Butor et de Claude Simon. Ce qui change, outre la manière propre à chaque écrivain, c'est la visée critique de ce travail, qui est, cette fois, orientée systématiquement du point de vue de la femme et tient donc compte de sa situation particulière dans le champ culturel. Par ailleurs, la démystification et la désacralisation des mythes et des idoles culturelles débouche sur une réévaluation du corps et de la vie, sur l'invention d'un paradis – vraiment – terrestre, bref, sur ce qu'on pourrait désigner comme de nouvelles valeurs. Il est clair que la critique des discours est complémentaire de la prise de la parole par les femmes, et nécessaire à la mise en écriture d'une telle parole décidée différente.

Chapitre 10

Femmes et avant-garde
Entretiens avec Julia Kristeva[*]

A partir de *Polylogue*

Françoise van Rossum-Guyon: *Polylogue*,[1] votre dernier ouvrage, analyse diverses pratiques de symbolisation: depuis la peinture de la Renaissance jusqu'à la langue, en particulier le langage de l'enfant, le discours de l'adulte et la littérature moderne d'avant-garde, ainsi que leurs approches par les sciences humaines: linguistique, sémiotique, psychanalyse. Ces analyses vous conduisent à interroger l'essence des anciens codes et à poser la question du sujet parlant. Vous indiquez comment, d'une négativité assumée jusqu'à l'évanouissement du sens, peut émerger une positivité neuve et vous démon- trez, tout au long de votre parcours, que la seule positivité acceptable à notre époque est la multiplication des langages, des logiques, des pouvoirs.

Or, je constate que votre travail, dans son ampleur et dans sa visée, ne laisse pas de poser la question des rapports entre écriture, féminité et

---

[*] Je regroupe ici deux entretiens avec Julia Kristeva. Le premier, réalisé par écrit, a paru dans le numéro de la *Revue des Sciences humaines* n° 168, « Ecriture, féminité, féminisme », 1977, dont j'ai assuré la direction. Le second, réalisé à Paris en octobre 1989, a paru dans *Avant-Garde* n° 4, Amsterdam, Rodopi, 1990, p. 157-175, textes réunis par Françoise van Rossum-Guyon. Ce numéro spécial est consacré aux femmes dans l'avant- garde internationale, d'où son intitulé « Femmes, Frauen, Women ». Il comprend des articles sur Lou Andreas-Salomé, H.D. (Hilda Doolittle), Gertrude Stein, Virginia Woolf, Marieluise Fleisser, Claude Cahun, Gisèle Prassinos, Joyce Mansour, Nathalie Sarraute, et un texte d'Hélène Cixous, référant à Clarice Lispector et Marina Tsvétaieva.
1. Seuil, 1977.

féminisme. Je pense à la prise en considération de la différence sexuelle, à l'art considéré comme langage de la jouissance maternelle, à l'opposition (quant à l'écriture) de la fonction maternelle et de la fonction paternelle, à la réévaluation de ce que vous appelez le « sémiotique » par rapport au symbolique, à votre critique du sujet Unaire (soumis à la loi de l'Un qui s'avère être le nom du Père) et à vos nombreuses et complexes analyses de textes qui, justement, relèvent d'une autre économie libidinale et culturelle. Il s'agit bien chaque fois, et même explicitement, de l'inscription du féminin dans le discours et, par-là même, de la position de la femme dans le domaine social.

Toutes ces considérations cependant sont suscitées par des analyses qui portent, exclusivement, sur des textes produits par des hommes: Artaud, Céline, Bataille, Beckett, Sollers. Il s'agit, bien sûr, pour vous de dissoudre, entre autres, les identités sexuelles, mais considérez-vous du même coup que la spécificité d'une écriture féminine est non pertinente, c'est-à-dire qu'il est, à tel niveau d'élaboration et de négativité, indifférent que le sujet parlant soit un homme ou soit une femme? Si ce n'est pas le cas, quelles sont alors les différences? Ne pensez-vous pas, d'autre part, que les recherches de certaines écrivaines aujourd'hui s'inscrivent justement, et même d'une manière privilégiée, dans ce mouvement d'avant-garde, qui vise à subvertir les codes idéologiques, familiaux, religieux, étatiques, en même temps que le code de la langue, à ruiner le logocentrisme et à « bouleverser, en particulier, le verbe chrétien », pour, enfin, « faire passer dans le langage ce que le monologisme refoule »?

Julia Kristeva: Si l'on s'en tient à la radicalité de l'expérience dite aujourd'hui d'« écriture », c'est-à-dire à une mise en cause radicale et à une reconstitution plus polyvalente que fragile du sens et du sujet parlant dans le langage, rien ne me semble permettre, des publications des femmes passées ou récentes, d'affirmer qu'il existe une écriture féminine. S'il est vrai que l'inconscient ignore la négation et le temps pour se construire comme une trame de déplacements et de condensations (que les métaphores de « langage » ou « mathème » effleurent de loin), je dirai que l'écriture ignore le sexe et déplace sa différence dans la discrétion de la langue et des significations, forcément idéologiques et historiques, pour en faire des noeuds du désir. C'est une façon, entre autres, de faire avec la défaillance radicale qui constitue l'être parlant, cet éternel prématuré prématurément séparé du continent maternel comme de celui des choses, et remédiant à cette séparation par une arme invincible: la symbolisation linguistique; une façon qui consiste à traiter cette altération fondamentale qui caractérise le parlant, non pas en posant un autre (autre personne, autre sexe: ce serait l'humanisme psychologique) ni un Autre (signifiant absolu, Dieu), mais un réseau où pulsions, signifiants et sens se tissent et se débrident dans une dynamique énigmatique, de laquelle précisément tire son existence un corps étrange, ni homme ni femme, ni vieillard ni enfant, qui fait rêver Freud de sublimation, les chrétiens d'anges, et ne cesse de poser à la rationalité moderne l'embarrassante question d'une identité (entre autres sexuelle) re-faite, re-naissante par la force d'un jeu de signes... Qu'on se presse à recaser la radicalité de cette expérience dans une identité sexuelle est, peut-être parfois, une manière de rendre moderne ou simplement vendable sa dérobade à ce qu'elle a de tranchant...

Par contre, il est éventuellement possible de distinguer, dans des livres écrits par des femmes, des particularités stylistiques et thématiques, à partir desquelles on pourrait ensuite essayer de dégager un rapport spécifique des femmes à l'écriture. Mais il me semble difficile, actuellement, en parlant de ces particularités, de dire si elles relèvent d'une spécificité proprement féminine, d'une marginalité socioculturelle, ou plus simplement d'une certaine structure (par exemple hystérique) favorisée par le marché contemporain à partir de l'ensemble des potentialités féminines.

Je constate, pour ce qui est de la thématique des écrits féminins, le fait qu'ils donnent à voir, à sentir, à toucher – qu'ils exhibent avec complaisance ou horreur – un corps fait d'organes. Comme si les affects qui provoquent les relations intersubjectives et les projets sociaux réglés par le si décrié phallus, se réduisaient ici en humeurs et viscères que la culture antérieure avait savamment maquillés et qui se montrent désormais sans complexe. Par ailleurs, ces écrits féminins, y compris les plus optimistes, me semblent sous-tendus par une attitude de non-dupes ou d'incrédulité à l'égard de tout projet, but ou sens: comme si aucun Autre ne pouvait soutenir l'insatisfaction décapante, mais que, paradoxalement, une foule d'autres était appelée pour combler, sans illusion d'ailleurs, cette défaillance. Ceci donne aux écrits féminins une teneur toujours psychologique, très souvent déçue, revendicative ou apocalyptique – phénomène qu'on interprète trop facilement comme une critique politique. Le genre épistolaire ou des Mémoires comme leurs dérivés se prêtent au mieux à cette tendance. Enfin, une grande partie des écrits féminins me semblent s'engager actuellement dans la reformulation de l'amour. La conception occidentale de l'amour (amour courtois ou amour chrétien patronné par la conjonction du Christ et de la Vierge) laisse une place aujourd'hui insatisfaisante aux besoins et aux désirs d'un corps de femme: le féminisme est le résultat d'une crise de la religion précisément à l'endroit-clé de son édifice qui est la conception de l'amour. On ne s'étonnera pas alors de lire les femmes clamer un autre amour: pour une autre femme ou pour les enfants. Ce qui nous renvoie dans les régions encore obscures du narcissisme primaire ou du rapport archaïque d'une femme à sa mère, région que le christianisme a pudiquement voilée ou savamment écartée. J'y reviens en détail dans mon article « Hérétique de l'amour ».[2]

Le style des écrits féminins me frappe, quant à lui, par deux traits permanents. D'abord toute lecture de textes féminins me laisse l'impression que la notion de signifiant en tant que réseau de marques distinctives est insuffisante. Parce que chacune de ces marques est chargée, outre sa valeur discriminatoire porteuse de signification, d'une force pulsionnelle ou affective qui ne se signifie pas à proprement parler mais reste latente dans l'invocation phonique ou dans le geste inscrivant. Comme si l'affect franchissait le mur du signifiant au point de l'imprégner et de l'abolir en tant que marque neutre; mais comme si, s'ignorant comme tel, cet affect ne franchissait pas le seuil de la signification et ne trouvait pas de signe pour se désigner. Ceci vaut aussi bien pour des écrits pudiques que pour des écrits dits osés mais dont le signifié est, beaucoup plus que dans les textes masculins, en deçà de la charge contenue. Le langage poétique a, de tout temps, partagé des traits analogues mais il est probable que les écrits féminins introduisent dans le style quotidien d'une époque cette abolition de la neutralité du signifiant que côtoie un signifié déçu et décevant. D'autre part, et peut-être en conséquence, les écrits féminins me frappent par leur désintérêt (d'autres diraient par leur incapacité) à l'égard de la composition. Il y manque l'art d'orchestrer des signifiants comme on le ferait avec des portées musicales. Lorsqu'une femme s'essaie à cette architectonique du verbe que Mallarmé ou Joyce ont conduit à sa perfection, cela donne en général deux choses: l'art de la composition échoue dans une structure artificiellement imposée qui sent le jeu de mot ou le cruciverbisme, une sorte de pataphysique candide qui s'annule; ou bien, et c'est la solution qui me paraît la plus intéressante, le silence, le non-dit, criblés de répétitions, tissent une toile évanescente où

---

2. Dans *Tel Quel* n° 74, automne 1977, p. 30-49.

Blanchot voyait se révéler la « pauvreté du langage » et où des femmes articulent, par la parcimonie de leurs mots et les ellipses de leur syntaxe, une lacune congénitale à notre culture mono-logique: le dire du non-être...

La mise en cause des identités: une exigence éthique

F.v.R.-G.: Ces questions sur l'écriture féminine comme écriture « d'avant-garde » ou non, me semblent concerner aussi, et même très directement, votre propre travail. Vous vous situez en effet, nettement, et à plusieurs reprises, comme « sujet-femme » par rapport à la théorie et, parce que femme, en position doublement privilégiée. D'une part une femme est, selon vous, « dissidente éternelle par rapport au consensus social et politique, en exil par rapport au pouvoir, donc toujours singulière, morcelée, démoniaque, sorcière », ce pour quoi, entre autres, « une pratique de femme ne peut être que négative pour dire que « ce n'est pas ça » et que « ce n'est pas encore ».[3] D'autre part, la femme serait, à cause de sa place dans la reproduction de l'espèce, « moins portée vers l'anarchisme, plus attentive à une éthique », de sorte que « sa négativité n'est pas une rage nietzschéenne ». Position doublement privilégiée donc pour entreprendre et mener à bien une interrogation sur le sens, le sujet, l'identité qui permette de faire émerger une positivité neuve, démultipliée. Pourriez-vous alors préciser quel rôle a joué la prise de conscience de cette situation de sujet-femme dans le développement de vos théories, depuis l'élaboration de la sémanalyse en réponse aux limites de la sémiologie, jusqu'à ce *Polylogue* qui offre « la pluralisation de la rationalité en réponse à la crise de la société occidentale ». Pourriez-vous également indiquer quels sont les domaines dans lesquels, en ce moment, s'effectue, grâce aux femmes, un travail sinon analogue, du moins complémentaire du vôtre?

J.K.: Ayant été élevée dans un pays socialiste qui, comme tous les pays de l'Est, ne refusait aucune reconnaissance sociopolitique aux femmes, je n'ai jamais eu le sentiment que je qualifierais « d'esclave » (d'exclue, de refoulée) qui pousse les femmes en général à s'intéresser aux divers aspects de la question féminine actuelle. (Disons en passant qu'une telle reconnaissance est en passe de se réaliser, à plus ou moins grande échelle, dans les pays

---

3. *Polylogue, op.cit.*, p. 519.

capitalistes avancés dont la France, ce qui rend archaïque cette position de bouderie esclavagiste encore assez répandue: « on m'a pris ceci, on m'a volé cela, on m'interdit, on m'a méconnue... etc. »). Je suis arrivée à m'interroger sur la condition des femmes pour deux raisons: individuelle et théorique.

Par la raison individuelle j'entends ce parcours auto-analytique ou analytique dans lequel je me suis trouvée en essayant de suivre au plus près de leur vérité les traces biographiques, historiques, biologiques qui me composent. Concentration et dissolution en somme de l'« identité », de l'image individuelle, de la photo pour famille ou institution. C'est là, dans l'analyse du difficile rapport à sa mère et à sa propre qualité de différente de tous les autres, comme de toutes les autres, qu'une femme rencontre l'énigme du « féminin ». Je suis pour une conception du féminin pour laquelle il y aurait autant de « féminins » que de femmes. Vous voyez que cela ne fait pas du tout « groupe », et je suis persuadée que celles qui vont à la problématique féminine non pas par recherche de leur singularité mais pour se retrouver en communauté avec « toutes les femmes » le font d'abord pour éviter de se voir particulière et finissent, en dernière instance, par la déception ou l'adhésion dogmatique. Ce sont les mêmes d'ailleurs qui sont aujourd'hui les opposantes ouvertes, c'est-à-dire farouches ou perverses, de ce savoir imaginé total plus puissant que le leur, de Freud et de la recherche psychanalytique. Une communauté substantielle « des femmes » s'érige alors, détentrice désormais de la vérité subtile du sexe, du langage, du psychisme, que le savoir, forcément neutre ou masculin, avait trahie... Ce fantasme n'alimente-t-il pas de nombreux discours féminins littéraires et en sciences humaines?

J'ai appelé l'autre raison théorique. Le travail théorique qui m'intéresse: analyser le fonctionnement du langage non pas comme un arbitraire systématisable (visée sémiologique positiviste) mais comme une pratique de sujet parlant à économie complexe, critique et contradictoire (le langage poétique offrant l'exemple le plus frappant d'une telle pratique). Ce travail théorique peut, bien entendu, être considéré du point de vue de son inscription idéologique, comme me sollicite de le faire votre question. Dans cette perspective, ce travail me semble relever d'une préoccupation éthique qui est commune à plusieurs démarches issues de la critique, elle-même inspirée de la psychanalyse ou de la phénoménologie, des limitations des sciences humaines. Il s'agit, en somme, tout en préservant la rigueur des sciences formalisables ou mathématisables, d'aborder des situations critiques de l'expérience subjective, pour remettre en cause ces modèles, pousser l'invention de nouveau ou peut-être démontrer la non-validité du systématisable pour certaines expériences-limites. J'appelle cette préoccupation éthique, parce qu'elle relève, comme dans toute théorie, d'un attachement à la démonstration, au sens, à la thèse, à la communication d'une vérité, fût-elle à refaire. Mais dans l'occurrence, cette éthique, contrairement à la morale, opère avec sa part de jouissance: la démarche dont je parle se soucie autant du démontrable que de ce qui lui échappe, du sens que du non-sens, de la thèse que de ce qu'elle ne pose pas, de la vérité que de ce qui la défie: elle les analyse, et par-là même leur donne un droit de cité, une existence, élargissant ainsi les bornes de l'intelligence et du socialisable.

. Je m'intéresse à la problématique féminine dans la mesure où elle se situe au même lieu éthique. Je veux croire que pour de nombreuses femmes, leur affirmation coïncide avec cette exigence éthique. C'est là que me semble résider l'enjeu de la crise actuelle: dans la remise en cause fondamentale des identités et des lois que nous vivons. Les femmes seront-elles seulement (ce qui déjà n'est pas rien) les agentes d'un refus radical, sorcières éternelles; quand ce n'est pas les adhérentes dociles aux doctrines des nouveaux maîtres (comme on le voit dans certains régimes socialistes ou fascistes)? Ou bien pourront-elles contribuer à penser, à construire une nouvelle légitimité compréhensive à l'égard de leur(s) jouissance(s), une éthique garantie non pas par la contrainte mais par une logique, qui est toujours poly-logique, de l'amour? Rien n'est moins évident, et Spinoza excluait déjà les femmes de l'éthique, au même titre que les enfants et les fous. Mais la raison a changé de raisons d'être, et l'exclusion n'est plus de mise. Je pense que tout ce qui sensibilise les femmes à cette re-formulation de l'éthique, constitue l'urgence dans laquelle entre la question féminine après sa phase négativiste. Par exemple, un examen attentif de l'histoire des religions permettra, entre autres, de constater qu'elles ont été des moyens habiles de traiter avec la paranoïa féminine pour la mater en définitive et la réduire au masochisme, seule issue perverse permise aux femmes. Question: comment aujourd'hui, des valeurs nouvelles données par les arts, les sciences, la politique, peuvent répondre, à la place de la religion, aux particularités psycho-sociales des femmes et proposer ainsi une autre éthique où elles auraient une place? Ou bien: comment une réflexion, après enquête et analyse de la maternité, peut permettre de mieux comprendre la place de la femme dans l'amour, qui n'est plus celle d'une Vierge éternellement promise à la troisième personne, Dieu, mais d'une femme réelle dont la sexualité essentiellement polymorphe aurait

éventuellement affaire à un homme, à une femme, à un enfant? etc. Je
constate malheureusement que certaines féministes s'attardent dans des
attitudes non seulement boudeuses mais obscurantistes: comme celles qui
consistent à revendiquer pour les femmes un langage fait de silences, cris ou
touchers, en marge du langage de la communication décrétée phallique; ou
celles qui attaquent la logique, le signe et la monnaie avec le principe même
de l'échange sous prétexte que les femmes fonctionnent comme objets
d'échange dans la constitution de l'ordre social patriarcal. Ceux qui connaissent l'histoire, trouveront facilement les mêmes thèmes (l'agent en étant non
pas les femmes mais le peuple, et la cible non pas le patriarcat mais le
Parlement et les Juifs) revendiqués... par les penseurs de l'Allemagne nazie.
Je pense, face à ces phénomènes, au plaisir de la révolte, à l'enivrement
qu'elle provoque, et au dogmatisme de groupe qu'elle suscite: personne n'est
à l'abri du totalitarisme, les femmes pas plus que les hommes. Le risque, on
ne le voit que trop dernièrement, est le devenir-secte des groupes féminins.
Sans parler de cette redoutable culpabilité qui a été semée chez les hommes
et qui, après le désarroi actuel, peut tenter certains de ramener l'ordre. Le
temps est par conséquent venu, peut-être, pour chacune, de s'affronter, selon
sa place et ses capacités, aux universaux désormais si dramatiques de notre
culture, pour une analyse interminable. Travail de théorie en un sens,
d'éthique sûrement.

Femmes et avant-garde

Françoise van Rossum-Guyon: Julia Kristeva, pour une revue qui s'intitule *Avant-Garde* et pour un numéro spécial sur les femmes et l'avant-garde, vous êtes la personne désignée. Dans *La Révolution du langage poétique*,[4] ainsi que dans *Polylogue*,[5] vous étudiez en effet les pratiques d'un certain nombre d'écrivains d'avant-garde, de la fin du XIXe siècle à nos jours. Vous élaborez en outre une théorie de l'avant-garde qui a l'originalité de prendre en compte la différence sexuelle et même de s'appuyer sur elle. Je pense en particulier à votre conception du sémiotique et au rôle essentiel que vous accordez au continent féminin-maternel dans la genèse de la création artistique. Cette perspective psychanalytique se double dans vos travaux d'une perspective socio-historique. Vous dégagez ainsi les implications de l'art d'avant-garde pour une mise en cause de la famille, des institutions et, plus généralement, de l'ordre socio-symbolique. Or, ceci concerne, également, les femmes. Comme vous le savez, la possibilité et la nécessité, proclamée dans les années 70, d'une « écriture féminine » reposait, entre autres, sur la foi que l'on a pu mettre dans sa capacité à ébranler les fondements du discours social, et à retrouver ce que le monologisme refoule. Cependant, on vous l'a souvent fait remarquer, vos analyses ne portent pas sur les oeuvres d'artistes ou d'écrivains femmes et vous avez souvent témoigné d'un certain scepticisme à l'égard des productions qui se voudraient, spécifiquement, féminines. Ceci me paraît paradoxal et je voudrais revenir avec vous sur cette question, en l'envisageant cette fois du côté de la créativité féminine, de ses conditions de possibilité ou d'impossibilité. Qu'est-ce qui, selon vous, et étant donné les rapports de production et de reproduction dont vous analysez les implications, fait obstacle à la création des femmes et, semble-t-il, à une création d'avant-garde?

---

4. Seuil, 1974.
5. *Op.cit.*

De la création féminine

Julia Kristeva: Tout ceci est très riche et je ne suis pas sûre, malgré vos appréciations, d'avoir été aussi pertinente qu'il aurait été souhaitable de l'être sur la question du rapport spécifique des femmes à l'avant-garde. Puisque vous me donnez l'occasion d'y revenir: on peut essayer d'examiner d'abord le rapport de l'auteur au féminin, parce que c'est sous cet angle que j'ai abordé l'avant-garde de la fin du XIXe siècle (Mallarmé, Lautréamont), mais aussi Artaud, Bataille, jusqu'aux artistes plus récents comme Sollers; ensuite, nous pourrons interroger certaines particularités de la création féminine dans l'art moderne. Je crois qu'une des contributions du féminisme a consisté à accentuer avec beaucoup de force la particularité du rapport féminin au langage et à l'écriture, par opposition à l'attitude masculine. Cependant, ces généralisations risquent de se figer en un nouveau dogme, un nouveau nivellement, si l'on ne tient pas compte des différences individuelles. Et la raison pour laquelle j'ai préféré ne pas parler des femmes en général, ou de La Femme en général dans l'écriture, mais plutôt d'un ensemble indéfini qui serait des femmes, était le souci de préserver la singularité des approches féminines. Parce que ce qui me semble important – peut-être n'est-il pas nécessaire de le souligner en Europe mais ça l'est toujours par rapport à un certain féminisme américain depuis les années 68. Contrairement à ces autres agents providentiels de la transformation sociale qu'auraient pu être le prolétaire, telle autre formation sociale ou tel groupe dépendant des conditions économiques, les femmes – enfin la dénomination « femme » – , dans la mesure où elles « dépendent » d'une détermination sexuelle, se dissolvent comme homogénéité et font apparaître la particularité de chacune.

Autrement dit, celles qui parlent d'une écriture féminine ou d'un impact des femmes dans le monde moderne, que ce soit dans la politique ou dans la culture, sont obligées soit de refaire une nouvelle religion qui serait à l'image des religions providentielles antérieures, soit, et c'est cela qui me semble important, d'insister sur la singularité des apports des femmes. C'est dans cette optique, qu'il y a plusieurs années, on avait fait un numéro de la revue belge *Les Cahiers du GRIF*[6] où j'intitulais l'entretien « une(s) femme(s) » en mettant une(s) femme(s) avec « s » pour montrer qu'il y a des ensembles et que ces ensembles sont faits d'atomes irréductibles, de person-

---

6. N° 7, *Dé-, pro-, re-créer*, 1975, p. 22-27.

nes singulières. La question de l'écriture féminine fait donc apparaître pour moi les questions de l'étrangeté de l'écriture. La question se pose de la même façon avec les hommes, et je pense qu'évidemment tous ceux qui s'intéressent à la création, dans ce qu'elle a de plus intolérable et de plus choquant, de plus cathartique et de plus véridique, s'intéressent à l'apport individuel et singulier. Mais il me semble que cette singularité-là s'impose avec d'autant plus de virulence lorsqu'il s'agit des femmes parce que la réalisation des femmes, dans quelque domaine de la création que ce soit, reste encore une exception et un combat tout à fait unique.

Ceci pour le premier point. Pour le second, la singularité dans une activité artistique me semble se réaliser à partir d'un combat avec l'autorité, et, dans ce domaine, on a beaucoup insisté sur l'impact de l'autorité maternelle, notamment pour ce qui est des premières acquisitions du langage et de sa prégnance affective. Or, une création esthétique qui consiste à bouleverser les signes du langage, les signes picturaux, de la musique, de la danse, des gestes, du cinéma – et la sémiologie montre aujourd'hui que, quelque autonomes que puissent être ces différents codes de représentation, ils sont quelque part liés au code linguistique – suppose que l'artiste qui s'y déploie a dû se heurter à cette réalité symbolique et subvertir obligatoirement les deux autorités qui la soutiennent, paternelle et maternelle. C'est là que j'ai été conduite à proposer la notion d'une dimension sémiotique du langage qui me semble pouvoir rendre compte de cette prégnance archaïque, présymbolique, antérieure à la constitution des signes et de la syntaxe dans la parole, et qui porte la trace de la relation intense de l'enfant avec sa mère. Lorsque l'artiste est un homme, ce sémiotique est avidement avalé, résorbé et, éventuellement avec plaisir, disloqué dans un combat incestueux avec la figure maternelle. A ce moment-là, le courant mortifère inhérent à la création, en tant que destruction d'une ancienne norme, est érotisé parce qu'il s'agit de prendre ce continent maternel, de le détruire, mais aussi de le posséder comme on posséderait le corps d'un partenaire sexuel. Autrement dit, le risque de mort est érotisé et, d'une certaine manière, le danger mortifère que représente la mise en cause des identités culturelles et linguistiques me semble (j'émets l'hypothèse avec beaucoup de précautions car rien n'est l'absolu dans ce domaine) plus facilement dépassé et abréagi lorsqu'il s'agit d'un sujet homme. Dans les créations féminines, et peut-être est-ce là qu'on arrive aux difficultés de la réalisation féminine dans l'art, cette confrontation avec le continent maternel, avec l'autorité maternelle, ou, selon ma terminologie, avec la dimension sémiotique des signes, suppose une confrontation extrêmement violente, bien entendu avec la figure de l'autorité sociale légiférante paternelle, mais aussi avec l'image de la mère qui garantit l'identité féminine, ne serait-ce que par la proximité et la ressemblance entre les deux protagonistes que sont la fille et sa mère.

Une femme qui arrive à une position de contestation de la langue maternelle et des signes qui en dépendent, devrait donc être quelqu'un qui assume le risque de ce combat, à la fois érotique et thanatique. Cela suppose qu'elle soit sans phobie intense par rapport à son homosexualité, de manière à reconnaître l'adhésion passionnelle qu'elle peut avoir vis-à-vis de cette figure maternelle et des dimensions que cette figure commande au niveau du langage; et en même temps, qu'elle puisse assumer la violence et l'agressivité qu'implique le dépassement de cette prégnance pour qu'une autre forme prenne lieu. « J'aime ma mère mais je suis la mère »: telle pourrait être une des formules possibles de cette reconnaissance et de ce dépassement. On voit bien comment, ainsi formulée, la problématique de la création suppose un aveu de l'érotisme, de l'amour et de la fusion, avec tous les plaisirs que cela peut procurer, et, en même temps, un aveu de désir mortifère vis-à-vis de cette détentrice du pouvoir affectif dans notre enfance (On se souviendra, à cet égard, de la madeleine de Proust et comme elle est ombiliquée, si je puis dire, à un souvenir maternel ou grand-maternel). Lorsque l'auteur est une femme, une telle recherche de la mémoire sensible enfouie dans le langage l'expose non pas simplement à un inceste avec un partenaire hétérosexuel, qui est quand même codé et recommandé dans la vie sociale et par la reproduction de l'espèce, mais aussi et surtout à une confrontation avec la garantie ultime de sa propre identité et donc à un risque psychotique beaucoup plus grave.

F.v.R.-G.: Et pourtant, il existe des femmes qui ont réussi à assumer ce risque et à en triompher par une création artistique que l'on peut, selon vos propres critères, qualifier d'avant-garde, subvertissant, chacune à leur manière, les signes, les codes et les genres. Les noms, réunis ici,[7] de Gertrude Stein, Virginia Woolf, Gisèle Prassinos, Marieluise Fleisser, Leonora Carrington, Tsvétaeva, Claude Cahun, Sonia Delaunay, Nathalie Sarraute, Hélène Cixous suffisent, me semble-t-il, à le montrer.

---

7. Dans le numéro d'*Avant-Garde* évoqué dans la note 1.

J.K.: Certainement. Mais une « sélection », comme la vôtre, est forcément subjective, on pourrait en imaginer d'autres. Un grand nombre des femmes que vous citez, comme Virginia Woolf ou Tsvétaeva, nous conduisent au croisement entre l'avant-garde féminine et la mélancolie ou le suicide, et signalent les bords dangereux auxquels s'expose une femme quand elle traverse la loi et l'identité. Evidemment, dans l'expérience de l'avant-garde masculine, on rencontre aussi ces risques, mais, encore une fois, je pense que pour les femmes, étant donné leur situation érotique et sociale, cette confrontation est plus violente, plus immédiatement pathogène. Même si une telle expérience est bordée d'érotisme, du fait d'une certaine non-apparence, non-visibilité de l'homosexualité féminine, cet érotisme prend une forme incurvée – c'est le cas de le dire – pas phallique, et donc il ne devient pas un lieu de reconnaissance sociale et de valorisation sociale, comme peut l'être la revendication phallique de l'homosexualité masculine. Il y a là une sorte de creux du contrat social qui marginalise radicalement celles qui traversent cette expérience, sauf si elles se donnent des airs qui miment l'homosexualité masculine, une sorte de transe virile comme chez Gertrude Stein, dans lequel cas elles sont adorées comme des maîtresses-femmes, sorcières de l'avant-garde moderne, ce qui est, après tout, une manière de survivre. Il ne s'agit pas du tout de faire ici des échelles de valeur – simplement de noter un aspect de cette expérience qui, chez certaines, joue davantage avec la bisexualité qu'avec cette « ironie de la communauté » dont parlait Hegel et qui, elle, représente peut-être le féminin si on essaie de l'isoler dans sa spécificité, c'est-à-dire la face nocturne de l'entente sociale. Mais le fait est, qu'évidemment, à l'état pur, ce féminin n'existe jamais et que nous sommes toutes, à la fois bisexuelles et en état de compromis permanent avec le code social, sans quoi d'ailleurs le problème de la communication de l'expérience de l'avant-garde ne pourrait pas exister. Mais il y a des dosages divers: tout est question de mesure, de tropismes...

Eloge du post-modernisme

F.v.R.-G.: Vous mettez l'accent sur la marginalisation des femmes dans la société. Mais les temps ont changé et les femmes ont de plus en plus accès à la culture, y compris la plus sophistiquée. Comment, dans ces conditions, envisagez-vous les combats de l'avant-garde? En particulier pour ces femmes?

J.K.: Ce qui, à mon sens, caractérise l'avant-garde moderne c'est, outre l'ironie et le défi, une particularité qu'on appellera rapidement le postmodernisme, c'est-à-dire la nécessité de tenir compte de la société de la communication et du spectacle, d'être compétitif avec cette forme moderne de culture que sont les médias. Est-ce qu'il s'agit de s'isoler dans une sorte de « sacré » intouchable qui miserait sur l'avenir où les futurs chercheurs viendront dénicher les âmes pures d'aujourd'hui? C'est un pari qui me paraît intenable. Voyez comment les spot-men de l'information politique s'effacent les uns après les autres: les événements de la place Tian'ammen font place à Rolland Garros et on oublie tout de suite l'horreur. Il n'y a aucune raison de croire qu'une espèce d'avant-garde qui resterait secrète aujourd'hui serait découverte dans cent ans. Donc il existe une nécessité pour les avant-gardes et d'autant plus pour les femmes, parce que leur travail est encore plus invisible que celui des avant-gardes masculines: de se battre pour communiquer leurs expériences, de tenir compte de la mass médiatisation.

Dans cette compétitivité avec les mass média, il faudrait une capacité de ludisme, de jeu, de désinvolture, pour reprendre un terme du XVIIIe siècle. Et je ne suis pas sûre que les femmes soient dans ce domaine particulièrement douées. Ou bien cette désinvolture prend la forme d'une coquetterie qui est très vite récupérée, marginalisée en tant que lieu faible des médias, mais du coup on perd l'enjeu de l'avant-garde. Ou bien on est carrément incapable de séduction et on se tient chez soi comme l'envers mélancolique et déprimé de la communication médiatique, et cette dépression ne peut pas, par définition, être prise en compte par la culture médiatique.

Alors le problème est de savoir si les femmes, qui sont engagées dans cette expérience culturelle d'avant-garde aujourd'hui, peuvent à la fois assumer ce risque de frôler la dépression, de frôler la mort – ce risque que représente pour une femme l'expérience érotique du jeu avec le continent maternel – et avoir suffisamment de présence d'esprit, je dirais même de possibilité calculatrice et de ruse, pour essayer de commercialiser ce travail, d'être en avance un peu sur la demande médiatique, de la détourner, d'être plus fine et plus retorse qu'elle. Cela suppose une possibilité de régression et de faiblesse aussi bien qu'une très grande solidité: une aptitude de ré-émergence à partir de cette dissolution que demande l'oeuvre d'art, la souplesse de se reprendre et d'être compétitive.

F.v.R.-G.: Mais est-ce que vous voyez aujourd'hui des femmes qui sont prises dans ce mouvement d'avant-garde, qui en sont capables et qui feraient ce genre de choses? Et si oui, quelles sont-elles?

J.K.: Ecoutez, on n'en voit pas beaucoup, c'est vrai. Je pense que c'est davantage le cas des artistes, des vidéastes, des photographes, des journalistes, de tous ces nouveaux métiers qui mouvent la parole, le son et l'ouvrage et qui exigent autant de séduction que d'insolite. Je pense aussi aux actrices. Oui, j'imagine, qu'Isabelle Adjani, ou Isabelle Huppert, sont des filles capables de cette stratégie double. En littérature, Duras me semble avoir des moments de régression, de folie, de déliquescence totale et en même temps d'une grande combativité, d'un cabotinage qui demande un certain cynisme, de jeu avec le pouvoir politique et les médias, qu'on peut approuver ou non, mais c'est une sorte de dureté remarquable, que le vice de se vendre. Je dis cela avec une certaine provocation en réaction au puritanisme sacral de l'avant-garde qui a fait son temps, pendant un siècle, de 1860 à 1960 à peu près, en réaction justifiée et féconde contre la société marchande; mais qui, dans le monde du spectacle, est balayé et totalement inefficace. Il me semble urgent d'aborder le monde de la culture contemporaine sans la naïveté de l'avant-garde post-romantique, et d'accepter la société de la consommation, comme les artistes de la Renaissance avaient accepté de peindre dans les Eglises. Je crois que les femmes écrivains n'ont pas pris encore les dimensions du phénomène et c'est ce qui explique peut-être aussi la difficulté de l'écriture féminine aujourd'hui qui se replie, soit dans des éditions de luxe, très marginales, soit dans l'abri, autrement maternel et protecteur, de l'université où l'on se recrée un milieu tolérant et attentif. Celui-ci aménage un champ de communication, et c'est tant mieux, l'université est une zone de culture qu'il faut absolument développer et raffiner, mais qui ne suffit pas, qui se remarginalise, ce qui arrange tout le monde: les femmes ont leurs « women's studies », qu'elles s'en occupent, à chacune son jouet.

Des groupes et des sectes

F.v.R.-G.: Lorsque nous avions eu cet entretien pour la *Revue des Sciences Humaines* en 1977....

J.K.: Oui. Il a même été repris récemment dans le livre sur la littérature du XXe siècle de Mitterand[8]...

F.v.R.-G.: En effet, et justement dans un chapitre intitulé « Ecrits de femmes ». Or, il y avait de votre part, à cette époque, un rejet très fort de ce qui était de l'ordre d'une autonomie du féminin, d'une spécificité de l'écriture féminine, etc. Vous faisiez allusion, entre autres, au danger d'un « devenir-secte » de l'écriture féminine. C'est un danger, vous en conviendrez, qui est maintenant, en France du moins, tout à fait écarté. On pourrait, en revanche, considérer que le fonctionnement de certains groupes dans cette période et je pense nommément à *Tel Quel* n'était pas sans rapport avec celui d'une secte. Je viens de relire un numéro du *Monde* du 10 janvier 1970, dans lequel on demandait à *Tel Quel*: pourquoi êtes-vous un groupe? Comment fonctionnez-vous comme groupe? Les réponses confirment l'importance du groupe comme « tel » et explicitement, par exemple, les raisons de l'opposition et de la scission avec *Change*. On était à une époque où se succédaient, avec une accélération extraordinaire, les différentes avant-gardes. Au contraire, aujourd'hui, s'il est une notion qui n'est plus du tout à la mode, qui est presque périmée, c'est celle d'avant-garde. On retourne au classicisme et à la tradition dans tous les domaines de l'art et de la littérature.

Etant donné cette dimension historique, et sans doute politique, du problème, il serait intéressant de parler de la succession des avant-gardes et de leur rapport au groupe. Parce qu'au fond, toutes ces femmes dont on parle ici ont, plus ou moins, fait partie d'un groupe et se trouvaient en outre, dans bien des cas, à l'avant-garde de leur propre groupe: Virginia Woolf avec le Bloomsbury, Nathalie Sarraute par rapport au Nouveau Roman. Est-ce que donc vous pensez que les problèmes se posent maintenant d'une manière différente?

J.K.: Certainement. Mais essayons d'aborder ces différences sans confusion. Car toutes ces scissions sont à la fois très loin et très actuelles. Que reste-t-il de *Change*? *Tel Quel* est un moment important du roman et de la théorie littéraire française qu'on commence à peine à apprécier ... à l'étran-

---

8. Chapitre « Ecrits de femmes », dans: Henri Mitterand, *XXe siècle. Textes et documents*, *op.cit.*, p. 719-732.

ger, et que continue, sous une forme méconnaissable, *L'Infini*. Je suis persuadée que dans une expérience risquée d'innovation des formes, les individus qui sont mis en cause, mis en danger et fragilisés, ont besoin, à un moment de cette aventure, de se référer à un « nous » qui leur sert de ceinture de sécurité, ce qu'on pourrait appeler une sorte de méta-famille, et qui permet une certaine cohésion, qui résout pour un temps les foudroiements, les effondrements personnels. Qu'est-ce qui fait que, maintenant, on éprouve moins le besoin de se référer à un groupe aussi concrètement matérialisé que pouvait l'être des personnes se réunissant autour d'une revue, ou faisant partie de conférences philosophiques, comme celles que nous avons organisées après mai 68 autour de *Tel Quel*. Je pense que le besoin d'un « nous » perdure, mais qu'il a pris des formes plus souples. Vous évoquiez tout à l'heure le classicisme. Je dirais que ce qui remplace l'effet de groupe d'aujourd'hui est la référence à une tradition, à une mémoire, nationale par exemple ou religieuse, mais qui est prise avec une certaine distance ironique. Un certain nombre de jeunes écrivains de la nouvelle génération (ils ont entre 20 et 30 ans) qui ont préparé un numéro récent de *L'Infini*,[9] emploient un langage détaché que les médias rapprochent des hussards bleus. Or, cela n'a rien à voir, et la seule chose commune entre ces deux générations, c'est un désir de tradition, *et* d'ironie, par rapport à elle. Mais cela se fait avec d'autres formes, avec d'autres ressources rhétoriques et d'autres horizons idéologiques et politiques. Néanmoins c'est cela qui me semble aujourd'hui prendre le relais du groupe compact, du groupe idéologique ou politique: la référence à une tradition. Cela me semble important dans l'état actuel du monde et de la situation politique. Il y a une crise d'identité nationale, notamment en France, qui est éprouvée d'une manière extrêmement violente et qui est due à deux chocs: celui de l'immigration à l'intérieur et celui de la confrontation à l'extérieur avec les autres pays de l'Europe. La question que se posent les auteurs (et, je le suppose aussi, des femmes), qui travaillent à partir d'une langue nationale, est de savoir dans quelle mesure leur identité culturelle et linguistique ne va pas être annihilée à l'intérieur de ce double défi interne et externe. A partir de là, il y a un mouvement qui consiste à retrouver un « nous », non pas au niveau du groupe terroriste, ni au niveau d'une idéologie politique parce qu'elles sont toutes plus ou moins dévalorisées ou mortes, que ce soit l'existentialisme ou

---

9. *L'Infini* n° 26, « Génération 89 », été 1989.

le communisme ou le freudisme en tant qu'idéologie (je ne parle pas de la pratique thérapeutique). Par-delà ces idéologies, on essaie néanmoins de retrouver une tradition et ainsi de se ressourcer, de retrouver ses valeurs, sa gloire et, en même temps, de la relativiser et de l'ironiser. Et de s'en servir alors comme d'un bateau qui, *fluctuat nec mergitur*, va pouvoir survivre dans ce choc de cultures où il n'y aura peut-être ni de nationalité ni de la non-nationalité mais de la transnationalité.

Même problème par rapport aux religions. Je pense que le postmodernisme, la post-avant-garde, est confronté à cette question d'une ré-évaluation de l'héritage métaphysique. D'autant que dans les années 60, il y avait une sorte de table rase. Comme ces athées dont parle Pascal dans *Les Pensées*, on a essayé d'être parfaitement « clairs ». C'était l'ambition aussi de « Sciences des textes et documents » à Paris VII.[10] On voulait faire un discours qui soit à la fois unique et transparent. Une déception a suivi et peut-être aussi une maturation. Est-ce un retour au culte religieux? Apparemment. Mais en réalité, les postmodernes qui s'intéressent au corpus religieux le font avec une distance ironique et souvent blasphématoire.

Est-ce que dans l'expérience des femmes, les tendances dont je parle sont visibles? Je pense que oui. Il y a de jeunes femmes, peu connues, on trouvera leurs noms dans les numéros de *L'Infini* et ailleurs, elles ne font pas partie d'un groupe. Ce sont des femmes qui écrivent dans une presse très diversifiée, et dont l'attitude par rapport à la vie et au langage est assez différente de celle des féministes des années 68. Mais peut-être non sans rapport. C'est une attitude de cruauté, de violence. Ecrire la relation homme-femme, par exemple, sans aucune complaisance, dans son horreur mais sans pathos, avec une sorte de distance satirique ou désabusée. Tout cela ne ressemble pas à l'avant-garde au sens militant du terme. Pourtant il y a là une exigence qui fut aussi celle des avant-gardes, et qui me paraît être le désir de se singulariser, de montrer ce qu'il y a d'irréductible dans l'être humain. C'est peut-être le destin même de l'art que de nous porter vers l'appréciation de cette singularité, de cette irréductibilité, pour nous inviter à retrouver nos étrangetés.

---

10. S.T.D. Nom du département de langue et littérature française, à l'Université de Paris VII, fondé en 1970.

Le « Temps des femmes »

F.v.R.-G. : C'est en effet une tendance et une réponse à la question du rapport au groupe et du rapport de ces êtres singuliers, masculins ou féminins, à la société. Mais une des questions que je voudrais poser concerne votre propre itinéraire. La première raison de vous interroger, qui va de soi, est que vous êtes la théoricienne de l'avant-garde. La seconde c'est, disons, vos théories sur les femmes et le féminin, mais la troisième c'est que vous êtes vous-même une praticienne de l'avant-garde. Ce qui me frappe en effet dans cette pratique d'une théorie qui déplace les concepts, subvertit les codes, dissout les identités, c'est qu'elle implique l'inscription du sujet et qu'elle est donc liée à votre propre position en tant que femme.

J.K. : Tout à fait.

F.v.R.-G. : Or, ce n'est peut-être pas suffisamment explicité, en tout cas cela vaudrait la peine de l'expliciter aujourd'hui. Mais permettez-moi de préciser. Dans un de vos textes, intitulé « Le Temps des femmes »,[11] vous parlez de la possibilité de mettre en cause les contrats sociaux symboliques et des tentatives de l'art contemporain qui visent, en brisant la langue, à trouver un discours proche du corps, de l'émotion, de l'indicible refoulé par le contrat social, mais vous ajoutez: « je ne parle pas ici d'un langage des femmes dont l'existence est problématique. Je ne parle pas non plus de la qualité esthétique des productions féminines ». Or, il me semble qu'on peut lire cela comme une sorte de dénégation, dans la mesure où ce que vous décrivez là n'est rien d'autre que votre propre démarche. Il y a en effet dans vos textes théoriques une spécificité qu'on ne retrouve pas du tout chez les autres théoriciens. Il s'agit pour vous d'explorer la constitution et le fonctionnement de cet ordre sociosymbolique en partant non pas tellement des savoirs constitués sur lui (anthropologie, psychanalyse, linguistique), mais surtout de l'affect très personnel qu'on éprouve devant lui, en tant que sujet et femme. D'autre part, vous faites une critique des fondements linguistiques et vous proclamez l'exigence d'une nouvelle éthique. Ce qui me frappe donc, déjà hier mais plus encore aujourd'hui, c'est que votre travail renverse ce que vous venez de décrire. Il n'est pas du côté de l'ironie et du cynisme,

---

11. Dans *34/44: Cahiers de recherche de Sciences des textes et documents*, Université Paris VII, n° 5, hiver 1979, p. 5-19.

mais du côté de l'ouverture à l'autre, de l'amour tout simplement. Je pense évidemment à *Histoires d'amour*[12] (où l'un des plus beaux textes qui est évoqué c'est « le Cantique des Cantiques »), mais vous en avez écrit d'autres: *Psychanalyse et foi*,[13] par exemple. Mais déjà dans *Polylogue*: on voit que c'est écrit par une femme et c'est en outre explicitement dit. D'autre part, en ce qui concerne le religieux, votre travail a eu beaucoup d'impact dans les milieux théologiques, en particulier aux Etats-Unis, et, je le sais aussi, aux Pays-Bas. Même si, bien sûr, vos théories sur la Vierge Marie sont fortement contestatrices. Dans votre dernier livre, *Etrangers à nous-mêmes*[14] (où j'entends aussi « nous autres étrangers »), il y a tout un travail sur soi-même qui justement permet l'ouverture à l'autre et à autre chose. Je vous vois assez proche de certaines femmes écrivains qui, partant de la situation d'exil, de la situation de dissidence, à laquelle on est confronté quand on se trouve être à la fois étrangère, femme, en d'autres cas juive ou autre chose, font un travail sur la différence, sur la différenciation qui est ouverture, amour, foi.

« *L'Etrangère* »

J.K.: Je vous remercie de cette attention. Je retrouve une fois de plus l'amie qui a tout lu et qui comprend les idées, à partir de l'expérience individuelle. Ce que vous dites me touche beaucoup et me fait penser au premier texte qui a été consacré à mon travail. Il est pour moi quelque chose d'incontournable, narcissiquement sans doute, mais aussi parce que j'ai l'impression qu'il anticipe sur ce que j'ai fait depuis: le petit texte de Roland Barthes de 1967 qui s'appelle « L'Etrangère » (dans *La Quinzaine littéraire*). Il essayait d'expliquer les différents aspects de ma recherche, comme une sorte de charge contestatrice par rapport à la linguistique classique ou la sémiologie classique ou le structuralisme classique, à partir d'une position d'étrangeté. Evidemment, Barthes se référait au fait que je ne suis pas d'origine française. Mais, à partir de là et plus loin, il déchiffrait dans mes essais l'attitude de quelqu'un qui ne se sent pas à l'aise dans les codes, les familles, les consensus, dans ce qui était établi. Quelqu'un d'incompatible.

---

12. Denoël, 1983.
13. *Au commencement était l'amour. Psychanalyse et foi*, Hachette, Coll. Textes du XXe siècle, 1985.
14. Fayard, 1988.

Incompatibilité qui provient de la conscience qu'on a de sa différence sexuelle mais aussi d'un choix personnel, car, chacun le sait, être femme, comme être homosexuel(le) ou quoi que ce soit d'autre, ne nous protège pas nécessairement d'être conformiste. Dès le début de mon travail comme théoricienne et sémioticienne, ce qui m'a frappé c'était la limitation du structuralisme qui essayait de chercher l'intelligibilité des textes à l'intérieur de schémas empruntés à la linguistique et qui ne tenaient compte ni de l'histoire ni du sexe et du corps. Alors évidemment on peut se demander à quelle condition on commence à s'intéresser à l'histoire, au sexe, au corps? Au risque de paraître simpliste je répondrais: à partir de sa propre expérience subjective. Quand on a traversé au moins une frontière, quand on a vécu des systèmes sociaux différents, quand on a un corps qui, fût-il hystérique, déprimé, phobique, est quand même féminin, très imprégné dans une expérience que j'appelle sémiotique ou sensorielle, et qui reste toujours rebelle à cette pellicule qu'est la capacité compétitive et de maîtrise intellectuelle, laquelle peut d'ailleurs être attisée avec beaucoup d'habileté et d'adresse. Je crois que les femmes ressentent toujours, si elles s'écoutent un peu dans leurs jouissances et leurs malaises, la distinction qui existe entre la vie intellectuelle et la vie onirique, inconsciente et corporelle. Et si l'on essaie de tenir compte de cela, on le fait aussi quand on lit des textes parce qu'à partir de ce sentiment, de ce début de divergence en soi, on est davantage sensible aux discordances dans un texte littéraire, qu'il s'agisse de Balzac ou de Mallarmé.

Dès lors, quel type de modèle théorique peut-on proposer pour communiquer à d'autres cette expérience de l'hétérogénéité? La notion d'hétérogénéité m'a beaucoup attirée, dès le début. J'ai essayé de l'amplifier, dans un second temps, en m'intéressant à des états-limites du langage, parce que je me sentais moi-même en situation d'état-limite. Je me suis intéressée à l'apprentissage du langage par les enfants et au discours fou: au sens lorsque le langage n'est pas encore là ou au sens lorsque le langage est en état de dissolution. J'ai voulu me défaire d'une observation neutre et m'impliquer davantage dans l'écoute et dans la théorie. J'ai eu le sentiment que je ne pouvais pas faire cette implication sans passer par une expérience analytique qui me fournirait à la fois la pratique de cette implication et, en même temps, une certaine connaissance sur laquelle pourrait se fonder ma réflexion de théoricienne: je tiens compte des autres, je suis en transfert avec eux, je ne les considère pas comme un simple support à un discours à analyser au niveau grammatical et stylistique. Donc, pour mieux analyser l'interaction, je pensais que l'expérience du transfert m'était importante. Finalement, je ne me suis pas limitée à récupérer les bienfaits de l'analyse au niveau théorique. Je suis devenue analyste moi-même. Mais mon analyse a eu une répercussion sur mon travail de théoricienne puisqu'elle m'a conduite à ausculter dans les textes des états intenses d'expériences subjectives. Vous disiez tout à l'heure que j'étais sensible à l'amour et à la foi. En effet, je me suis intéressée à ces problèmes-là. Mais je crois que, si on les voit uniquement comme des phénomènes d'harmonie qui ne tiendraient pas compte de la rupture, de l'horreur et de l'abjection – que j'ai essayé d'aborder par ailleurs – cela ne serait pas l'expérience intense que ces phénomènes sont en réalité. Donc j'ai essayé d'analyser l'amour et la foi dans leur dimension déchirante, d'incomplétude et de compromis avec la pulsion de mort ou avec la négation de l'autre. A cet égard, l'exemple qui me paraît le plus significatif, outre *Le Cantique des Cantiques*, c'est *Roméo et Juliette*. On oublie très souvent que Shakespeare en a fait un hymne à l'amour parce qu'il y a logé un hymne à la mort. Il y a là une sorte de tressage entre amour et mort, violence et adhésion, qui n'est pas seulement destiné à critiquer la société qui s'oppose aux amoureux, mais qui est là aussi pour révéler la violence de leur propre amour. Dans le moment d'amour intense où Juliette s'adresse à Roméo, elle parle de son corps « éparpillé comme mille étoiles ». La métaphore est belle mais loin d'être tendre: elle casse, divise, éparpille... Pour revenir aux femmes, il y a l'expérience nécessairement corporelle de l'amour féminin. Aussi bien dans l'acte sexuel avec ce corps creux qui est un dedans permanent et dans l'expérience de la maternité. Je suppose que la gestation, l'accouchement et ensuite les soins pour le petit enfant, qui a besoin de nous pour survivre et qui est constamment exposé à des difficultés, des maladies, quand ce n'est pas des dangers de mort, il y a peut-être une plus grande proximité de la femme avec l'horreur, l'imminence de la mort et en même temps le souci que ceci soit écarté et qu'une harmonie se reconstitue. Là on trouve peut-être le danger auquel les femmes sont exposées: ou bien la superficialité (on oublie le malheur, on oublie la déchirure, on ne pense qu'à « tout va bien » et donc on ferme les yeux), ou bien la dépression (on n'y peut rien, on baisse les bras, on est impuissant). Celles qui portent quelque chose de spécifiquememt féminin – mais ceci révèle, peut-être, tout simplement la subjectivité humaine puisque les hommes qui sont en contact avec la fragilité de leur expérience ne sont pas étrangers à ce vécu-là – sont, me semble-t-il,, celles qui ont réussi à donner des formes éclatantes à ces expériences d'intériorité. J'entends par là aussi bien le dedans physique que l'espace psychique. Le sentiment, la psychologie, mais aussi la sensibilité, la sensorialité corporelle, j'insiste, du dedans vaginal et anal du corps féminin. Et puis celles qui ont abordé le problème de la mort.

L'intériorité, le sexe, la mort

F.v.R.-G. : Est-ce que vous pourriez en donner un exemple?

J.K. : En écoutant votre liste d'artistes et d'écrivains femmes que vous appréciez, je pensais à Georgia O'Keeffe. Elle est peu connue en Europe, j'ai vu une exposition récente au Metropolitan Museum. Magnifique. Georgia O'Keeffe est la femme de Stieglitz qui 'est le père de la photographie moderne, il a inventé la photographie subjective. Une entente assez exceptionelle s'établit entre deux artistes. Il est plus âgé qu'elle, il la découvre, elle devient un modèle et il organise ses premières expositions. C'est la femme la plus photographiée et l'on devine dans ses photos une sorte d'extase et de joie de vivre, extrêmement intense et grave. Elle a fait des tableaux qui peuvent passer pour de la broderie, du tricot, du décor, art féminin, art de bonne femme, parce que ce sont des fleurs, des coquillages, des objets, une sorte de Ponge mais au pinceau. Or, quand on les regarde bien, on voit que ces fleurs sont des sexes féminins. Presque réalistes et obscènes. Un regard simple et intense, collé aux lèvres, au vagin, au dedans du corps déplié, plié, pli sur pli, qui s'offre, non pas comme un manque, ni comme une revendication de pouvoir, mais comme un lieu de joie, comme une fleur en effet, avec toute l'innocence du plaisir. En même temps et curieusement cet érotisme féminin n'est pas du tout un appel à la transgression, mais une offrande du « propre ». Et puis, il y a la vision plus fermée, plus proche soit de la frigidité soit de la peur qui est la représentation non pas de la fleur ouverte mais du coquillage clos. Beaucoup d'huîtres qui sont tout à fait fermées ou avec soupçon de quelque chose qui pourrait se passer en dedans, mais qui ne se laisse pas voir du tout. Et enfin la dernière période, à la fin des années 30, (elle a vécu jusqu'à il y a deux ans) qui est l'apogée de son oeuvre, c'est son départ dans le Nouveau Mexique, donc le choix d'une forme d'étrangeté, d'exil par rapport à son mari, par rapport au milieu new-yorkais et, en même temps, le recours à une autre civilisation, et non seulement une civilisation qui est celle des Indiens (à l'époque beaucoup de monde s'intéressait aux Indiens: Artaud par exemple), mais à partir des Indiens et à travers une autre culture, le rapport à la mort. Comment représenter la mort? Elle paraît dans la représentation d'os, des cornes, des tibias, des crânes d'animaux, ou simplement un bassin. Quand on compare le bassin vide à la fleur d'avant, on a le sentiment que Georgia O'Keeffe a fini par peindre le corps féminin réduit à l'os. Plus de jouissance, plus d'érotisme, il y a simplement l'os blanc du bassin vide, sans chair, à travers lequel on voit un ciel bleu ou un soleil éclatant. Cette femme qui n'a pas eu d'enfant a osé peindre, du corps féminin, un bassin réduit à l'os. J'y vois une proximité, une connivence avec la mort, mais pas du tout morbide, parce que ce dépouillement final est présenté dans un état de jubilation chromatique, tout à fait singulier. Il y a là une expérience, à mon sens, d'avant-garde heureuse: elle dit la vérité des choses graves. Mais, d'une certaine manière, elle est post-moderne, parce qu'elle a dépasse le côté nihiliste, déprimé, ou revendicatif que les avant-gardes avaient nécessairement.

F.v.R.-G.: Voici donc une artiste qui a su donner une forme éclatante à une expérience spécifiquement féminine. Il me semble aussi, en vous écoutant, que ce qui est important, c'est la capacité de l'artiste à communiquer, à transmettre cette expérience. Je songe alors à cette « maternité cérébrale », dont parle Balzac, dans une page de *La Cousine Bette*, qui ne se limite pas au travail et aux douleurs de l'accouchement mais se prolonge dans les soins de l'élevage, destinés à donner « l'oeuvre » aux autres: « à tous les regards en sculpture, à tous les souvenirs en peinture, à toutes les intelligences en littérature ».

J.K.: En effet, la fibre maternelle, dans ce qu'elle a de plus louable, essaie de concilier la singularité et la communauté. La mère cultive la personnalité de son enfant, sa singularité et en même temps, elle s'efforce de la socialiser, de le donner aux autres. Il s'agit là d'une fonction de liaison. De même, ces artistes d'avant-garde développent ce qu'elles ont de plus irréductible, mais pour l'ouvrir à la communion sociale.

F.v.R.-G.: Comment faire aujourd'hui?

J.K.: Qui le sait? Peut-être en multipliant les stratégies et je pense que la lisibilité, la clarté, la simplicité est une des stratégies possibles. On peut construire des discours sophistiqués, à l'Université par exemple, et en même temps des paroles simples sans que ce soit une défaite de la pensée. Cette pédagogie d'éclaircissement est une manière de résister à l'aplatissement médiatique! Et c'est, là aussi, une visée éthique.

Chapitre 11

Poésie e(s)t politique
Entretiens avec Hélène Cixous*

En mars 1977

Françoise van Rossum-Guyon: Les questions que soulèvent ces trois termes: écriture, féminité, féminisme sont au coeur même de votre réflexion. Vous dites par exemple dans « Le Rire de la Méduse »: « Il faut que la femme s'écrive: que la femme écrive de la femme et fasse venir les femmes à l'écriture, dont elles ont été éloignées aussi violemment qu'elles l'ont été de leur corps; pour les mêmes raisons, par la même loi, dans le même but mortel. Il faut que la femme se mette au texte – comme au monde et à l'histoire ».[1] Vous affirmez avec force et à plusieurs reprises, je pense à *La Jeune Née*[2] et à *La Venue à l'écriture*[3], non seulement la possibilité d'une écriture féminine, qui serait gérée par une économie libidinale et culturelle

---

* Ce chapitre regroupe trois entretiens avec Hélène Cixous qui ont eu lieu à Paris en mars 1977, en avril et septembre 1988 et en juin 1995. Le premier a été publié dans *La Revue des Sciences Humaines*, n° 168 (« Ecriture, Féminité, Féminisme »), 1977, 4, p. 479-493. Le second dans les Actes du colloque d'Utrecht consacré à Hélène Cixous que j'ai dirigé en 1987 avec Myriam Díaz-Diocaretz. Voir *Hélène Cixous. Chemins d'une écriture*, textes réunis par Françoise van Rossum-Guyon et Myriam Díaz-Diocaretz, Amsterdam-Atlanta, Rodopi et St.-Denis, Presses de l'Université de Vincennes, 1990. Le troisième entretien est inédit. J'emprunte le titre de cet ensemble à Hélène Cixous, « Poésie e(s)t politique », dans *Des femmes en mouvements hebdo* n° 4, 30 novembre 1979, p. 28-33.
1. *L'Arc* n° 61, *op.cit.*, p. 39.
2. (Avec Catherine Clément), U.G.E., coll. 10/18, 1975.
3. (Avec Annie Leclerc et Madeleine Gagnon), U.G.E., coll. 10/18, 1977.

différente de l'écriture masculine, mais aussi sa nécessité, puisque l'écriture peut contribuer à une transformation des structures sociales et culturelles. On ne peut plus nettement poser la question d'une part des rapports de la féminité à l'écriture, d'autre part des rapports de l'écriture féminine à l'action, disons, « féministe ». Cette double question en entraîne à son tour bien d'autres.

Ecriture, féminité, féminisme?

Hélène Cixous: Avant de répondre aux questions que vous mettrez en jeu, je suis obligée de dire que l'association de ces trois termes: écriture, féminité, féminisme, me gêne énormément. Je suis obligée d'éloigner cela, car c'est quelque chose que je considère comme inarticulable ou mal articulé, pour le moment.

F.v.R.-G.: C'est déjà capital. Pourquoi n'est-ce pas articulable? Que ce ne soit pas articulé, je suis bien d'accord.

H.C.: C'est-à-dire on peut l'articuler, mais comment? Bon, on met ces trois termes ensemble. Je ne sais pas si ce sont des termes, des concepts et ce qu'ils recouvrent. « Ecriture », on peut à peu près définir ce que ce terme-là recouvre à l'époque de la réflexion derridienne; « féminité », je ne sais pas dans quel champ cela s'inscrit pour vous, cela peut être dans le champ analytique? Dans le champ philosophique? Il est évident que c'est un mot qui actuellement est en train de se coder politiquement. Mais il y a un travail immense à faire là-dessus et c'est à peine s'il commence à être fait. Il est vrai que c'est un terme dont je me sers pour le moment, à défaut d'autre. Mais le mot féminité est très difficile à employer, parce qu'il est toujours récupéré par la vieille pensée qui travaille par oppositions. Féminité renvoie toujours à masculinité, mais en opposition absolument. On demande aux femmes de définir la féminité, mais on leur demande de définir la féminité dans un mouvement qui, en réalité, tend à la ramener au masculin avec un geste général des hommes qui serait: « Mais la féminité on l'a donc aussi ». Ce qui se passe en ce moment, d'une façon très insidieuse, c'est l'effacement de la différence. Or ce qu'il faut faire c'est travailler sur la différence. Quand, il y a très longtemps, j'étais dans une naïveté par rapport à tout cela, je me disais: je parle toujours en tant que femme dans tous mes textes et je ne peux pas prendre la place d'un homme. Je ne pouvais pas faire passer le masculin qui me traversait, parce qu'il me traversait en tant qu'autre, comme un étranger. Quand j'étais tout à fait au début de mon travail, je me posais parfois des questions sur « la grande littérature » en me laissant prendre au piège du théâtre de la fiction, où il y a des héros, des hommes, des femmes. Tout ceci bien sûr en provenance d'un auteur masculin. Mais c'était à l'époque où je ne voyais pas que le fantasme des hommes c'est, justement, d'être aussi des femmes...

F.v.R.-G.: Mais à partir du moment où les hommes sont traversés par le féminin et nous les femmes, par le masculin, cela nous appartient aussi?

H.C.: Justement pas. Je crois qu'on en reçoit des effets, mais que cela ne nous « appartient » pas. C'est-à-dire que là où je suis frappée par du masculin, je sais la douleur ou le plaisir que cela peut me faire, mais comment c'est senti à l'émission, à la source, c'est-à-dire dans le corps de l'homme, je n'en sais strictement rien.

F.v.R.-G.: Oui, mais je pensais aux conséquences de cette différence, lorsqu'il s'agit de la maîtrise ou de la non-maîtrise, de notre rapport à la culture ou au discours théorique. Car ce discours existe et l'on ne peut s'en couper, s'il faut le transformer.

H.C.: Je ne dis pas qu'il faut se couper du discours masculin. Il faut distinguer ici le lieu-corps où se travaille l'écriture, du lieu-scène, espace de la représentation sociale où s'érige tout discours. Je dis que s'il s'agit du corps, là où ça s'inscrit, différentiellement s'il s'agit de la jouissance, je n'en sais pas plus sur la jouissance masculine à l'origine que le masculin ne peut en savoir sur mon corps, là où elle a lieu. Les effets, oui, d'une jouissance masculine, dans la mesure où elle se donne à supporter, entretenir, relancer par un corps de femme, je les ressens: effets de castration, de restriction, donc de réduction libidinale, ou de résistance à la castration, mais je ne suis pas du côté de la cause.

Mais en ce qui concerne le discours masculin, de quel discours s'agit-il? Des discours scientifiques? A supposer par exemple le discours mathématique, je ne sais pas quelle importance la différence sexuelle peut avoir là-dedans. A mon avis, il ne doit pas y en avoir. Ce sont des discours neutres, neutralisés. Ensuite il y a les discours non neutralisés, qui sont tous ceux qui sont pris massivement dans l'idéologie, tous les discours des sciences humaines. Je n'ai jamais dit qu'il fallait s'en couper, en particulier, quand on y est en situation de contrainte, comme quand on est unitaire. Il n'y en a pas d'autres et il y a un énorme travail à faire de déconstruction, de critique, de déplacement, d'arrachement.

F.v.R.-G. : Il y a maintenant, quand même, toute une série de femmes qui produisent des discours théoriques.

H.C. : Je crois qu'on peut tenir ce discours, mais ce n'est pas en tant qu'homme qu'on le tient. Là où l'homme jouit à tenir ce discours, nous ne jouissons pas, j'en suis sûre. Il peut arriver qu'on soit sécurisée par le fait qu'on puisse maîtriser un discours masculin, mais ce dont je suis absolument sûre c'est que ces discours sont produits par des hommes. Et pourquoi on ne les produit pas? C'est bien sûr parce qu'on est sous-développée culturellement. Et d'ailleurs ce n'est pas ces discours-là qu'on produirait si on les produisait.

F.v.R.-G. : Alors c'est peut-être là qu'il serait intéressant de travailler un peu: sur ce discours théorique produit par des femmes.

H.C. : C'est évident. Mais elles sont loin d'avoir commencé à penser le problème. On ne peut commencer à transformer un discours qu'à partir du moment où on tient compte de l'existence de l'inconscient. Là où il est dénié, là où la psychanalyse n'existe pas, rien ne change et l'histoire continue.

Quant à *féminisme* c'est, pour le moment, un mot qui revient soit au champ historique, soit à l'actualité des manifestations idéologiques. Et c'est un mot qui charrie une quantité énorme d'ambiguïté. Pour moi, de façon extrêmement précise, le féminisme aujourd'hui est une idéologie qui, à la limite, est réactionnaire. Avant l'existence de ce qu'on appelle le « Mouvement des femmes », cela renvoyait à quelque chose, dont l'histoire faisait d'ailleurs assez peu de cas, et qui était la tentative ponctuelle ou régionale de la part des femmes, à l'intérieur d'un certain système culturel et politique, d'appeler l'attention sur « la condition » des femmes. A notre époque se dire féministe signifie quelque chose de tout à fait autre. C'est un certain comportement, encore une fois pris dans une certaine idéologie, dont les effets sont des effets d'arrêt du mouvement (je veux dire le « mouvement des femmes »).

F.v.R.-G.: Peut-être est-ce une question de terminologie dans un contexte socio-historique précis, la France aujourd'hui par exemple. Vous désignez un certain type de « féminisme », mais ne peut-on pas considérer qu'on est féministe à partir du moment où l'on reconnaît qu'il y a une oppression des femmes et, en particulier, du discours féminin de sorte que, si l'on parvient (comme c'est votre cas) à parler au féminin, on est du même coup « féministe »? Mais on revient à la question de savoir qu'est-ce que le féminin? C'est sans doute là l'essentiel.

H.C.: Il n'y a pas que cela. Il y a aussi que le mot féministe circule partout maintenant et qu'on pourrait faire justement le bilan de son utilisation et montrer qu'ou bien il se situe dans une phase prépolitique (comme on dit préfreudienne) ou bien il revient à quelque chose qui est plus affirmé, qui peut aller jusqu'à la constitution d'un parti, mais qui se manifeste surtout par un regroupement de femmes de tendances diverses et qui (n') ont en commun (que) ce que j'appellerais « l'intérêt féministe », c'est-à-dire: la prise de place, l'acquisition de la considération, légitimation sociale. Toujours est-il qu'il y a dans les journaux à grand tirage des articles dont le contenu tend à faire croire à toutes les femmes que, sans le savoir, elles ont été toujours féministes et qu'elles le sont. Si bien qu'on est en train d'aller à toute allure une sorte d'équivalence entre femme et féministe. Autrement dit cela peut recouvrir n'importe quoi. Ou bien c'est purement réactionnel, ou bien quand ce n'est pas individualiste et réactionnel, cela passe par une demande de pouvoir. De sorte que je me trouve dans une position défensive et négative, obligée devant le déferlement du mot de tous les côtés de dire cette chose bizarre: « je ne suis pas féministe ».

F.v.R.-G.: Cela reste quand même une chose bizarre.

H.C.: Si vous voulez. Mais cela tient à ce qu'il y a un écart énorme entre les lieux où s'élabore une réflexion politique sur la femme, l'histoire et l'idéologie – je pense à l'avancée ouvrante, opérée par la pensée et par la pratique radicalement transformatrices des femmes du groupe *Politique et psychanalyse*[4] – et les lieux où on est dans l'en deçà.

F.v.R.-G.: Le fait qu'il y a un décalage n'empêche pas qu'il y a un mouvement. Vous entendiez le mouvement au sens de « Mouvement des femmes », mais il y a aussi un mouvement au sens d'envol, de percée, de recherche d'autre chose, de mise à jour ou de mise à vie d'une autre femme, d'un autre type de penser, de voir, de sentir. Il y a aussi ce qu'on pourrait appeler la critique féministe qui s'exerce au niveau de l'anthropologie, de l'histoire, de la philosophie ou de la critique littéraire.

H.C.: C'est vrai. Mais il faut voir quels rapports il y a entre le fait de se dire féministe et les effets dans le réel. On va par exemple travailler sur « la femme » à telle époque et dans tel texte, exactement comme on a pu travailler sur les noirs. C'est de la thématique. C'est en outre un travail qui renvoie au passé ce qui, dans presque tous les cas, permet de ne pas travailler au présent. Or c'est là que le clivage se fait: au présent, dans la pratique politique, dans la nécessité d'élaborer une autre politique qui, contrairement à la politique masculine et féministe, qui fonctionne toujours dans un clivage entre public et privé, ne peut pas séparer le public du « privé ».

Pouvoirs de la féminité

F.v.R.-G.: A propos des rapports entre écriture et politique, j'aimerais m'arrêter avec vous sur le mot pouvoir et sur l'usage que vous en faites. Je pense précisément à ce texte:

> Qu'est-ce qui rattache l'un à l'autre les éléments de cette divagation? signification? difemmation? Le lien: la force de la féminité, ses quatre pouvoirs:
> – le pouvoir d'être l'Hier et l'Aujourd'hui;
> – le pouvoir d'être les autres qu'on est;
> – le pouvoir d'entrer et sortir à son gré de ses quatre inconscients [...]
> – le pouvoir de garder autour d'elle ses lumières, ses musiques, ses dons d'harmonie, et de s'envelopper de toutes ses époques.[5]

---

4. Fondé par Antoinette Fouque en 1968.
5. *La, op.cit.*, p. 86-87.

Nous trouvons dans *La* l'affirmation joyeuse et quasi prophétique de la possibilité d'un autre monde pour la femme?

H.C.: On peut entendre ce texte comme il est écrit, c'est-à-dire à plusieurs niveaux. D'une part c'est un texte poétique, c'est un texte qui fait référence à l'inconscient, d'autre part c'est un texte qu'on peut prendre au sérieux et où on peut entendre en même temps quelque chose que j'appellerais de l'humour. Parce qu'il est évident que si je dis « les quatre pouvoirs de la femme », c'est quelque chose qui passe du côté du fantastique, parce que personne n'a jamais dit qu'il y en a quatre, peut-être qu'il y en a quarante. Qu'est-ce qui se passe quand je dis ça? Il y a un phénomène d'écho, de jeu parodique avec un tout autre lieu culturel qui est indiqué au départ et qui s'est volatilisé en cours de route. C'est emprunté à la mythologie égyptienne, au *Livre des Morts* que je déplace de *Livre des Morts* à *Livre des Mortes*, de *Livre des Mortes* à *Livre des Naissantes*, à *Livre des Arrivantes*.[6] Et ce qui m'intéresse là c'est d'entraîner le vieux texte des vieux morts de telle manière qu'il éclate et que ce qui s'en dégage (au sens de « se tirer de ») c'est tout son contraire: de la femme, de la vivante. L'espèce de codification du spirituel qui traverse *La* renvoie à la manière dont les mythologies et les religions traitaient de façon systématique l'homme et sa mort et sa survie. Il y avait là quelque chose d'extrêmement précis et calculé qui était destiné à rassurer le futur mort et la future morte, à donner des repérages maîtrisés. Autrement dit, si l'on arrive « à compter tous ses morceaux », on sera sûr qu'on n'en perdra pas en route. Il y a là, évidemment, une allusion ironique. Mais j'ajoute que, politiquement, cela fait sens de parler des pouvoirs de la féminité. Je distinguerais en effet très nettement le pouvoir qui est volonté de puissance, soif de satisfaction individualiste, narcissique. Ce pouvoir est toujours un pouvoir sur d'autres. C'est quelque chose qui renvoie au gouvernement, au contrôle et, au-delà, au despotisme. Alors que si je dis « les pouvoirs de la femme », d'abord ce n'est plus le pouvoir, c'est multiplié, il y en a plus d'un (donc il ne s'agit pas de centralisation et cela détruit le rapport à l'unique, cela désingularise) et il s'agit du pouvoir sur soi, autrement dit du rapport non pas de maîtrise, mais de disponibilité. C'est-à-dire: comment faire pour ne pas être dans l'impuissance, pour ne pas être condam-

---

6. *L'Arrivante* est également une pièce de théâtre qui a été jouée au festival d'Avignon en 1977 dans une mise en scène de Viviane Théophilidès.

née à l'inertie, à l'apathie, à l'immobilité, mais, au contraire, pour disposer de son pouvoir-penser de son pouvoir-marcher, de son pouvoir-jouir.

« Lettres volées »

F.v.R.-G. : On trouve avec ce passage de *La* et, en général, dans votre oeuvre, une reprise de textes anciens, mais à fins de déconstruction et de transformation. Cette mise en cause de l'héritage culturel, sous sa forme mythologique et religieuse en particulier, par le biais de l'intertextualité, est un phénomène assez fréquent dans l'écriture contemporaine. Je pense à Michel Butor ou à Claude Simon. Mais ce rapport critique à la culture et au passé relève dans votre oeuvre d'une problématique spécifique que j'aimerais vous entendre préciser. Je pense, par exemple, à votre utilisation des textes de Freud sur les rêves de Léonard de Vinci où le faucon se transforme en fauconne (référence à l'Egypte encore) ou à la figure de Moïse que vous mettez en scène dans *Révolutions pour plus d'un Faust.*[7] Il me semble que l'on retrouve dans ces textes, avec la question du rapport à la culture, celle du rapport à la loi?

H.C. : Il est évident d'abord qu'une des étendues de mon texte est en prolongement, que je dirai glissant, avec le domaine culturel général. Je suis quelqu'un qui sort des écoles. Mais justement j'en sors pour ne pas y rentrer et puis, au fond, je crois que je n'y ai jamais séjourné. D'abord j'ai eu la chance de m'en sentir en permanence l'exclue, la refoulée. Quand j'étais scolarisée, j'avais l'impression d'être mise en pension chez l'ennemi. Et le premier adversaire que j'ai trouvé devant moi à l'intérieur de l'institution, c'était le grand-père, le vieux savoir.

F.v.R.-G. : Le « sur-oncle » aussi?

H.C. : Oui, aussi le sur-oncle, celui que j'appelle de temps à autre « mon noncle Freud ». (Mais quand je dis « mon noncle Freud », je trouve d'autres choses, une sorte de complicité renée). Je me suis donc trouvée dans la situation classique des femmes qui, à un moment ou à un autre, sentent que ce n'est pas elles qui ont produit la culture. Non seulement elles ne l'ont pas

---

7. Seuil, 1975.

produite, mais elles continuent à en être séparées, elles continuent à en être les servantes, les commentatrices, bref, les servantes du phallus. Voyez la figure de la Synagogue où ce sont les hommes qui sont actifs, les détenteurs du culte, cependant que les femmes sont mises en retrait en tant qu'observatrices lointaines.

F.v.R.-G.: Dans l'Eglise catholique aussi et dans les autres religions.

H.C.: C'est toujours comme ça, c'est la forme générale de la culture. Donc parmi les adversaires devant lesquels je me suis trouvée projetée du fait de ma naissance, de mon histoire et, évidemment, à partir du fait que j'étais du sexe féminin, il y avait la culture et tout ce qui va avec: le colonialisme, l'impérialisme, le capitalisme, enfin, absolument tout à la fois. La culture n'est donc pas à moi, elle n'est faite que contre moi, pour me faire passer à la trappe, pour m'enterrer, mais, en même temps, elle s'approprie des richesses infinies, elle en fait la loi, elle garde pour elle des outils, de la matière (tout ce qui sert à fabriquer de l'objet culturel depuis le corps jusqu'au mot) et cette matière m'apparaît, justement comme du vivant, mais du vivant parqué dans le système masculin. La culture était donc là, mais faisant barre, m'interdisant, alors que, bien sûr, du fond de mon corps j'avais un désir d'objets de culture. Je me suis donc trouvée dans la nécessité de les voler. (C'est comme la grille du jardin: si je veux aller dans mon jardin, il faut que je passe d'une manière ou d'une autre et à mes risques et périls). De sorte que la culture est bien là (voyez par exemple les lettres volées, les objets volés dans certains textes, comme dans *Souffles*[8]), mais elle y est toujours de façon déplacée, détournée, renée. Je m'en suis toujours servie d'une façon complètement ironique.

Maintenant quels sont les référents culturels dans mes textes? Il est vrai que, très souvent, je repasse par un texte emprunté à des espaces mythologiques ou religieux. Ce n'est pas un hasard. Il est évident que le *Livre des Morts* égyptien ou le *Livre des Morts* tibétain, les textes de cet ordre, sont des espèces de méditations sur le passage vie-mort. Ce qui m'intéresse dans ces textes, c'est le travail sur les limites, sur le passage à l'infini. Evidemment je les désancre de leur propos qui est soit de rassurer, soit de tout

---

8. Des femmes, 1975.

renvoyer au spirituel. Je n'en garde qu'une certaine démarche, une traversée de la mort que je fais passer du côté du corps, du côté de l'histoire.

Mais à propos du passage sur Moïse dans *Révolutions pour plus d'un Faust*, je vous dirai que je me suis bien amusée. C'était surdéterminé. Cela partait du personnage de Moïse, qui est évidemment l'homme de la loi par excellence, et de Moïse vu par Freud, autrement dit de la loi vue par la loi, de la loi au carré. Dans ces fameux textes sur le Moïse de Michel-Ange, Freud est visiblement sous le coup de Moïse. Il est devant Moïse dont il cherche à déchiffrer le message, l'effet: comment se fait-il que la statue de Moïse produise sur lui un tel effet? Il est dans un rapport d'interrogation à un objet esthétique et en même temps d'écrasement au niveau de son inconscient, parce que, bien sûr, Moïse est à la place du père (cependant qu'à l'époque de la rédaction de ce texte, Freud se trouvait dans une phase d'identification à Moïse. Scène à plusieurs scènes où Freud est, à la fois, Moïse et son peuple-fils). Il y a donc, au départ, cette scène particulière qui articule la religion et la psychanalyse comme des scènes qui se recoupent. Mais je m'en suis servie aussi, parce que Freud fait une sorte de description pseudo-naïve de la statue de Moïse et que j'ai trouvé très drôle la manière dont, scrupuleusement, il déroule la barbe de Moïse, un petit peu comme il aurait déroulé les rouleaux de la loi. Dieu sait que le système pileux est investi et en rapport avec des fantasmes de puissance et d'impuissance! Je me disais: « Combien de coups »? « Combien de coups de rasoir »? J'ai donc travaillé sur les mèches de la barbe et je m'en suis servie comme d'une métaphore où j'ai fait passer la dialectique. De sorte que dans cette barbe de Moïse il y a Freud, mais il y a aussi un travail sur l'inconscient masculin, celui du maître. Et c'est, si vous voulez, comme une « scène d'esprit », qui viendrait à la place du mot d'esprit.

F.v.R.-G.: Un autre exemple de déplacement et de transformation nous est fourni par ce « pot-pourri de régions en enfer, de Livre des Mortes, d'illumination, de Cantique, de parodie perdue et retrouvée », qui se trouve dans *La*.[9] Mais il n'y a pas ici que de l'ironie, il y a surtout reprise et remise à vie par le biais du lyrisme du texte ancien. Je pense au *Cantique des Cantiques* qui se remet à chanter.

---

9. *Op.cit.*, p. 81.

H.C.: C'est certain. Le *Cantique des Cantiques* est la chose la plus simple du monde. C'est une histoire d'amour, de désir, de jouissance et qui s'écrit comme telle. Ensuite le commentateur général qui est là de façon diffuse, qui est la Bible en personne ou Dieu ou le prêtre vous disent: « Attention, c'est une métaphore, surtout ne la croyez pas », le corps est là, mais il n'est là que pour représenter l'âme. C'est une opération de sublimation et de force: un viol du texte. C'est donc facile à cerner. Quand on est innocent de religion, on lit le texte comme une scène d'une sensualité extrême, mais on vous interdit, au cas où vous auriez une vilaine pensée, d'aller dans ce sens. Donc là, je renverse et on retrouve le réel. Ailleurs c'est évidemment parfois plus éloigné et difficile à rattraper.

F.v.R.-G.: On rencontre aussi dans *La* tout un vocabulaire emprunté à la nourriture, à la cuisine, en particulier, à la pâtisserie. Le « pot-pourri » déjà... De même dans le texte sur Moïse je constate tout un travail sur les tissus, les étoffes, les voiles ou, en général, le tissage. Dans les deux cas donc des matières sensuelles. Peut-on y voir également des références aux éléments qui constituent l'activité traditionnelle des femmes?

H.C.: Ce n'est pas tellement au niveau du vocabulaire que cela joue. Je ne suis pas du tout du côté de l'inventaire, de la boulimie lexicale, du travail d'énumération exemplaire. Chaque fois que je dis « ce qu'une femme sait faire », c'est complètement ironique. En revanche, je crois que dans l'inconscient féminin, dans ce que montrent les rêves, dans l'imaginaire sûrement, quelque chose insiste (qui est, au contraire, refoulé s'il s'agit d'un inconscient masculin) et qui est tout ce qui est de l'ordre du corps. D'où le fait que dans de nombreux textes passe quelque chose qui est de l'ordre de la pâtisserie. D'une part je crois qu'une femme touche, qu'elle est en contact, d'autre part le pétrissage est la fabrication d'un objet qui est à la fois nourricier et objet de jouissance, destiné à la dépense. Ce qui est un geste typiquement féminin, non pas culturellement, mais libidinalement: produire pour faire vivre, jouir, non pour accumuler.

F.v.R.-G.: Je dirai, à mon tour, que c'est votre texte même qui se donne comme le résultat et d'un tissage et d'un pétrissage. Un texte comme *La* est un objet nourricier et un objet de jouissance.

H.C.: Oui, je privilégie toujours le corps, comme dans l'affaire de Moïse: je le prends par la barbe, au lieu de le prendre par la loi.

Interroger la scène spéculaire

F.v.R.-G.: Ce travail sur le texte, ou ce travail du texte produit certains effets. Est-ce à cela que vous pensez lorsque vous parlez de « passer du spectacle à l'opération »?

H.C.: Vous touchez là à quelque chose de très important. Je pourrais dire que l'ensemble de mon travail textuel tend à interroger la scène spéculaire, le spectaculaire. D'une part, parce que les femmes dans l'histoire ont été culturellement réduites à être à la place du spectateur. Ce n'est pas leur scène, elles ont toujours été confinées à la passivité, à être la domestique du transformateur. D'autre part l'histoire elle-même fait scène, c'est du théâtre. C'est ce que j'ai montré dans *Révolutions pour plus d'un Faust*: on est toujours dans la représentation et, quand on demande à la femme de prendre place dans cette représentation, on lui demande, bien sûr, de représenter le désir de l'homme.

Par ailleurs je fais la différence entre le spéculaire et ce que Freud appelle la scène de l'inconscient. Si je devais rendre compte de cela, je dirais: « Je ne suis pas voyeuse, je suis visionnaire ». Je regarde ailleurs et autrement. Je regarde là où il n'y a pas de spectacle. Et ce regard est extrêmement intérieur. Il est de l'ordre de l'approximation. C'est le regard de très très près et c'est finalement quelque chose qui a trait au contact, au toucher. C'est du toucher. Ce n'est pas la mise à distance, alors que le regard de l'homme est éloignant, par définition. C'est au contraire, pour moi, le plus près possible. D'où le fait que j'affectionne sûrement quelque chose comme le regard les yeux fermés. Voir les yeux fermés c'est à la fois faire le geste même de la confiance, du don et c'est le contraire de l'aveuglement. On n'est aveugle que les yeux ouverts, bien sûr. Alors, sans doute, la pratique textuelle doit se situer dans ces parages: dans un lieu où j'ai envie de donner à voir les yeux fermés. Je ne veux pas faire de la représentation, je veux faire passer des affects. Je pense à faire corps avec un autre corps par un moyen qui est évidemment très insuffisant, un moyen hybride et qui est le texte. Mais le texte, c'est quoi? C'est quelque chose qui s'éteint et qui se rallume. Si le lecteur souffle dessus, cela se rallume. C'est une sorte de feu virtuel sur lequel il faut souffler. On pourrait dire que c'est du corps à corps, que c'est du bouche à bouche. Alors, pour moi, est privilégié ce par quoi mon texte peut être marque ou atteinte. Ce qui importe, c'est le vocal, c'est le musical, c'est la langue au niveau le plus archaïque et, en même temps, le plus élaboré.

Une histoire d'écoute

F.v.R.-G.: J'ai remarqué, en étudiant un certain nombre de livres récents produits par des femmes, la fréquence du mot parole dans les titres: *Parole de femme, Quand les femmes se disent, Les Parleuses...* Le mot parole renvoie dans ces livres à l'expression plus ou moins spontanée, individuelle, à une volonté aussi de prise de la parole, c'est-à-dire une sortie de ce mutisme auquel jusqu'ici les femmes ont été condamnées. Lorsque vous tentez, pour votre part dans *La Jeune Née*, de cerner la spécificité d'une écriture féminine, vous dites: « La féminité dans l'écriture je la sens passer d'abord par un privilège de la voix ».[10] Or dans les textes que je viens de signaler, on peut dire que l'écriture n'est qu'une transcription de la parole sans élaboration spécifique, alors que vos textes, eux, sont extrêmement travaillés. Ils relèvent, disons, de l'écriture au sens de Barthes ou, comme vous l'évoquez vous-même, de Derrida. Je me demande donc quelle est votre position à l'égard de cette parole plus ou moins naïve, directe, spontanée, qu'ont beaucoup de femmes aujourd'hui et surtout comment s'articulent chez vous la « voix » et le texte comme travail sur le signifiant.

H.C.: La première chose que je dirais, c'est que je ne parle pas de « parole ». Je suis là où ça parle, pour employer l'expression analytique. C'est-à-dire l'inconscient ça parle. Mais quand quelqu'un comme Lacan dit que ça parle, cela signifie que l'inconscient inscrit quelque chose et fait passer du signifiant. Disons que le mot de parole n'est pas le mien, puisque, c'est vrai, celui qui me viendrait d'abord c'est celui de l'écriture. Mais pour moi, évidemment, l'écriture n'est pas muette, elle n'est pas aphone, elle est quelque chose qui doit retentir, qui doit faire résonner, c'est une histoire d'écoute. Si bien que tout ce que j'écris est pris dans des scansions, dans des rythmes, dans une certaine musique. Ce que j'écris est aussi proche que possible du pulsionnel et pourtant très travaillé. C'est la raison pour laquelle,

---

10. *Op.cit.*, p. 170.

à première lecture, mes textes donnent du fil à retordre au niveau des significations. Il y a une énorme condensation de sens comme dans des textes philosophiques, poétiques. Mais je pense que cela travaille justement au niveau de la langue et pas seulement à celui du contenu. La langue courante est telle que l'on ne l'entend pas. On ne l'écoute pas, parce qu'on l'a toujours déjà entendue, à moins que quelque chose ne vienne faire sauter cette espèce de gaine, cette espèce d'écorce rigide et délivre les langues innombrables dont elle est grosse.

F.v.R.-G.: Ce travail sur la langue, sur la phrase, les rythmes, les allitérations, opère un effet de surprise, un effet physique et cet effet a pour conséquence, entre autres, de lever les obstacles à la communication. J'en ai fait l'expérience. Il suffit de lire à haute voix, pour que le fait que toutes les significations ne soient pas déchiffrées passe ou second plan. Cela fonctionne. Comme chez un Rabelais par exemple où il y a également l'obstacle de la culture à laquelle beaucoup n'ont pas accès.

H.C.: En effet, comme pour Rabelais. Car qui est-ce qui lit Montaigne, Rabelais, etc. en toute culture? La culture, nous y sommes, c'est le bain dans lequel on trempe. Vous dites que beaucoup n'y ont pas accès. Je dirais que presque personne n'y a accès ou que personne n'y a accès. On est tous imbibés, plus ou moins pollués. A aucun moment je n'ai prétendu qu'il faille lire mes textes compte tenu de la culture, du savoir. C'est comme tous les textes. De toute manière, ils traversent le temps et ils sont lus comme ils peuvent être lus. Là où il y a des gens qui connaissent le Moïse de Michel-Ange, ils en aperçoivent quelque chose; là où il y en a qui connaissent Freud, ils en aperçoivent quelque chose, mais, à vrai dire, un texte c'est comme une ville, comme un musée: on s'y promène et on perçoit ce qui nous revient. Je perçois ce avec quoi je suis dans un rapport quelconque, ce qui m'a affectée.

F.v.R.-G.: De toute façon, vous n'essayez pas de transmettre une maîtrise.

H.C.: Jamais. Sinon j'écrirais un texte philosophique et je dirais: « Attention », et puis je mettrais des notes, je dirais: « Suivez-moi bien ». Or, je ne dis pas « Suivez-moi ». J'envoie, vous recevez. J'envoie une masse de faits et on les reçoit directement. Cela ne gêne que ceux qui sont en désir de maîtrise et qui se disent: « Est-ce que j'ai bien compris »? « Qu'est-ce que j'ai manqué là comme référent »? Et qui se disent cela, parce qu'ils croient que les autres savent que cela existe. Mais cela n'a aucune importance. Je dis donc: « Cela ne m'empêche pas de jouir », de ne pas savoir. Au contraire, c'est vouloir savoir qui empêche de jouir. Donc cela se passe où cela se peut passer et où cela peut être lu.

L'inconscient mis à nu

F.v.R.-G.: Un autre obstacle à la communication, pour certains ou pour certaines, ʳ ₁ moins, est dû au fait que vos textes, justement, sont si près de la pulsion, que vous écrivez à partir de l'inconscient. Il y a des récits de rêves, des fantasmes, qui proviennent d'un « inconscient féminin singulier », le vôtre. Or il est difficile d'entrer dans les fantasmes de quelqu'un d'autre...

H.C.: Je crois que c'est mal poser le problème. D'abord il n'y a pas de récits de rêves. Il y a bien sûr énormément de rêves, mais c'est toujours du rêve qui a été travaillé. Il n'y a jamais de rêve brut. C'est toujours une fiction de rêve, c'est-à-dire, à la limite, presque un rêve feint. Ce n'est pas vraiment un rêve feint, parce qu'il s'enracine dans mon inconscient, mais c'est toujours un rêve que j'ai sélectionné, parce que je sais qu'il se branche sur un certain système de significations qui n'est pas le mien exclusivement, mais qui touche à des significations générales. C'est à peu près comme dans *L'Interprétation des rêves* de Freud, où il y a un grand nombre de rêves qui sont les siens, mais qu'il a choisis pour leur valeur générale et que, par conséquent, nous lisons comme si nous les avions faits, comme s'ils avaient été rêvés pour nous.

Je vous dirais d'autre part qu'on est toujours dans les fantasmes de quelqu'un d'autre. Quand vous lisez un texte de Balzac ou un texte de Zola, vous êtes dans leurs fantasmes par-dessus la tête. Ce n'est que ça et ce qui est passionnant, c'est justement de pouvoir y entrer, en faire le tour, en sortir, si on en a le désir ou la curiosité. Enfin, s'il y a résistance, ce n'est pas aux fantasmes de quelqu'un d'autre, mais c'est, de façon infiniment plus générale et très forte, à l'inconscient, au fait que l'inconscient est à nu, au fait que l'inconscient s'expose. Ce que les gens ne supportent jamais c'est de l'inconscient exposé, de l'inconscient nu et déclaré qui vous dit: « Oui, c'est de l'inconscient ». Or, chez moi, l'inconscient ne va pas se rhabiller. Cela est intolérable à la plupart des gens, parce que, justement, le culturel idéologique est fondé sur le refoulement de l'inconscient. Il ne faut surtout pas qu'il y en ait et surtout pas de la part d'une femme.

Il est vrai qu'ensuite les effets de corps peuvent entraîner la résistance et que l'on peut être touché par de la voix, de sorte que l'on parvient à entendre ce que l'on n'avait pas envie d'écouter. Le dernier texte paru, qui s'appelle *Angst*,[11] est très significatif à cet égard. J'ai eu de nombreuses réponses à ce texte et elles sont, au fond, exemplaires. Beaucoup de femmes m'ont dit avoir remis à plus tard la lecture de *Angst*, parce que cela les mettait dans une angoisse extrême. *Angst*, je crois, pose vraiment la question où il faut la poser. C'est-à-dire: qu'est-ce que lire un livre? Quand lit-on un livre et comment? Il y a sûrement des livres qu'on ne peut pas lire. Dans *Angst*, justement, je parle d'un livre que je ne peux pas lire, un livre que je ne peux pas finir, parce qu'il m'atteint. *Angst* est sûrement un livre de cette espèce, parce qu'il met en jeu du refoulé revenant. Alors que c'est un texte qui n'offre pas de difficultés de déchiffrement (c'est un texte dense, mais qui ne joue pas, parce que l'angoisse ça ne joue pas, ça ne fait pas de jeux de mots; l'angoisse est tellement près du pulsionnel que cela ne passe pas par le miroitement de la langue). C'est un texte qui menace et qui menace là où je vis et où le vivre n'est pas l'objet extérieur que je maîtrise, mais où véritablement l'échange extérieur/intérieur, vie/mort se fait et où l'auto-défense s'effrite. Quand je dis que ce sont les femmes qui m'ont dit cela, c'est que c'est très très net. C'est vraiment du côté des femmes que vient ce mouvement de douleur, d'attente devant un texte qui n'est que trop le leur.

Vers la vivante

F.v.R.-G.: Il est alors une question qui se pose: comment se fait-il que vous ayez écrit *Angst* après avoir écrit *La*? Parce qu'il me semble que dans *La* on est au-delà de l'angoisse, enfin qu'il y a une traversée de l'angoisse?

H.C.: C'est en effet la question qui se pose de façon pertinente si on suit un certain chemin avec moi. Mais, d'abord, nous savons toutes qu'on n'en a jamais fini avec l'angoisse. Cela fait partie de la douloureuse leçon de chacune que de se dire qu'on l'aura et qu'on sera eu jusqu'à la fin de ses jours, qu'on a des moments de répit, qu'on a aussi de plus ou moins grandes

---

11. *Des femmes*, 1977.

forces de refoulement, mais que ces forces ne sont pas toujours équivalentes. Autrement dit on maîtrise l'angoisse plus ou moins bien suivant les moments, mais elle est inséparable du vivant. C'est ce qui le menace tout le temps. Je commence donc par dire: elle est toujours là. Maintenant par rapport au texte qui précède et qui est *La*: justement, je ne pouvais travailler sur l'angoisse qu'à partir de *La*. C'est-a-dire à partir d'un lieu que j'aurais atteint et qui m'a paru, à ce moment-là, assez solide pour que je m'y tienne le temps d'affronter ce qui pour moi était inaffrontable et que je me réservais un jour ou l'autre d'affronter. Comme je le dis dans le texte, j'ai mis dix ans à trouver la force nécessaire à me tourner ma mort, en sachant toujours qu'elle était là, en essayant de ruser avec elle et en me disant: « Un jour il faudra quand même que je me batte ». Mais je sais que je n'ai pas pu avant, je n'ai pas pu. C'est à partir de la hauteur de *La*, de son vol et de sa légèreté, de l'espoir politique qui s'y inscrit, que je me suis retournée.

F.v.R.-G.: Cette opposition mort-vie est le moteur absolument de tous vos textes, de tout votre travail. Comme l'opposition espoir-désespoir?

H.C.: La mort, la vie, ce sont des forces qui sont toujours là. Nous vivons, parce que la vie l'emporte, mais elle l'emporte de quoi? Elle l'emporte d'un rire, d'un mot, d'un souffle, elle l'emporte d'un rien. Mais espoir-désespoir, c'est pour moi quelque chose qui ne fonctionne pas, parce que je pense qu'avoir de l'espoir, c'est en vérité avoir du désespoir, parce que l'on n'a de l'espoir que si l'on a du désespoir. Je ne vis pas dans l'espoir. Je suis au contraire du côté de l'affirmation.

F.v.R.-G.: Bien sûr. Mais lorsque vous parlez de « futur extérieur » ou lorsque vous dites: « celle qui », « la vivante », il y a un « vers », donc il y a bien un mouvement.

H.C.: C'est un en-chemin. C'est certainement un chemin-mouvement.

F.v.R.-G.: C'est dans ce sens-là que je parlais d'espoir. C'est-à-dire: une direction vers quelque chose, un mouvement , un élan, un vol, toutes ces images-là, toutes ces figures-là.

H.C.: C'est ça.

F.v.R.-G.: Ce futur, cette visée prennent dans vos derniers textes: *La,
Angst*, une figure très précise qui est celle de la femme. Précise, mais
peut-être ambiguë: d'abord est-ce la femme? Ou la mère? Ensuite elle
semble être à la fois celle qui abandonne, celle dont on est séparé et celle
que l'on retrouve incarnant l'espoir et la vie.

H.C.: La femme, oui. Mais dans *Angst* ce n'est pas la mère. Il y a bien
dans *Angst* une pseudo-scène primitive qui met en jeu le rapport au corps
nécessaire. A partir de la question: qu'est-ce qui fait que je peux me trouver
dans la vie adulte en situation d'être en danger de mort, enfin, de m'y laisser
mener, d'y rester? Qu'est-ce qui fait que je peux être en relation avec ma
mort comme si elle était ma mère? Je donne, en guise de réponse, comme
hypothèse de travail que la mort viendrait par un subterfuge se mettre à la
place de la mère, celle de quand-j'étais-petite, là où la mère est celle à qui
mon corps tient. Je décris, par exemple, une scène, extrêmement brève et en
même temps décisive: ma mère me pose par terre, elle sort et puis la terre
disparaît. Plus de sol, plus de lieu, plus de corps, etc. Ce qui ne signifie pas
abandon, mais signifie que le corps est dans le corps de la mère. Quand la
mère est trop loin, quand il y a séparation impensable (et quand on est
enfant, cela ne se pense pas), on perd le corps. Alors reste l'angoisse. C'est à
partir de cela, c'est à partir de la menace de perdre le corps, c'est-à-dire le
vivant, qu'une femme peut être ensuite exploitée à l'infini par qui vient
« faire la mère », c'est-à-dire feindre la mère. Or qui vient se mettre à la
place de la mère en disant: « je t'aime »? En tenant le discours de l'amour?
C'est évidemment l'homme et c'est l'homme qui fait la loi. Par contre ce qui
vient à la sortie de *Angst* n'est pas la mère, parce que la mère est la figure
qui répond à une demande de l'enfant, et que pour la femme, pour une
femme qui est une femme, ce n'est pas sa mère qu'elle va chercher, c'est la
femme, c'est elle ou une autre femme.

F.v.R.-G.: Je voulais vous faire préciser, parce que dans *La* l'autre femme
est essentiellement la mère. Je veux dire que, si on est une femme qui peut
aimer une femme, on ne la voit pas forcément comme une mère, car la mère
n'est qu'une figure possible du rapport à l'autre femme.

H.C.: Absolument.

F.v.R.-G.: Mais, si ce n'est pas le cas, on peut la prendre sans arrêt pour la mère, car elle est essentiellement matricielle, nourricière...

H.C.: Absolument, parce que dans *La* il s'agit justement de naissance, il s'agit de se constituer, il s'agit en effet du premier âge, de réincorporation, d'alimentation, c'est vraiment le premier temps, donc, en effet, le temps de la mère. Et puis *La* c'est très ambigu. Je veux dire qu'il y a, par exemple, à la fois une demande à la mère et, en même temps, une peur, parce que, si on retourne à la mère, on est toujours en danger d'affiliation. Alors que la mère est à traverser, il faut la traverser en direction de la femme. Ce qui ne signifie pas, bien sûr, qu'il faille l'oublier ou la tuer.

F.v.R.-G.: Quel texte écrivez-vous ou projetez-vous maintenant étant donné ce cheminement, cette transformation?

H.C.: D'abord il y en a un qui fait suite à *Angst* et qui s'appelle: *Préparatifs de noces au-delà de l'abîme.*[12] J'y travaille sur la séquence qui viendrait après *Angst*. C'est comme si la dernière page de *Angst*: « Je n'aimais plus une personne en particulier, c'était l'amour que j'aimais », s'ouvrait et donnait lieu à aimer l'amour. Cela ne se fait qu'au moyen d'une traversée, d'un élan très très violent, d'un passage par l'abîme, d'une sortie hors de l'ancienne histoire, d'une traversée du désert, pour arriver dans un tout autre lieu, un lieu ouvert à un tout autre amour, ainsi qu'à l'imaginaire de cet amour, à son espace, à sa géographie, et qui serait l'amour d'une autre femme. Ce texte, je l'ai déjà fait et puis j'ai d'autre part écrit une pièce de théâtre. Non, ce n'est pas une pièce de théâtre, c'est un corps, c'est un simple mouvement. Cela s'appelle: *Descente au paradis*. C'est quelque chose d'extrêmement simple. Cela s'appelle « descente », parce que je travaille sur l'opposition hiérarchisée: en haut/en bas. Le paradis est en haut, bien sûr, alors que c'est au contraire quelque chose qui fait un chemin du sommet vers la base, vers la mer. C'est en même temps un travail sur l'interdit. C'est-à-dire: qu'est-ce qui fait qu'une femme ne va pas à la mer, ne va pas à la femme? Qu'est-ce qui empêche une femme d'aller à la femme et qu'est-ce qui permet à une femme d'aller à la femme? Quand est-ce que, à quel moment, dans quelles circonstances, par quel mouvement du corps, elle peut

---

12. Des femmes, 1978.

passer à une autre femme, sans que ce soit de l'ordre de la transgression, sans que ce soit de l'ordre de la violence, mais que ce soit, au contraire, de l'ordre de l'amour? En fait, je crois que je travaille à désigner, dénoncer et défaire l'espace de la transgression et à inscrire quelque chose comme la genèse d'un amour pour l'autre femme, quelque chose d'extrêmement simple.

En septembre 1988

Françoise van Rossum-Guyon: Manne aux Mandelstams aux Mandelas[13] succède aux grands drames historiques que sont *L'Histoire terrible mais inachevée de Sihanouk, roi du Cambodge*[14] et *L'Indiade ou l'Inde de leurs rêves*[15]. Ce livre marque un nouveau tournant, un nouvel envol: un retour au poème et à la fiction, des retrouvailles avec le lyrisme et l'imaginaire. En même temps, *Manne* raconte l'histoire, tout à fait contemporaine et elle aussi « terrible et inachevée » – en ce qui concerne en tout cas Mandela[16], de deux femmes et deux hommes bien réels, engagés corps et âme dans l'Histoire, notre Histoire.

S'affirme donc encore cette évolution dont tu as retracé les étapes dans « Chemin d'une écriture » et qui t'a menée « de la scène de l'inconscient à la scène de l'histoire ».[17]

Je voudrais essayer de voir avec toi dans quelle mesure ce livre s'inscrit dans une continuité avec la reprise et l'approfondissement de thèmes, récurrents dans ton oeuvre, comme la séparation, la partition, l'exil; quels sont les liens que tu peux établir entre l'Histoire, la politique et l'activité poétique?

Je voudrais te demander aussi quel est dans cette histoire, dont Nelson Mandela et Ossip Mandelstam sont les héros, le rôle assigné aux femmes: Winnie Mandela et Nadejda Mandelstam? Car ce sont elles surtout, me semble-t-il, qui incarnent les forces de vie, le don, l'échange et la médiation. A l'instar, dirais-je alors, de l'écrivain?

---

13. Des femmes, 1988.
14. Editions du Théâtre du Soleil, 1987. La pièce a été jouée en 1985 dans une mise en scène de Ariane Mnouchkine du Théâtre du Soleil.
15. Editions du Théâtre du Soleil, 1987. Pièce jouée en 1987 par le Théâtre du Soleil d'Ariane Mnouchkine.
16. Condamné le 12 juin 1964, Nelson Mandela n'a été libéré qu'en février 1990.
17. Voir Françoise van Rossum-Guyon et Myriam Díaz-Diocaretz, *Hélène Cixous. Chemins d'une écriture, op.cit.*

D'autre part, *Manne* est un texte inclassable en ce qu'il n'appartient à aucun genre alors même qu'il en exploite différentes possibilités. Greffé sur l'histoire contemporaine et la réalité actuelle la plus brûlante, *Manne* n'est pas un document historique, ni un essai politique, ce n'est pas non plus un roman: on peut le lire comme un récit composé de poèmes ou comme un grand poème rempli de récits, anecdotes, images. Ce qui est certain c'est que l'écriture, ici, touche au plus près et nous touche au plus près. Peut-être pourrons-nous essayer de voir pourquoi et comment?

Mais pour commencer, partons peut-être de la naissance de l'oeuvre, de sa genèse. Peux-tu dire pourquoi tu as choisi Mandela? Pourquoi Mandelstam? Et comment t'est venue l'idée d'entrecroiser leurs destins?

Hélène Cixous: Je ne peux écrire qu'à partir d'une émotion, il faut que je reçoive « un coup ». Quelque chose m'atteint. Cela peut être la répétition d'un coup. Avec *Angst* j'avais décidé de répondre à la violence de l'angoisse. C'est quelque chose qui vient sans cesse me frapper, me porter des coups, m'inquiéter. C'est donc en ce point où je reçois ce qu'on peut appeler « une blessure », mais qui, en même temps qu'elle se déplace en faisant texte, est cause d'une jouissance poétique. Cela peut être une émotion essentielle, universelle. Mais il y a des coups plus singuliers. Mandelstam est quelqu'un qui m'a frappée poétiquement. Certains de ses poèmes sont pour moi déchirants d'une manière ineffaçable, je ne veux pas qu'ils se referment. Cela rejoint un de mes chemins secrets.[18]

Pourquoi Mandela? Au départ c'était une histoire avec Winnie Mandela, c'est une histoire très complexe qui m'intéresse parce qu'elle s'est déplacée. J'ai reçu un coup de Winnie Mandela. Mandela s'enlève sur ce fond dont je me rends compte après-coup qu'il est toujours là pour moi: le thème de la prison et de l'exil. Quand j'ai commencé à travailler sur Winnie Mandela et Nelson Mandela. Je n'avais pas aperçu qu'au fond l'exil était depuis toujours inscrit dans mes textes. Ce qui veut dire qu'il est toujours neuf, ce qui veut dire qu'il m'arrive toujours. Je ne veux pas que l'exil fasse taire, je veux que l'exil fasse terre, je veux que cet exil qui est en général producteur de

---

18. Cela peut être une phrase: « Limonade tout était si infini » m'a longtemps fait rêver. C'est une phrase de Kafka qui me bouleversait. Je recevais les bouleversements jusqu'à ce que j'aie eu envie de m'interroger sur la puissance de cette simple forme qui m'atteignait de manière beaucoup plus mystérieuse et importante qu'un livre entier. J'ai donc écrit à propos de cette unique phrase. Hélène Cixous, *Limonade tout était si infini*, des femmes, 1982.

silence, d'extinction de voix, d'essoufflement, produise son contraire. Je sens que cette tension, ce rapport contradictoire entre l'exil et la terre, est quelque chose pour moi de fondateur, mais je ne le sens qu'après. C'est tellement mon sol que je suis dessus sans m'en rendre compte.

Pourquoi Mandela, c'était donc pourquoi Winnie Mandela. Je remonte d'émotion en émotion à une émotion primitive qui est si fondamentale que je ne m'en aperçois pas. Elle arrive sous une nouvelle forme. Cet avatar c'est ce qu'on pourrait appeler le triomphe de la vie. J'ai vu Winnie Mandela pour la première fois comme je l'ai écrit. Un jour j'allume la télévision et je vois une femme extraordinaire. Il y avait une masse populaire, une masse d'Africains comme on les voit toujours dans les reportages sur l'Afrique: une masse chantante. C'est magnifique à voir, la danse de la manifestation. Il y avait cette masse, et je vois une tour flotter, une femme absolument somptueuse, dont je sens qu'elle est pour moi un double de ces femmes qui m'émeuvent par leur apparition, en personne et en tant que métaphore, des femmes qui sont comme de la chair incantatoire, des femmes fortes, belles, et qui sont comme une voix habillée, une voix qui porte de la chair. Elle parlait et en pleine Afrique, en pleine poussière, elle portait un immense chapeau avec un panache énorme. Il y a eu une conjoncture, une scène primitive: ce soulèvement humain, avec au milieu, la mère du soulèvement ou peut-être la fille du soulèvement. Magnifique l'audace d'être si riche à découvert, elle savait ce qu'elle faisait, elle affirmait. On pouvait dire aussi que c'était phallique, mais je n'ai pas compris cela. Elle était si charnue que je l'ai plutôt vue comme enceinte (en sainte), c'était une vision totalement poétique. Ainsi surgit comme une explosion d'ordre poétique de ce qui se présente quand même comme politique.

Le destin tragique moderne

F.v.R.-G.: Voici donc l'association poétique et politique. Je note la restriction dans ce qui se présente *quand même* comme politique. Tu as reçu un coup de Winnie Mandela alors qu'elle était en pleine action dans une manifestation publique. Nelson Mandela est emprisonné lui pour des raisons politiques. En parlant de sa souffrance, c'est bien un régime social et politique inique, celui de l'Apartheid, en Afrique du Sud, que tu mets en cause? et Mandelstam, son destin est lié au Goulag et plus généralement, emblématique de ce que tu désignes comme notre « siècle couturé de camps »? Or tu suggères de manière saisissante les forces de répression, chaque fois mises en jeu, et ton livre s'appuie sur une documentation précise pour parler des souffrances qu'elles engendrent, mais il n'est pas question des rapports entre l'économique et le politique. J'aimerais savoir aussi quel sens pourrait avoir dans ce contexte l'idée de révolte et de révolution?

H.C.: Je n'ai pas le goût politique. Le politique est inscrit dans mon tissu mais comme la damnation sociale. Depuis toujours je suis prise dans le filet politique. Je suis otage, comme nous tous, des scènes politiques, de l'Histoire, mais je n'écris pas de cela, j'écris plutôt de ce qui reste librement humain à travers la capture du politique. J'ai donc écrit un texte dont les Mandelas occupent une très grande partie, mais je n'évoque pas l'histoire politique de l'Afrique du Sud. Il y a des moments où je ne peux pas ne pas parler de ce que c'est qu'un Boer, ce que c'est que le Blanc en Afrique du Sud, mais tout cela est très déplacé, emporté par les métaphores, comme je crois que les personnages réels politiques le vivent dans leur chair, dans leur imaginaire, dans leur inconscient. Si je faisais un travail politique, je serais obligée de tenir compte de mille autres facteurs, y compris que les Mandelas, héros de mon histoire, ont des adversaires non seulement chez les Blancs mais chez les Noirs. Les Noirs eux-mêmes sont en proie à la division et à l'exclusion des uns par les autres interminablement. Si j'écrivais une pièce de théâtre, je le prendrais en compte. Là j'écris un texte de fiction, comme un grand poème, et, dans cet espace, la réflexion sur la machine politique ne m'intéresse pas, parce que c'est une machine; ce qui m'intéresse c'est la manière dont est vécu, par des personnes riches en humanité, un destin qui leur vole la vie, qui leur vole la joie, qui leur vole les années, qui leur vole le temps.

F.v.R.-G.: Oui, ce qui t'intéresse donc ici, et ce que par la magie de l'écriture tu parviens à transmettre, c'est ce qui au coeur même de la machinerie de mort reste en vie et peut donner vie, je cite:

> Mandelstam, Mandela, amandes dans la poitrine du monde,
> Demains cachés dans la coque du siècle,
> Qui a une oreille doit entendre l'avenir mûrir dans les murs du temps amer.

Mais comment Mandelstam et Mandela, à première vue si différents, si éloignés, le poète et l'homme d'action, le Russe et l'Africain, se sont-ils rencontrés, entrecroisés, fécondés ?

H.C.: Au départ il y a cette scène primitive que je viens de raconter qui aurait pu rester vaine. Des détails découverts par des lectures ont enrichi ma scène primitive: ainsi l'histoire du gâteau de mariage. C'est une métaphore si forte, ce gâteau qui a commencé à être mangé et qui survit depuis trente ans, tout est rassemblé dans la pâte de cette métaphore; j'aurais pu n'écrire que de cela.

Mais ce qui m'intéresse c'est la fécondation des Mandelas par les Mandelstams. Et des Mandelstams par les Mandelas. Je n'aurais pas pu écrire l'un sans l'autre. Et cependant, j'ai commencé à les rêver séparément. J'ai d'abord travaillé sur les Mandelas. Puis est venue la coupure de *L'Indiade* et s'est greffé Mandelstam. Avec le temps donc, avec ce qui s'est passé en moi et que j'ignore, Mandelstam est arrivé très fort. Quand j'ai recommencé à travailler sur les Mandelas, il y a eu cette retrouvaille, cette fécondation de l'un par l'autre, d'un thème par l'autre, cette union, cette réunion. C'est pour moi quelque chose d'absolument essentiel: peut-être que l'exil qui est fondateur pour moi, j'y résiste en faisant un travail de réunion incessant. Rien ne me satisfait autant que de réunir des extrêmes, de réunir l'orient et l'occident, le nord et le sud, le noir et le blanc, le glacé et le bouillant.

Le noyau était là depuis toujours, et il était à deux niveaux. Au niveau du thème: les Mandelas et les Mandelstams sont les sujets, les héros d'un destin qui pour moi est le destin tragique moderne: le bannissement, l'exclusion, le rejet, et en même temps la résistance à ce rejet. Ensuite ce n'est pas n'importe quel bannissement. L'un et l'autre me touchent parce qu'ils sont hétérogènes à la société. Mandela parce qu'il est dit être noir et Mandelstam parce qu'il était poète ou juif. Je dis « poète » ou « juif » pour reprendre le travail fait par Mandelstam et par Tsvetaeva sur la mise en équivalence de l'être-poète et de l'être-juif en Russie. Tsvetaeva écrit « Tous les poètes sont des juifs ». (*Poème de la fin*) Elle faisait référence à elle-même et à Mandelstam. Ils sont porteurs de parole et maudits en tant que tels. Destructeurs d'interdit et maudits, en tant que tels, dans une société où l'on s'attaque à la racine même de la culture, à la langue.

Quand j'ai repris mon travail sur les Mandelas j'étais à nouveau avec mes extrêmes, qui se touchent parce que ce sont les mêmes, parce que la tragédie moderne a les mêmes expressions, au nord et au sud, les mêmes scènes. Et j'avais besoin que mon travail sur les Mandelas devienne réellement poétique. Or, par nécessaire souci de réalité, j'aurais trahi les Mandelas si j'avais insinué dans leur histoire ce qu'ils ne sont pas: poètes. Il est vrai qu'un exilé ne peut vivre son exil et non le mourir qu'à condition d'être poète. Ainsi les Mandelas n'arrivent à surmonter l'exil, à le métaboliser, le faire leur, qu'en le parlant, qu'en étant actif symboliquement par rapport à cet exil, en arrivant à le symboliser verbalement. Mais j'avais rencontré la limite d'une certaine réalité avec laquelle on ne peut pas jouer quand on est totalement contemporain d'une certaine tragédie. Je ne pouvais pas prêter aux Mandelas les lettres ou les poèmes dont je suis persuadée qu'ils sont inscrits dans leur chair et dans leur âme, mais non dans leur discours. Le problème ne s'est pas posé puisque finalement il y avait les Mandelstams.

Il y a aussi des dieux pour les poètes. Manne, le signifiant, est tellement riche que cela a été une véritable bénédiction. *Mandel*, en allemand, c'est l'amande, le noyau. En français passe à la fois l'amant, dans Mandela, mais aussi l'être-là, le mandé-là, c'est infini. Là-dessus cela se croise avec Mandelstam qui, Russe, a un nom allemand. A nouveau ce travail d'une langue dans l'autre, d'une langue par l'autre, d'un débordement, d'une élimination de la frontière. *Mandelstam* veut dire tige d'amandier, jeune amandier. Stam c'est à la fois la tige, la racine et l'origine. J'ai travaillé sur le nom de Mandelstam, en le croisant avec Mandorla, la mandoline, la musique rentre ainsi dans le texte. Par la musique de l'un à l'autre et par anagramme de Mandelstam, j'étais immédiatement à la fois au niveau du signifiant littéraire et dans la référence métaphorique à Dante. J'ai été très gratifiée.

F.v.R.-G.: Dans Mandela, Mandelstam, j'entends grâce à toi amande et amant et mandorle, mais j'entends surtout, et je lis, Mann, c'est-à-dire homme, au masculin. *Manne* c'est aussi manna, cette nourriture céleste et terrestre de la Bible. Mais sensible comme tu l'es aux langues et en particulier à l'allemand, les connotations masculines de manne n'ont pu ne pas jouer dans le choix du titre? D'autant plus que le livre parle de deux hommes. C'est en tout cas, me semble-t-il, la première association que suscitera le titre?

H.C.: Le titre *Manne* est venu, comme toujours chez moi, très tardivement. Manne se promenait dans le texte depuis toujours, bien avant que je me rende compte que le texte s'appelait *Manne*. J'ai fait comme toujours: je finis un texte et je ne sais pas comment il s'appelle. C'est le signe de mon aveuglement dans l'écriture: je vais à partir d'un foyer d'émotions, de passions, de thèmes, mais je ne sais pas jusqu'où et je ne sais pas le propre de ce texte, je ne connais que son étrangeté. Le propre du texte qu'était *Manne* m'est apparu tout à fait à la fin.

On peut en effet se dire que cela travaille en langue étrangère sur man-ne, homme mis au féminin. Man en allemand c'est « homme » et puis c'est « on ». Mais ce n'est pas là-dessus que j'insisterais, je préfère travailler sur la nourriture céleste. Je dis bien dans le texte que cette manne céleste provient du ciel terrestre, je ne crois pas du tout, dans ce texte-là, au ciel céleste.

Nourriture céleste, nourritures terrestres: de la transmission

F.v.R.-G.: Nourriture céleste, nourritures terrestres, ces termes renvoient explicitement à une dimension religieuse, qui me paraît essentielle dans ton oeuvre et particulièrement affirmée dans ce livre. Je suis, dis-tu, « du côté des pulsions de rédemption, d'incarnation, de réanimation, de réparation ». L'écriture est une activité spirituelle et ses effets, comme d'ailleurs ceux de ton enseignement,[19] sont de cet ordre. Il s'agit bien sûr non pas d'une religion de la loi mais de la religion du coeur, fondée sur l'amour, telle que l'incarne dans *L'Indiade* Gandhi, à qui tu fais prononcer ces paroles (dont la résonance paradoxalement chrétienne n'a pu que me frapper) « aimez-vous les uns les autres ».

Dans *L'Indiade* je constate aussi, renforcée sans doute par la mise en scène d'Ariane Mnouchkine, une extraordinaire capacité à s'approcher de l'autre, qui, aussi lointain qu'il puisse être, homme, étranger, musulman, devient le plus véritablement « prochain ». Je pense à la scène entre les fils musulmans et leur mère, séparés, déchirés, assassinés. Je remarque également le rôle joué par le saint soufi dont le sanctuaire est à tout le monde, hindous et musulmans.

Dans *Manne* m'ont frappée, d'autre part, des scènes de crucifixion d'une violence extrême et qui évoquent une dimension sacrificielle: le héros serait-il, comme un Christ, sacrifié pour le salut des autres? ou s'agit-il là d'une erreur d'interprétation?

---

19. C'est-à-dire le séminaire sur la différence sexuelle que Hélène Cixous tient, depuis 1974, à l'Université Paris VIII-Vincennes et, depuis 1983, aussi au Collège International de Philosophie.

H.C.: En ce qui concerne la religion je ne me sens ni avoir une religion ni l'appliquer. Cependant je ne dois pas être sans rapport avec un espace qui serait celui des religions. Je résiste à une image de la religion chrétienne qui était une image ennemie quand j'étais petite. Mon enfance se passait en pleine guerre, mes premières expériences ont été extrêmement négatives; il y avait en Algérie une guerre à mort, comme au temps de l'Inquisition, de la part de bien des catholiques, explicitement, à l'égard des juifs. Cela m'a marquée, j'ai du mal à déplacer la chose. Pourquoi cela réapparaît?

Il n'y a pas de ma part d'allusion à la religion chrétienne sur un mode de familiarité. Ce sont plutôt des images qui viennent depuis un lieu où cette religion est vécue. Par exemple, il est impossible que Mandelstam produise en moi de la crucifixion. Il est et il m'est beaucoup trop juif pour que son imaginaire fasse passer des images de ce genre. Avec Mandela je sais qu'il se promène en Afrique du Sud de la croyance chrétienne protestante. Ce qui est venu à la surface m'a été dicté par des scènes dont je sais qu'elles ont eu lieu, des scènes de mort dans la plus absolue solitude. J'ai lu des livres sur les pratiques policières en Afrique du Sud, ce sont les livres de l'atroce. La police d'Afrique du Sud crucifie. Eux sont hantés par ça. C'est eux qui inconsciemment reproduisent leur propre scène primitive, la mise à mort de leur propre dieu, c'est eux-mêmes qu'ils tuent. Je n'ai pas insisté là-dessus, cela s'est inscrit dans le texte, j'en fais presque la théorie en en parlant maintenant.

Je suis émue par ceux qui sont capables d'aimer Dieu ou l'homme, ou l'humanité, dans toutes les langues: ceux qui sont capables de dénationaliser Dieu. C'est la dénationalisation qui m'intéresse. En Inde, il y a une dénationalisation rare qui peut se produire par exemple autour de la tombe d'un saint soufi. Les soufis sont les poètes ou les juifs parmi les Musulmans. C'est une part musulmane mystique dont la mythologie très forte tourne autour de l'amour et où Dieu est adoré comme dans le Cantique des cantiques. Il est le bien-aimé. Cela transcende le dogme et aussi les sexes, hommes et femmes peuvent s'échanger, Dieu peut être aimé comme une femme ou comme un homme. Ce n'est pas que Dieu est ramené sur terre, c'est comme si l'amour se situait dans l'entre-deux, entre ciel et terre, et sur un mode très concret, très sensuel. Il y a une sorte d'érotisme divin qui, parce que c'est la définition même de l'amour, est accueillant. Là on s'évade des religions, l'origine est musulmane mais l'amour n'est pas fermé. Si bien que les Hindous sont bien accueillis dans les lieux soufis, eux qui acceptent tous les dieux du monde, avec leur polythéisme à la fois perméable et imperméable. Ce qui est intéressant, c'est que ce soit un monothéisme qui éclate de cette manière et qui se donne à tous.

D'autre part, je crois beaucoup à la transmission. La transmission se fait par cette espèce de relais, d'accueil, d'adoption, d'engendrement qui est féminin-maternel. Cette transmission, qui la fait? Les femmes fortes, les femmes capables de l'être humain, la part de régénération qu'il y a dans les êtres humains quels qu'ils soient. Le poète qui est capable de faire cela est non seulement « juif » mais aussi « femme ». On pourrait dire qu'il y a la part du sacrifice, il y a la part du fils, la part christique, mais cela ne me suffirait pas, j'ai aussi besoin de la part qui chante, de la part qui alimente, de la part qui ranime.

Des différences et des extrêmes

F.v.R.-G.: Les Mandelas, les Mandelstams, c'est en effet la même descente aux enfers, la même lutte pour sauver l'humain. La construction du livre, qui entrelace leurs destins et multiplie les échos entre les deux histoires, souligne cette parenté. Dans les deux cas, cela commence par l'union, la communion: « la demande en mariage » ou « l'oeuf d'Akhmatova ». Bonheurs interrompus par les brutales arrestations. Dans les deux cas, le texte relate une progression, une marche. Mais les différences sont aussi importantes.

Pour commencer les différences entre les deux hommes et entre les deux pays ou les deux continents. En changeant chaque fois de registre, de ton, de rythme, d'images, tu es parvenue à suggérer de manière saisissante l'extrême froid, le silence de mort, l'étendue sans fin de la glaciale taïga, la marche inéluctable du train qui « de gare en gare, un jour, une nuit, un jour, une nuit, un jour », emmène Nadejda et Mandelstam « sur la carte sans fond et sans lumière du pays d'exil », l'abandon total, le blanc absolu, comme inversement du côté africain tu évoques le débordement, le fracas, le déferlement de violence brutale et meurtrière, tout le malheur qui « roule sur le grand corps humilié et suppliant de l'Afrique, le malheur avec son armée ses camions ses mitraillettes ». D'autre part, la descente aux enfers est aussi, et souvent dans le même mouvement, une descente au paradis. C'est là, en ce foyer central, que les extrêmes se touchent et que les différences se marquent dans leur infinie diversité?

H.C.: C'est la même histoire, mais à partir de ce même-là ou de cette même-là, je travaille sur les différences et c'est peut-être ce qui me mobilise le plus. Je me dis: attention, ce n'est pas tout à fait la même chose. Pensons aux destins des Mandelas et des Mandelstams. On s'aperçoit que les Mandelas sont « heureux », parce que leur malheur trouve une limite. En prison, ils sont aussi hors de la prison parce qu'ils savent qu'ils ont une présence dans le peuple, dehors. Mandelstam est mort dans l'internement glacé absolu et sans aucun dehors, avec en plus, ce qui est la mort du poète, le fait que ses poèmes ne fussent pas publiés, fussent détruits. Reste comme présence au monde pour Mandelstam, sa femme, c'est elle le monde pour lui. C'est une grâce inouïe que l'Histoire a accordée à Mandelstam, et que son génie lui a méritée. Nadejda Mandelstam (nadejda veut dire espérance) a porté dans son sein spirituel, dans sa mémoire, son mari et l'oeuvre de son mari, elle a réussi à apprendre par coeur tous les poèmes de Mandelstam et ses proses, elle a réussi à les garder vivants pendant vingt-cinq ans jusqu'à ce qu'on les publie. Mais Mandelstam n'avait aucune garantie que sa femme lui survivrait et qu'elle arriverait à sauver par la force amoureuse de l'esprit, son oeuvre. Il y a toujours un degré plus infernal de l'enfer que l'on ne pense. Et inversement, il y a toujours un degré plus paradisiaque du paradis que l'on ne pense.

Manne travaille sur les différences. Chaque fois c'est la même histoire, avec une différence. Par exemple, il n'y a pas eu d'adieux pour les Mandelstam. Dans la séparation, il y a une limite à la séparation: c'est le moment où la séparation s'élabore, où l'on se sépare. Il y a pire que la séparation se travaillant, se séparant, il y a la séparation sans adieux, l'arrachement. Là aussi il y a des degrés. Il y a un adieu, vécu sur le vif, comme une lacération, comme une douleur extrême par les Mandelas, mais dans la souffrance, il y a encore quelque chose qui leur revient, souffrir est encore jouir. La pire des souffrances c'est celle qu'on n'arrive même pas à alimenter de sa propre douleur. Il faut aller en enfer pour la connaître. Les Mandelstams l'ont connue. Ils ont été privés même du bonheur de souffrir de leur souffrance.

Ce que je cherche à écrire quand j'écris des textes comme *Manne*, c'est l'extrême, c'est le dernier pas, l'ultime. C'est, dans l'échelle des passions le dernier échelon, le moment le plus subtil, le plus difficile à percevoir ou à vivre. Que la pire souffrance soit de ne pas pouvoir vivre sa souffrance, c'est le passage à l'infini. Là, c'est un défi à l'écriture et cependant c'est ce qu'il faut écrire. Ma démarche dans l'écriture est la même que celle que j'essaie de penser dans la vie, c'est aller le plus loin possible ou le plus près possible de nos propres limites, essayer de les faire reculer. Imaginons que la vie est un chemin qui nous mène jusque devant la porte de la mort, ce qui m'importe c'est le moment flamboyant où l'on est juste devant la porte parce que c'est aussi le moment le plus aigu de vie, mais là c'est tellement flamboyant que c'est extrêmement difficile à écrire.

Je pense que c'est ce que Dostoïevski veut faire. S'il répète sans cesse cette histoire de condamnation à mort dans *L'Idiot*, c'est parce qu'il sait que c'est là que cela se joue. C'est sur ce point infime qu'on sent tout le vivant de la vie. C'est le présent absolu. Or dans la vie on n'est jamais au présent absolu, on est constamment à hier, à tout à l'heure, à demain. N'être jamais au présent est notre malheur, notre bonheur c'est d'être au présent absolu. Là je rejoins la problématique théâtrale.

La question des genres. Poème, fiction, théâtre

F.v.R.-G.: Nous voici parvenues à la question des genres. Qu'est-ce qu'un poème? Quelles sont les différences entre fiction et poésie, entre théâtre et fiction? Questions à première vue formelles et pourtant essentielles dont l'élucidation permettra peut-être d'éclairer ce qui fait l'intensité, la richesse et la nouveauté de tes textes, comment ils produisent leurs effets ou leurs affects.

En ce qui concerne *Manne*, je remarquerai encore que ce livre qui s'efforce d'écrire l'horreur d'aujourd'hui est en même temps un livre de joies partagées, d'émerveillements et d'aventures. Un livre sillonné d'oiseaux, ou comme tu le dis: un « Oiseau-vie ». Miracle du bonbon jeté par une main compatissante et anonyme à travers la fenêtre du train qui emporte les Mandelstams, chaleur du corps des enfants sur le sein de Winnie, contact de la main du compagnon de cellule, lettres reliant les amants séparés et, dans la dernière scène, retrouvailles en amour et en poésie de Nadejda et d'Akhmatova. Par ailleurs, l'Afrique génère un foisonnement de mythes et d'images de paradis terrestre, rempli d'animaux fabuleux, de paysages merveilleux. Le texte est comme pétri de métaphores de nourriture, à commencer par l'extraordinaire gâteau de mariage des Mandelas conservé depuis trente ans, qui signifie amour et vie. Nourriture, don, parole, écriture forment une chaîne dans laquelle le plus concret se métamorphose en musique et en poésie.

Mais qu'est-ce qu'un poème? une fiction? Quelle est la fonction de ces « anecdotes » dont fourmille ton texte, comme la scène du bonbon que je viens d'évoquer ou celle de la dispute sur le pont entre Ossip et Nadejda, quel rôle accordes-tu à ces animaux: l'Autruche, l'Hippopotame, qu'ont-ils de si merveilleux?

H.C.: Arriver à être au présent absolu, c'est le charme du théâtre et sa nécessité. Ecrire le présent absolu dans le texte poétique, c'est acrobatique. Il faut que l'écriture à ce moment-là soit tellement souple, transparente qu'elle puisse épouser l'étincelle ou l'éclair. Pour *Manne* je me suis sans cesse dit: il faut que le genre de la fiction s'échange avec la poésie. J'avais besoin de ce que le poème nous procure: un au-delà de la langue. Le poème nous fait entendre sa propre musique plus l'écho de cette musique. Ce qui nous reste du poème ce n'est pas seulement l'intérieur du poème, pas seulement son message, ni simplement son signifiant littéral, c'est cette plage, cette rive, ce rivage, entre sa musique et le silence. Le poème est entouré de silence. Le livre, lui, n'est pas entouré de silence, il est long, il se poursuit, tu es à l'intérieur du livre; avec le poème il y a toujours le bord, et ce bord, tu dois l'entendre aussi.

Quant aux anecdotes, j'ai eu besoin de revenir à une forme extrêmement économique de raconter des moments emblématiques. L'histoire du bonbon dans le train est une scène que j'ai trouvée racontée sous une autre forme, je l'ai déplacée, recomposée et emblématisée dans le texte. Je l'ai trouvée chez Nadejda Mandelstam qui raconte qu'une de ses logeuses leur avait un jour porté un chocolat, geste qui m'a fait rêver infiniment. Cela a touché au gâteau, c'était la manne même. Ma mythologie libidinale tourne peut-être entre autres questions autour de « qui nourrit qui ».

Ce qui m'intéresse aussi dans le bonbon, c'est que ce soit si petit. Ceci est la part théâtrale du texte de fiction. Pour le théâtre il n'y a rien de plus bouleversant que le détail infime. Comme dit Tsvetaeva pour le poème: « une aiguille plantée au coeur de l'éternité », cette chose infime par laquelle tout passe. Le roi de ce type de travail c'est Shakespeare: à partir d'un détail infime il y a une floraison magnifique. C'est ce qui me séduit dans les anecdotes tamuldiques: à partir d'un grain de sable écrire la Bible.

J'en viens aux mythes africains et à l'autruche. J'ai commencé à travailler sur l'autruche en passant par le gâteau. Le gâteau existait en réalité, j'ai commencé à rêver: qu'est-ce que peut être un gâteau qui a résisté vingt ou vingt-cinq ans? Ce doit être un gâteau magique. J'ai donc été chercher un livre de cuisine sud-africaine. Dans ce livre de cuisine il y avait les plus belles illustrations d'Afrique du Sud qu'on puisse trouver, et il y avait les omelettes, j'ai découvert le côté autruphage: d'un oeuf d'autruche on fait un petit déjeuner pour douze. Puis j'ai travaillé sur l'autruche comme personnage avec des encyclopédies. J'ai découvert des choses passionnantes, par exemple que notre mythe du « faire l'autruche » n'est pas fondé en réalité, au contraire, l'autruche a une vision perçante et elle voit dans le sable à des kilomètres. On a construit comme d'habitude une sorte de mythologie inverse et négative sur l'autruche. Du côté des mythes le dictionnaire raconte que l'autruche est un oiseau prométhéen, un oiseau qui aurait donné le feu aux hommes. C'est par définition même l'histoire recouverte, transformée dans son contraire, et réductrice d'un animal extraordinaire. La mise à mort de l'autruche est la métaphore même de ce que je raconte dans *Manne*. Quant à l'hippopotame, j'ai découvert tristement que c'est une espèce en voie de disparition, il n'y en aura bientôt plus. Alors que c'est un des animaux les plus merveilleux du monde.

Personnes et personnages

F.v.R.-G.: Ce qui différencie *Manne* du poème, c'est la présence de personnages, comme au théâtre donc, mais surtout comme dans un roman avec un développement dans la durée, une histoire. D'autre part, il s'agit de personnes réelles et en outre, j'y reviens, de héros masculins. Tu t'es maintes fois expliquée là-dessus: sur ta difficulté à te mettre dans la peau de personnages masculins et pourtant ici, avec *Manne*, tu y es parvenue. Ceci me paraît étroitement en rapport avec le genre du roman, forme essentiellement dialogique, où la question du point de vue, du rapport du je aux autres, de la première personne à la troisième avec toutes les médiations possibles, est absolument cruciale. Il me semble que dans *Manne* toutes les possibilités sont utilisées pour maintenir ce que j'appellerai « la bonne distance » entre le je et les ils. Je remarque aussi la fonction médiatrice assumée par les femmes, Nadejda et Winnie Mandela? Puisque c'est par les yeux de Winnie que la plupart du temps nous voyons Nelson.

H.C.: J'ai un problème avec les personnages. Je n'ai jamais écrit de roman, je n'ai jamais pu inventer des personnages, surtout des hommes, parce que je ne peux écrire qu'avec le corps, à partir de ce que je sens. Le corps est ma source. Ecrire d'une femme ne m'est pas impossible. D'un homme je n'en peux écrire que d'en face (ou bien de dos). Pas de l'intérieur. J'ai inscrit dans certains de mes textes du toi d'homme mais vécu par un je féminin. Par contre au théâtre ce problème, qui est un problème de vérité, n'existe pas. Je n'ai pas besoin de rendre avec mon corps le corps d'un homme: le comédien va lui donner son corps.

Au théâtre, d'autre part, tout le monde est à la première personne, donc chaque première personne au théâtre peut naître de ma première personne. Il faut que je trouve le point en moi, le lieu intime d'où « je » vient, où *je* prend naissance et prend la parole. Ce n'est pas impossible, il s'agit du fleuve universel des passions où s'abreuvent toutes les âmes. Evidemment je procède par identification à double voix: d'une part je dois pouvoir m'identifier à qui va dire « je », homme ou femme, et inversement il y a nécessairement de l'un à l'autre quelque chose de commun.

Dans *Manne*, pour la première fois, je veux faire paraître des personnages qui existent, qui ont existé, qui ne sont pas moi. C'est l'expérience théâtrale qui m'en a donné le courage ou le goût. Mais je n'étais pas sûre que je pourrais arriver à passer à un registre de fiction. J'ai dû négocier. Dans le texte de fiction existe la troisième personne qui n'existe pas au théâtre, j'ai dû faire une sorte de compromis entre la première et la troisième personne. Je ne peux pas supporter de ne pas écrire au plus près de l'inconscient, au plus près de ce que j'appelle la vérité, qui est obscure. Quand j'écris, un instant, une scène, un échange, j'ai besoin de sentir que telle chose a été vécue ou dite exactement ainsi et pas autrement. Est-ce que cela veut dire que tout ce que j'écris est vrai? Non, bien sûr, simplement je ne mens pas.

Avec les personnages de *Manne* j'ai souvent eu des moments où je n'étais pas sûre de il ou de elle parce que il ou elle était trop loin de moi. Je sentais que j'allais commencer à fabriquer, à me laisser aller à ce récit lointain que je déteste et qui fait qu'il y a beaucoup de choses que je ne peux pas lire. Dans ces cas-là je suis revenue à la première personne, j'avais besoin de reprendre chair, de reprendre je, comme on dit reprendre pied, reprendre main. Je sais maintenant que je n'écrirai jamais un texte où il n'y aurait que de la troisième personne, la première personne est mon guide.

Mandelstam m'est possible là où il ne m'est pas étranger parce que poète. A Mandelstam j'ai prêté ce que je peux trouver en moi par expérience, ou par divination de ce que peut être un destin poétique. Par contre Mandela a un corps et a besoin d'avoir un corps, ce corps même que Winnie maintient en vie. C'est un homme « très viril ». Alors je l'ai montré de deux manières: vu de l'extérieur et vécu par Winnie (toute femme reconnaîtra cette scène). Et puis je l'ai écrit « de l'intérieur », si l'on peut dire, à deux moments, les seuls moments qui m'étaient possibles. L'intérieur du sportif, je ne peux pas le faire, par contre le moment érotique je peux l'imaginer, au niveau du désir sinon au niveau de la jouissance, parce que ce désir-là épouse les contours d'un corps de femme, et je l'ai fait à la première personne. Je peux imaginer le moment de l'enfermement: là une femme vivrait la même perte de corps, elle perdrait les bras, les jambes, la vue comme un homme. Le corps, à ce moment-là, est non sexué et je peux l'écrire à la première personne et le vivre. Je ne dépasse pas ces limites-là. Il y a des moments, il y a des étreintes où je ne peux me mettre qu'à la place de la femme. Et le texte en tient compte.

Le roman d'autrefois j'aurais pu l'écrire parce qu'il était écrit abstraction faite de la sexualité. Il était écrit comme une pièce de théâtre dans un espace de passion, un espace tragique, mais je vis à une époque où on écrit au plus près de l'inconscient, au plus près du corps et là, on rencontre la différence sexuelle, son énigme, et ses traces.

F.v.R.-G.: Et qu'en est-il alors des différences entre le théâtre et la fiction?

H.C.: Le théâtre ne se prête pas au tissage poétique ne serait-ce que parce qu'il lui faut une densité, une rapidité qui lui interdit le développement poétique. Inversement, il permet des effets analytiques et dramatiques. D'abord le théâtre c'est la scène de notre aveuglement. Au théâtre, tel que je l'écris, dans des pièces historiques, les personnages sont aveugles, ils ne savent pas ce qu'ils sont en train de faire, où ils vont, et c'est en quoi nous en sommes contemporains. En tant que contemporains de nous-mêmes nous sommes des aveugles, nous ne savons jamais ce que nous faisons ni où nous mènent nos pas. J'aime ce que j'appelle le théâtre de la veille: dans Shakespeare la veille de la bataille, la veille d'une décision. Dans *L'Indiade* il y a un acte entier qui est une veillée, le moment où tous les personnages se succèdent sur la scène en se demandant ce qui va leur arriver et ce qu'ils vont faire. Nehru est pour moi le théâtre de l'indécision. Il est en train de se dire: est-ce que je veux la partition, est-ce que je ne la veux pas? Nous, dans le public, nous sommes comme les enfants au Guignol, nous crions: « tu la veux », « non je ne la veux pas », répond Nehru. C'est la représentation de nos propres ambivalences. Un texte de fiction, dans son économie différée et dans son côté tramé, expliqué, ne peut pas rendre le coup de théâtre. Le coup c'est le théâtre qui nous le donne. Le texte nous donne autre chose, l'analyse, la profondeur, etc. C'est une tension à laquelle je tiens, l'ironie tragique, le fait qu'à tout moment au théâtre quelque chose pourrait ne pas se produire, pourrait se produire, c'est le destin même.

Dans *Portrait de Dora* ou *La Prise de l'école de Madhubaï*[20] j'ai écrit la même histoire sans m'en rendre compte, toujours cette histoire d'aveugle. Dans *Portrait de Dora*, Freud ne sait pas pourquoi il est là, se croyant sachant et en fait tout le temps débordé, inquiet, arrivant au bout d'une aventure sans conclusion. C'est la même chose dans *La Prise de l'école de Madhubaï*. Nous faisons des projets, mais nous ne voyons pas. Ou bien quand nous voyons, nous nous hâtons de ne pas voir ce que nous voyons: cette scène de l'inconscient, c'est elle qui opère au théâtre.

La création de personnages est aussi en rapport avec ce que je viens de dire: mettre en scène une quantité de personnages, c'est travailler sur nos ambivalences et je ne peux le faire qu'en exploitant mes propres ambivalences. Quand j'écris pour le théâtre, je ne sais pas qui je suis, qui est mon semblable, ils sont tous un peu mon semblable, mais en même temps pas du tout, il y a toutes les gammes du moi à l'idéal du moi. Par exemple Gandhi est celui que je ne serai jamais, Nehru est peut-être ce que je suis et que je n'ai pas envie d'être, je ne suis pas Jinnah, mais je peux imaginer la scène qui produit quelqu'un comme Jinnah, etc. J'ai une grande passion pour Abdul Ghaffar Khan, c'est un personnage de mon enfance, venu de l'épopée. L'épopée, genre plus primitif, est un genre très politique, c'est l'échiquier du combat d'un groupe humain, c'est beaucoup moins centré sur la tragédie du moi qu'une fiction poétique.

Dans *L'Indiade*, Abdul Ghaffar Khan est abandonné par ses frères. Alors Nehru s'approche d'Abdul Ghaffar et lui dit: votre souffrance, mon frère, est ma souffrance, et Abdul Ghaffar Khan lui répond: « ce n'est pas vrai, vous n'êtes pas moi, vous ne pouvez pas souffrir ma souffrance ». Pour moi, c'est essentiel. Quand je dis: je partage ta souffrance, ce n'est jamais vrai. Il y a une solitude dans le deuil. A la place de ces deux répliques, dans une fiction,

---

20. Publiés ensemble dans *Théâtre*, des femmes, 1986. *Portrait de Dora* date de 1976.

il faudrait que j'écrive un long chapitre extrêmement complexe et je reviendrais probablement à la fin de ce chapitre à ces deux répliques.

Au théâtre tout doit être écrit au plus vrai, au plus aigu de ce qui nous traverse en pleine action. Mais le théâtre a une force qui est aussi une faiblesse: quand il est joué, le coup est reçu immédiatement par le spectateur et quand il est lu, si le lecteur ne fait pas l'effort de lire en prenant le temps, il rate tout, alors que la même chose sertie dans un texte plus long reprendrait son sens. Lire le théâtre est difficile, il faut s'arrêter, il faut le nourrir, le revivre: le lecteur doit faire le travail de l'acteur et du metteur en scène.

F.v.R.-G.: C'est donc cette fois un des avantages du poème-fiction et une des raisons de la force d'un texte comme *Manne*. « Il y a une solitude dans le deuil »: c'est vrai et c'est bien ce que tu nous fais ressentir. Mais en même temps l'écriture est une lutte contre l'oubli, elle abolit les distances, multiplie les correspondances et nous permet d'approcher l'insoutenable. *Manne aux Mandelstams aux Mandelas* est, comme tu le dis si bien, « un exercice de compassion », je dirai qu'il s'agit aussi d'une véritable « transmission ». Ecrivant, tu prends comme le relais de ces deux femmes Nadejda Mandelstam et Winnie Mandela qui, chacune à sa manière, « ne cessent de transmuer la séparation en lien d'âme ». La mise en mots, la mise en forme quasi tactile, nous donnent accès à cette compassion pour ce qui autrement nous resterait étranger, lointain, impensable et invivable. Ton texte est bien un lien, un « pont qui mène la musique au plus sourd de la pierre ».

En juin 1995

Françoise van Rossum-Guyon: Sept ans ont passé depuis la parution de *Manne* et notre dernier entretien. Entre-temps Mandela a été libéré et le régime de l'Apartheid a été aboli. Entre-temps le mur de Berlin est tombé et le Goulag s'est, apparemment, éloigné. Mais l'histoire terrible continue et cette fin de siècle – de ce « siècle couturé de camps » – ne cesse de confirmer ce que tu disais du « destin tragique moderne ». Hier la Bosnie, aujourd'hui l'Algérie... Aux guerres, aux menaces, aux persécutions partout dans le monde s'ajoutent tous ces maux inédits qui, je te cite, « soulèvent des questions nouvelles, demandent de nouvelles plaintes et de nouveaux silences » :

> Les maux s'entremêlent en des contradictions inconnues. Nous découvrons de nouvelles pestes – maladies, tyrannies, exils sur place des sans-abris, persécutions des poètes et penseurs sur toute l'immense terre où l'Islam se déchire, oppressions par des forces internationales invisibles (telles que la Dette, ou la Mafia), pouvoir exponentiel de l'or qui atteint de son poison les sphères les plus protégées, vénalisation mondiale, délires génétiques, découvertes scientifiques ambivalentes dont une face est bienfaisante et l'autre face malfaisante. Tout se divise selon des logiques d'aujourd'hui. Shakespeare, qui nous prévient, ne peut avoir tout prévu. C'est à nous de trouver la langue qui prophétise notre époque.[21]

Or pendant ce temps ton oeuvre se poursuit, tes textes continuent de fleurir et le poète que tu es nous entraîne ailleurs, vers d'autres terres, d'autres rêves, d'autres questions plus intimes.[22] Mais aujourd'hui comme

---

21. « Questions à Hélène Cixous », par Christa Stevens, dans Suzan van Dijk et Christa Stevens (éd.), *(En)jeux de la communication romanesque. Hommage à Françoise van Rossum-Guyon*, Amsterdam/Atlanta, Rodopi, 1994, p. 329-330. Voir également Hélène Cixous, « En octobre 1991 », dans *Du féminin*, texte réunis par Mireille Calle-Gruber, Sainte-Foy (Québec), Editions le Griffon d'argile et Presses Universitaires de Grenoble, coll. Trait d'union, 1992, p. 116

22. Depuis 1988, Hélène Cixous a publié les ouvrages suivants: fiction: *Jours de l'an* (1990), *L'Ange au secret* (1991), *Déluge* (1992), *Beethoven à jamais* (1993), *La Fiancée juive* (1995), *Messie* (1996); théâtre: *On ne part pas, on ne revient pas* (1992), *L'Histoire*

hier, il me semble que tu restes fidèle aux questions que tu posais en 1979, dans « Poésie e(s)t politique ».[23] Tu restes en écho avec les douleurs du monde, ton oeuvre est résolument « contemporaine ». Témoignent de cet engagement éthique et politique – dont tu avoues ne pouvoir faire l'économie – *La Ville parjure ou le réveil des Erinyes*,[24] ou encore, dans un autre registre, *Azzedine fin*, cette pièce que tu viens d'écrire, à l'écoute des amis d'Azzedine Medjoubi, tué à Alger le 13 février 1995...[25]

Devenir contemporains

Hélène Cixous: A travers tout ce que tu dis, moi aussi j'entends des choses.

D'abord, il me revient quelque chose dont je ne suis pas explicitement consciente, mais que je reconnais. Par exemple le mot « siècle » et aussi le mot « camp », mais peut-être surtout le mot « siècle ». Tu sais que Rimbaud parlait du « siècle à main » – nous avons un siècle à « camp », mais camp – si je peux jouer un mot aussi grave – on pourrait aussi l'écrire « quand », c'est-à-dire aussi justement la question: de quoi sommes-nous contemporains?

Si je remonte à une image d'enfance, je me vois toujours très petite, dans les rues d'Oran, sujet minuscule, mais très conscient, témoin des douleurs du monde. J'étais un bébé passionnément heureux, à l'intérieur, dans le dedans familial, et effroyablement malheureux dès que je mettais le pied dans la rue; parce que je voyais, j'entendais les douleurs du monde. J'ai eu une conscience aiguë, certainement par différence, des injustices et des violences. Si bien que ma mémoire est comme le lieu de rassemblement d'une sorte d'immense chronique. La chronique du siècle commence pour moi avec les récits de ma

---

(qu'on ne connaîtra jamais) (1994), *La Ville parjure ou le réveil des Erinyes* (1994); essai: *L'Heure de Clarice Lispector* (1989), *Photos de racines* (avec Mireille Calle-Gruber, 1994). Tous les ouvrages ont été publiés par les Editions « des femmes », sauf *La Ville parjure* qui a été éditée par le Théâtre du Soleil. Pour les ouvrages publiés jusqu'en 1988, on se reportera à la bibliographie établie par Marguerite Sandré et Christa Stevens dans *Hélène Cixous. Chemins d'une écriture*, *op.cit.*

23. *Art.cit.*, note 1.

24. *Op.cit.* Création à la Cartoucherie de Vincennes, Théâtre du Soleil, mise en scène d'Ariane Mnouchkine, le 18 mai 1994. Le sujet ou le pré-texte de la pièce est l'affaire du sang contaminé par le virus du Sida.

25. Azzedine Medjoubi était le directeur du T.N.A (Théâtre National d'Algérie). Cette pièce est inédite. Hélène Cixous m'en a communiqué le manuscrit.

mère et de ma grand-mère maternelle, fille de la fin du XIXème siècle et ensuite du fracas du XXème siècle. Les femmes étaient vraiment des récitantes admirables et en même temps innocentes, c'était le peuple qui parlait. Mon enfance a toujours été double, j'ai toujours entendu ce qui s'était passé avant moi, et dont je venais, dont j'étais héritière, et qui traversait toute l'Europe. Mais j'ai certainement pensé – et je continue à penser – que notre siècle était le siècle des guerres mondiales, le siècle des destructions mondiales, le siècles des massacres mondiaux. J'ai toujours eu une sorte de vision qui était panoramique de notre époque: comme j'étais au balcon de notre appartement d'Oran, j'étais au balcon du siècle, et je le voyais derrière moi, devant moi, autour de moi, à l'avenir, se développer implacablement, et j'étais dedans.

« Siècle » appartient aussi à une temporalité qui, pour moi, est mystérieuse. Nous vivons avec une sorte de comptabilité acquise qui obéit aux divisions du calendrier, alors qu'en fait la question de l'instant, de l'éternité, de ce que j'appelle aussi parfois l'internité, la question des durées subjectives est absolument vitale, en tout cas pour quelqu'un qui écrit. Les années, ce sont des ritualisations, on n'y échappe pas, mais il y a aussi des moments très importants et très passionnants, qui relèvent seulement de l'écriture, c'est-à-dire que seule l'écriture peut en traiter.

Je me sens toujours penser en très grands mouvements de temps, je pense en siècles, je pense en millénaires, évidemment c'est imaginaire. Nous sommes des habitants de l'instant, c'est-à-dire que je suis surtout une exploratrice de l'instant du présent, et en même temps nous sommes citoyens de grandes unités historiques qui vont par siècles, par masses de générations, comme si au fond l'individu que nous sommes était composé de trois générations au moins, et même quatre, celle que la génération met au monde. Je suis inséparée des échos très puissants de la Deuxième Guerre Mondiale, laquelle faisait écho pour moi quand j'étais petite à la Première Guerre parce que ma famille avait été impliquée dans la Première Guerre.

F.v.R.-G.: Le passé se poursuit dans le présent, le passé se présente, est contemporain, en quelque sorte, du présent? C'est ce que tu montres dans *Jours de l'an*, mis au pluriel, mais aussi dans bien d'autres textes. La mémoire relancée et travaillée par l'écriture est aussi renaissance et sauvegarde, et l'écriture célèbre le retour, la survie, la vie, au-delà de la mort. C'est un des thèmes de *Voile noire, voile blanche*[26] où tu évoques le *Requiem* d'Akhmatova. Et d'autre part dans « poésie e(s)t politique » tu précises, en invoquant l'exemple de Clarice Lispector, ce que tu entends par devenir contemporain. Il s'agit justement d'un devenir, d'une obligation:

> Nous avons à politiser la poésie... Nous avons besoin. Nous devons, si nous voulons exister vivantes, parvenir à être contemporaines d'une rose *et* des camps de concentration, à penser l'intense d'un instant de vie, de corps *et* les affres des famines. La vie doit penser la vie, *et* contre-penser la mort.[27]

H.C. : Mais on est toujours loin des camps, c'est ça notre problème, c'est-à-dire qu'à la fois on est plus ou moins près. Par exemple, je pourrais dire qu'il y a des centaines de membres de ma famille qui sont morts dans les camps, et j'ai le souvenir de ma grand-mère recevant des cartes postales de ses soeurs qui étaient en route pour Teresienstadt où elles sont mortes. Mais elles ont quand même réussi à faire passer des signes. J'appartiens au peuple qui savait qu'il y avait des camps, mais, comme toujours, les épargnés ont une conscience complexe de l'enfer auquel ils ont échappé. Et en même temps, ça donne une obligation de respect, de travail, d'interrogation. Sachant très bien que ma famille directe − ma mère, ma grand-mère etc. − aurait pu y être. Je suis donc comme sensibilisée, j'ai comme une sorte de contusion qui est en rapport avec ces événements telle que je ne peux pas m'empêcher d'être en écho avec ceux qui sont frappés par des exclusions, des meurtres liés à l'explosion du mal dans l'Histoire. Par exemple ce qui se passe en Algérie maintenant: je me dis qu'une certaine communauté des Algériens, ceux qui sont attachés aux valeurs de liberté d'expression et massacrés en ce moment, le sont comme l'ont été les Juifs dans les années trente. Je considère que la situation est tout à fait analogue, même s'il n'y a pas Hitler: il y a une pulsion de meurtre qui s'en prend à une certaine communauté. Ce n'est pas une lutte fratricide entre deux camps, c'est le massacre de la pensée, le massacre des pensants, de ceux qui ne s'identifient pas au nationalisme, qui sont ouverts au contraire à la communication universelle. J'ai vu qu'on avait tué un sportif. Qu'est-ce qu'il a fait ce

---

26. *Voile noire, voile blanche - Black sail, white sail* a été publiée, en version bilingue, dans *New Literary History. A Journal of Theory and Interpretation*, Vol. 25, n° 2, Spring 1994. Cette pièce, qui met en scène Anna Akhmatova et Nadejda Mandelstam après la mort de Staline, est comme un prolongement de *Manne aux Mandelstams aux Mandelas*.
27. *Art.cit.*, p. 29.

sportif? Evidemment c'est un voyageur, il passe la frontière, c'est interdit. Il communique avec les autres. Donc ce qu'on frappe toujours dans ces cas-là, c'est justement l'autre. C'est le thème, le mythe, le motif de l'altérité qui est en proie aux persécutions, et c'est intéressant parce qu'un sportif effectivement, il court avec les autres, il saute par-dessus les haies, et il communique avec les autres, il joue avec les autres.

F.v.R.-G.: Il y a quelque chose qui t'est particulier – tu n'es pas le seul écrivain bien sûr à penser à l'autre. Tout grand roman est dialogique, mais cette question de l'autre est chez toi intimement liée, me semble-t-il, à la question du je, de ta propre voix. Tu dis souvent que la troisième personne est ton guide. En même temps, la seconde personne est centrale dans tes textes, ou plutôt les secondes personnes: les autres dans leurs différences, y compris la différence sexuelle. Or ce qui me frappe dans ce rapprochement que tu fais entre la violence historique en Algérie aujourd'hui et la persécution des Juifs, c'est que tu mets l'accent sur quelque chose qui est de l'ordre de la différence puisqu'il relève de la discrimination. Cette séparation, différenciation, s'exerce aussi au niveau du regard puisque tu dis que regarder, c'est discerner les détails, voir les différences. Je veux dire qu'il y a aussi bon usage du regard: une attention qui irait jusqu'à l'empathie, une approche du monde et de l'autre qui les garde en vie. Comment s'articulent alors altérité et intériorité? Quels rapports entre « je », tu, ils?

Les parois de la caverne

H.C.: J'ai lu récemment *Le Premier homme*,[28] le texte inachevé de Camus, qui m'a émue pour des tas de raisons. Je ne suis pas amateur de Camus pour des raisons qui tiennent à la forme en écriture, mais j'ai beaucoup de sympathie, d'affection et de respect pour l'homme. Je ne peux pas dire que l'oeuvre soit décisive pour moi, mais je l'admire et il y a des choses que je trouve très justes. Camus y expose un trait nécessaire à la compréhension de son oeuvre: il fait apparaître l'extrême pauvreté de sa famille. Je ne savais pas sa pauvreté radicale, celle de ceux qui ne sont pas seulement pauvres en argent, mais qui appartiennent à des familles pauvres en moyens culturels, pauvres en langue, ce qui est évidemment le pire. Sa famille n'était

---

28. Dans *Cahiers Albert Camus* n° 7, Gallimard, 1995.

pas seulement illettrée, mais sa mère était sourde, donc encore plus pauvre que les pauvres illettrés. Et à partir de là, tout d'un coup, j'ai compris le personnage qu'au fond je n'avais jamais vraiment compris. Et donc toute son oeuvre s'est déplacée un petit peu et s'est réinscrite dans un lieu où je suis toute sympathie.

Ce livre était comme l'entrée dans la caverne de Camus, or je me sens en familiarité avec toutes les cavernes, tous les mondes intérieurs. Je suis de l'espèce des gens qui appartiennent aux premiers temps, c'est-à-dire qui ont besoin de retourner aux premiers temps, au plus archaïque et je pense qu'il y a des personnes qui gardent en elles la caverne, laquelle prend ensuite toutes espèces de formes, se métaphorise différemment.

F.v.R.-G.: Comme un Thomas Bernhard qui a beaucoup creusé dans la cave et Kafka bien sûr, des êtres blessés, tu en parles souvent.

H.C.: Oui, il y a des individus dont l'autobiographie est inscrite d'abord sur les parois de la caverne. On pourrait croire que c'est un monde fruste, c'est tout le contraire, c'est un monde plein de racines et qui est protégé d'une forme de destruction. Or, figure-toi que dans cette caverne, Camus parle à la troisième personne. C'est le récit de son enfance, mais il est indirect. Il n'a pas pu s'appeler par son prénom, bref le je a été à nouveau refoulé, écarté. Pour Kafka, au contraire, la cave est justement le lieu où il sera le plus proche de lui-même, non par égocentrisme, mais parce qu'il faut faire une fouille. Cette fouille, elle est ardue, interrompue par tout ce qui nous disperse dans la vie quotidienne. Nous sommes happés, obligés d'être des êtres sociaux et à ce moment-là, il n'y a plus aucun travail analytique, aucun de ces acharnements indispensables là où le premier matériau, de dissection, d'anatomie de l'âme, c'est la psyché, nos propres profondeurs. Mais la fouille n'existe pas si on ne tient pas le serment de dire vrai, si on n'est pas absolument impitoyable, parce que ce qu'on va chercher dans les grottes, dans les cavernes, ça peut être le meilleur, mais c'est surtout le plus tortueux – tu parlais de blessure tout à l'heure – le plus souffrant, le plus angoissé, le plus obscur – et qui nous constitue bien sûr.

Quand je me passe en apparence de première personne, quand j'écris pour le théâtre, j'ai des premières personnes de substitution, transférentielles: les personnages qui disent à leur tour je, mais ils restent à une petite distance de moi quand même. Et dans ces cas-là, j'ai toujours peur de mentir, de trahir, parce que c'est seulement quand je sens les nerfs se tordre dans le fond de la caverne, dans la chair même que je suis sûre qu'il n'y a pas de mensonge.

Dire la vérité

F.v.R.-G.: A propos de mensonge et de vérité, je pense à deux choses. Premièrement: on n'est bon témoin que si on dit la vérité. Or, dire la vérité, c'est être fidèle au réel tel qu'il est. Il y a là, j'y reviens, toute la question du rapport à l'histoire, à ce qui se passe véritablement: dire la vérité c'est être loin de la fiction en quelque sorte. Ainsi dans *L'Acacia* de Claude Simon, il n'y a plus du tout d'invention, tout est historiquement attesté, biographiquement vrai. Et pourtant ce n'est pas transcrit mais transposé, composé, de sorte que l'événement singulier: la mort du père, le cheval blessé, le voyage en train, prennent une dimension d'universelle humanité, d'expérience partagée. Or dans ton oeuvre, il y a de même cette nécessité de rendre compte de ce qui est, d'être fidèle à la réalité historique – je pense en particulier à *Sihanouk* et à *L'Indiade* – et d'ailleurs tu te documentes! – et en même temps tout est poétisé. Dans *La Ville parjure*, tout est très métaphorisé, déplacé, transformé. Cela produit un phénomène d'élargissement, d'amplification, c'est-à-dire que cette souffrance particulière liée à ce drame particulier des hémophiles contaminés, est élargie à celle d'autres exclus et d'autres victimes et en particulier ces exilés sur place que sont les SDF qui sont métaphorisés également par le décor: cette ville, aux marges de la cité, qui rappelle le célèbre cimetière du Caire où se sont installés les vivants n'ayant plus aucun autre lieu pour survivre.

H.C.: Ce n'est pas que je métaphorise pour dire les choses. C'est plutôt peut-être que la métaphore est initiale, c'est parce que les événements ont une portée métaphorique que je les recueille.

F.v.R.-G.: La réalité émet des signes et elle est déjà métaphorisée.

H.C.: Tout à fait, c'est-à-dire que ce qui tombe en poussière, ce que je ne retiens pas, ce qui serait la paille et l'anecdote, c'est ce qui n'a pas de racines, qui ne rejoint pas une thématique plus profonde et plus centrale. Donc en fait, quand je travaille sur quelque chose, c'est parce que cette chose m'est apparue comme la métaphore d'une passion, d'un mouvement dont le champ de répercussion est infiniment plus vaste que ce que ce petit signe semble être.

Dans la vie, nous sommes comme des enfants qui ne savent pas lire: on est dans un livre, on se promène dans un livre, on ne s'aperçoit même pas qu'on est dans un livre. Mais en fait, on reçoit des messages, des tas de signaux qui produisent des effets en nous et ensuite il faut faire un travail de lecture. Quand quelque chose apparaît dans mes textes, paraît métaphorique, c'est parce qu'elle avait déjà une puissance atomique de représentation de quelque chose de beaucoup plus grand qu'elle. Les choses, les signes, les métaphores sont là. Une part de l'écriture est, pour moi, un acte de lecture de la réalité.

F.v.R.-G.: Et tu transmets cette lecture. Mais il y a une autre sorte de vérité et une autre lecture de la réalité. Celle que tu évoquais justement avec la caverne? Ou encore dans *Jours de l'An*, tu évoques tes soeurs en littérature, des personnes comme Clarice Lispector ou Tsvétaeva, et tu dis que si elles sont si proches, c'est qu'elles savent « dire le pire », c'est-à-dire des choses qu'on ne s'avoue jamais, et qui peuvent être des choses extrêmement simples, du domaine de la vie privée.

Alors ma question pourrait être: quel est le rapport entre les deux? On voit bien qu'il y a d'une part le théâtre, et d'autre part ce que tu appelles fiction, mais qui est à peine de la fiction puisque c'est du travail analytique. Tu travailles le rêve, mais le rêve peut dire la vérité. Il s'agit d'extraire la vérité du rêve.[29] Et en même temps tu es « témoin des douleurs du monde ». Ces deux plans, ces deux extrêmes, se rejoignent dans ton oeuvre parce qu'il y a des passerelles entre les deux, et c'est la douleur. La douleur personnelle: les angoisses, les affects, toutes les souffrances liées à la perte, à l'abandon.

Mais tu parles longuement avec Mireille Calle[30] de ce double aspect: de la souffrance des autres, vécue historiquement sur la scène tragique de l'histoire et des souffrances personnelles qui te mettent en écho avec cette souffrance des autres et doit « produire de l'humain ». Il faut faire du plus humain avec la souffrance. Or je pense que ta manière d'écrire, le travail que

---

29. Voir « The School of Dreams », dans *Hélène Cixous. Three Steps on the Ladder of Writing*, New York, Columbia University Press, 1993.
30. Dans *Photos de racines, op.cit.*, p. 41.

tu fais sur le texte produit des effets de vérité, de réalité, de souffrance, parce qu'il est à la recherche de la vérité mais qu'il produit, en même temps, de la réparation de cette souffrance.

H.C.: De toutes façons, qu'est-ce que c'est qu'un être humain ? C'est un être jouissant, un être souffrant. Et nous sommes aussi peu doués pour la jouissance que pour la souffrance, c'est-à-dire nous ne savons ni jouir ni souffrir ni penser la souffrance ni penser la jouissance, et en même temps, arriver à progresser dans l'exercice de la pensée de la jouissance et de la souffrance, c'est ce qui nous donne le plus de force et le plus de joie. Et d'ailleurs, le meilleur traitement de la douleur, on le sait, c'est arriver à penser la douleur, non pas apprivoiser la douleur ou la refouler – mais au contraire, l'accueillir, et lui donner la parole, l'écouter et apprendre quelque chose avec elle, quelle qu'elle soit. Qu'elle soit une petite douleur comme il y en a – elles ne sont jamais petites d'ailleurs – mais enfin il y a des douleurs plus ou moins honorables. Il y a des douleurs de vanité, il y a des douleurs de deuil, ou la grande douleur. Ce que nous savons, c'est que nous sommes tous des abandonnés et des trahis. Alors, savoir cela, comprendre – parce que c'est évidemment imaginaire, nous sommes des abandonnés imaginaires, mais il n'y a pas de différence entre les deux types de douleur. Eh bien ça, c'est travailler.

F.v.R.-G.: Et en même temps, tu parles de pensée. Penser et écrire sont, en quelque sorte, inséparables.[31] Mais c'est une pensée d'un type très particulier, dans la mesure où d'abord ce qui fait l'étoffe de tes textes, ce à partir de quoi se développent les aventures dans tes fictions, dans ton théâtre, ce sont les aventures des sentiments, des affects, des images et puis, évidemment, celles des mots, puisque tu travailles toujours sur la langue, sur la phrase, sur le signifiant.

H.C.: Oui, c'est tout à fait vrai. Je ne suis pas quelqu'un qui pratique l'abstraction, mais au fond je suis un philosophe appliqué. C'est la vie, c'est notre vie, c'est notre expérience, nos propres aventures, les événements de nos existences qui sont mon matériau, mais bien sûr, je les lis d'une certaine manière. Ils sont les signes de ce qui pourrait répondre à une description qui

---

31. Voir Mireille Calle, « L'Ecrire-penser d'Hélène Cixous » dans *Du féminin*, *op.cit.*

relèverait à ce moment-là du philosophique. Mais je ne suis pas entrée dans le pays philosophique, je reste du côté du pays des signes, et dans le concret.

F.v.R.-G.: A propos des sentiments et des relations humaines dans tes textes, on peut spécifier: c'est la trahison ou la confiance, la peur ou la terreur, le désir, l'attente, la déception et puis toutes les souffrances du deuil mais aussi les jouissances d'amour, la naissance de l'amour, la fusion amoureuse. Le sujet écrivant est incarné, vivant, il a un corps et un corps sexué, et là, on rejoint la question du sujet féminin, c'est-à-dire de la différence des sexes. Question essentielle pour toi depuis toujours.[32]

H.C.: C'est vrai, on n'écrit pas sans corps. Quand on croit écrire sans corps, c'est qu'on a pratiqué une mise à l'écart du corps qui, de toutes façons, produit des effets de corps. Il n'y a pas un corps universel, il y a des corps singuliers, individuels avec des fonctionnements singuliers, de même qu'une écriture est singulière. C'est essentiel de dire une chose pareille. Il y a du singulier et du commun. Le commun – ce que j'appellerais l'humain – il est absolument vital de le rappeler – il se déploie dans l'immense région de l'échange.

Quand je parle de sexualité, c'est-à-dire d'amour, c'est pour rappeler que c'est avec le corps que j'ai la conscience la plus aiguë, la plus inconstestable qu'il y a du non-échangeable. Ce non-échangeable, il est sexué particulière-ment; justement parce qu'il est d'autant plus puissant qu'il est hétérosexué, c'est-à-dire que jamais une femme ne saura ce qu'il en est de la jouissance masculine, c'est-à-dire de certaines expériences qui sont marquées sexuelle-ment et différemment. On ne va pas me dire que ce fait disparaît, est absent de toutes les expériences extrêmes de l'écriture – c'est absolument impossi-ble, ça serait comme si je disais que l'écriture est une sorte de chose abstrai-te, désincarnée. Cela ne veut rien dire, ce sont des effets de réalité, ils existent dans l'écriture. C'est tout. Et ça, évidemment que je le maintiendrai à l'infini! Dans l'écriture, comme dans tout dialogue, comme dans tous nos échanges, il y a une grande part de communauté, de communication, et il y a une part qui est une part incommunicable mystérieuse, qui est produite par

---

32. Voir les Actes du colloque organisé par Hélène Cixous au Collège international de philosphie, *Lectures de la différence sexuelle*, textes réunis et présentés par Mara Negrón, des femmes, 1994.

l'individu et elle n'est pas également perceptible à tout le monde, et l'oeuvre d'art est signée individuellement.

F.v.R.-G.: On pourrait donc dire que cette expérience vitale, cette expérience humaine d'une âme dans un corps, ou d'un corps dans une âme qui est donc une expérience sexuée autant qu'historiquement située, est à l'origine du texte, fait partie complètement de sa genèse, et que scotomiser cela, c'est croire se mettre en dehors, mais qu'en fait on est toujours dedans.

H.C.: Absolument.

F.v.R.-G.: Et ce qui est à l'origine de l'écriture: la souffrance et l'amour, devient ainsi une des thématiques principales de tes textes, c'est-à-dire que la dimension du rapport à l'autre – la dimension amoureuse, les souffrances et les jouissances de l'amour à tous les niveaux, sont fondamentales, et tu travailles là-dessus.

H.C.: Je travaille là-dessus. Oui, exactement, parce que tu sais, qu'est-ce que nous sommes? Nous sommes des êtres qui sommes en proie à la guerre ou à l'amour. Ce sont les deux faces de nos comportements humains. C'est tout. Je ne sais pas de quoi d'autre on parlerait. Parce que la guerre est toujours là, la guerre est dans l'amour ; il n'y a pas d'amour sans guerre. Un calme plat, ça n'existe pas. Simplement l'amour cherche à entretenir quelque chose, l'amour cherche quand même à ne pas tuer, et donc c'est évidemment ce qui donne le temps de la recherche. Et puis, il y a de la guerre, tout le temps. On s'aime, on se guerre, on se cherche. Soi-même, soi contre même, et l'un tout contre l'autre.

L'effort du coeur

F.v.R.-G.: Revenons alors, si tu veux bien, à la première personne et à la question, restée en suspens, de ses rapports avec les autres: je, tu, ils, elles?

H.C.: Quand je parle de la première personne, c'est d'abord parce que je me suis aperçue qu'il fallait justifier le fait que la première personne a une place absolument inaugurale dans le travail, tout simplement parce qu'il y a des discours obscurantistes qui attaquent le travail sur le sujet, en l'accusant de subjectivisme égocentrique. Or la première personne, c'est Montaigne, la littérature commence avec la première personne, et elle finira avec la première personne. C'est-à-dire moi en tant que toi, car il est évident que le sujet est le premier autre, que je ne peux parler de moi que s'il y a tout de suite une deuxième et une troisième personne; et encore, quand je dis « une deuxième et une troisième personne », c'est simplement le moi, toi et le tiers qui constituent les instances nécessaires du dialogue intérieur, mais après il y en a d'autres qui viennent parler avec moi. Donc moi n'est jamais seul et unique. Moi est responsable: « je » réponds, et la question de la responsabilité est absolument essentielle. A « je », je peux demander des comptes. Je peux dire à je, à moi, qu'est-ce que tu as fait, pourquoi tu as fait ça, qu'est-ce que tu n'as pas fait, qu'est-ce que tu pourrais faire? Le « je » est en quête de la réponse.

Les autres, c'est très délicat, ce qu'on appelle « les autres » – par exemple, quand j'écoute les Algériens, je suis quelqu'un dont l'effort d'oreille est un effort d'extrême attention: attention à la spécificité de la douleur de l'autre, qui n'est pas la mienne, attention aussi au discours, c'est-à-dire à la langue, à la façon dont ça s'exprime et qui dit tout sur la puissance ou l'impuissance de l'autre. Et quand j'écoute, en toute situation, je sais que j'écoute à la fois les moindres pleins et déliés du langage, et aussi ce qui essaie de se dire. J'essaie de deviner, j'essaie de traverser les blancs, d'entendre le message des silences etc. pour m'approcher ; c'est comme un effort de fidélité, pour en retour rendre à l'interlocuteur ce qu'il a tenté de dire et plus encore. C'est-à-dire que je dis souvent que je suis un scribe, mais c'est absolument vrai. J'essaie d'accompagner musicalement la langue de l'autre, qui n'est pas nécessairement une langue élaborée.

F.v.R.-G.: C'est bien ce que tu as réalisé avec *Azzedine fin*, dont nous parlions tout à l'heure. Mais cette approche, cette écoute, font partie de cette recherche de la vérité qui pour toi est absolument fondamentale, nécessité vitale? obligation morale?

H.C.: Parfois le sentiment de l'obligation se présente à moi sous une forme extrêmement insistante, exigeante, comme si quelqu'un entrait en moi et me disait: tu n'oublies pas ?! tu te souviens ?! De quoi? Tu te souviens qu'il y a un devoir de vivre, et que vivre, ce n'est pas simplement passer le temps, c'est être en alerte, c'est faire un effort pour s'arracher, par exemple, à la moyenneté de notre vie, à la moyenneté de nos sentiments, à tous les compromis qui constituent notre existence quotidienne, pour retourner au lieu des paroxysmes. Evidemment, il faut casser les croûtes. Cette personne – qui est moi bien sûr – qui me dit : souviens-toi ou n'oublie pas surtout, elle me rappelle des lois – l'une était que c'est par la violence de la pensée qu'on se porte aux lieux les plus brûlants, que la violence de la pensée, c'est une sorte d'énergie dans la langue qu'il faut ranimer. Il y a un devoir de faire le geste de pourchasse de ce qui nous échappe. Par exemple, la vérité, la vérité comme « tout-faire-pour-non-mentir », nous échappe d'abord souvent parce qu'on la refoule, elle est presque toujours paradoxale, et c'est très difficile de penser le paradoxe et l'ambivalent. Pour atteindre la liberté qu'il faut pour penser moi et l'autre, pour être assez réceptif, il faut arriver à quelque chose qui relève d'un effort volontaire, c'est-à-dire éloigner, faire taire la réclamation du moi, qui est calculateur. Le moi veut gagner, le moi veut posséder.

Je pense que pour entrer dans le monde de l'écriture, il faut être déchargé des fardeaux du moi: on part en expédition, soit qu'on descende dans les entrailles de la terre, soit qu'on se propulse dans les entrailles du ciel, mais il faut être léger, il faut être presque un abstrait du moi, devenir observateur. On ne peut accomplir cette mission exploratrice qu'en faisant des préparatifs. Cela relève d'une sorte de pratique à la fois éthique et psychique, mais c'est ainsi.

F.v.R.-G.: Tu penses donc que pour pouvoir écrire, il faut se préparer à, qu'il y a des conditions à remplir pour pouvoir explorer cette caverne, opérer cette descente en soi, approcher l'autre dans sa différence, lire la réalité, la transmettre en vérité?

H.C.: Oui, je pense que contrairement à ce qu'on peut imaginer très souvent, un certain type d'écriture demande un travail qui n'est pas simplement le travail de la rédaction, de la correction etc., mais un travail sur soi. C'est un travail immense à la fois athlétique et esthétique, d'obéissance à des lois qui permettent effectivement de faire un voyage qui demande d'une part un détachement, d'autre part un adonnement.

F.v.R.-G.: Quand on parle des livres qui sont nécessaires, c'est que l'on sent ou sait qu'ils ont été écrits à partir d'une nécessité intérieure.

H.C.: C'est une nécessité humaine. On sent très bien la différence entre les livres qui ont été écrits avec des vues commerciales, et ceux qui obéissent à cette voix, ceux qui appartiennent à l'univers de la vocation.

Fv.R.-G.: C'est dans ce sens alors qu'on pourrait parler d'engagement, dans et par l'écriture.

H.C.: Tout à fait. Mais tu sais que souvent ce mot signifie simplement adhésion à une cause politique ou quelque chose comme ça.

Fv.R.-G.: Oui, je comprends bien, mais telle que tu viens de le définir: soumission complète au désir de vérité?

H.C.: Oui, c'est un engagement qui suppose qu'on se soumette à des lois qui sont d'une exigence extrême, qui demandent que l'on arrache de soi-même toutes ses propres forces et qu'on les mette au service d'une recherche. C'est pour cela qu'on recule parfois, ce n'est pas qu'on recule devant la page, c'est qu'on recule devant l'effort qui est l'effort du coeur.

Fv.R.-G.: Et c'est cet effort du coeur qui permet d'entrer sur ce que tu appelles « la scène du coeur », c'est cet effort du coeur qui, dans le livre, se transmet au lecteur.

Table des matières